中国社会科学院—上海市人民政府上海研究院

迈向
中国式现代化的
上海示范

李雪松　张慧慧　等著

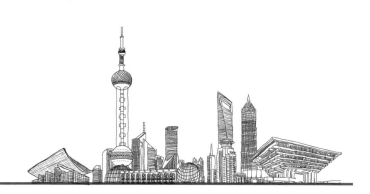

中国社会科学出版社

图书在版编目（CIP）数据

迈向中国式现代化的上海示范 / 李雪松等著.

北京：中国社会科学出版社，2024.9. -- ISBN 978-7
-5227-4285-4

Ⅰ. D675.1

中国国家版本馆 CIP 数据核字第 2024SH7350 号

出 版 人	赵剑英
责任编辑	喻　苗
责任校对	冯英爽
责任印制	李寡寡

出　　　版	中国社会科学出版社
社　　　址	北京鼓楼西大街甲 158 号
邮　　　编	100720
网　　　址	http://www.csspw.cn
发 行 部	010-84083685
门 市 部	010-84029450
经　　　销	新华书店及其他书店

印刷装订	北京君升印刷有限公司
版　　　次	2024 年 9 月第 1 版
印　　　次	2024 年 9 月第 1 次印刷

开　　　本	710×1000　1/16
印　　　张	24
字　　　数	285 千字
定　　　价	128.00 元

凡购买中国社会科学出版社图书，如有质量问题请与本社营销中心联系调换
电话：010-84083683

前　言

　　推进中国式现代化是中共中央立足于实现全面建成小康社会的第一个百年奋斗目标，向着全面建成社会主义现代化强国的第二个百年奋斗目标迈进这一重要历史节点提出的重大发展战略。党的十八大以来，中国共产党围绕中国式现代化不断进行理论和实践上的创新突破，逐步构建起了中国式现代化的理论体系。2022年10月，党的二十大报告明确概括了中国式现代化的五个特征，即中国式现代化是人口规模巨大的现代化、是全体人民共同富裕的现代化、是物质文明和精神文明相协调的现代化、是人与自然和谐共生的现代化、是走和平发展道路的现代化。这五个方面既定义了中国式现代化区别于近代工业革命以来西方现代化的鲜明特征，也界定了推进中国式现代化的战略路径和目标取向。

　　2023年2月7日，习近平总书记在学习贯彻习近平新时代中国特色社会主义思想和党的二十大精神研讨班上讲话强调，推进中国式现代化需要正确处理好顶层设计与实践探索、战略与策略、守正与创新、效率与公平、活力与秩序、自立自强与对外开放六方面的重大关系。其中处理好顶层设计与实践探索的关系要求

"各地区各部门要结合各自具体实际开拓创新，特别是在前沿实践、未知领域，鼓励大胆探索、敢为人先，寻求有效解决新矛盾新问题的思路和办法，努力创造可复制、可推广的新鲜经验"。① 这既是对地方推进中国式现代化提出了更高要求，也是为地方的先行先试提供了容错空间。

2023 年 12 月，习近平总书记在上海考察时强调，上海要聚焦建设"五个中心"重要使命，加快建成具有世界影响力的社会主义现代化国际大都市，在推进中国式现代化中充分发挥龙头带动和示范引领作用。该要求成为上海今后推进中国式现代化的核心目标。2024 年 7 月，党的二十届三中全会审议通过了《中共中央关于进一步全面深化改革　推进中国式现代化的决定》，明确了未来五年以推进中国式现代化为目标的总体要求和改革任务，是今后一段时期深化中国式现代化理论研究和改革实践的重要依据。这些重要文件和讲话精神为本书的研究提供了根本遵循。

随着推进中国式现代化这一战略任务在中国中长期发展规划中的重要程度持续提升，许多研究以此为主题进行了深入剖析。经济学领域的文献多数围绕中国式现代化的科学内涵和本质要求，对中国式现代化与高质量发展、共同富裕、高水平市场经济体制改革、城乡协调发展、生态文明建设等重要议题之间的关系进行了深入解读，并提出对策建议。还有其他社会科学领域的诸多文献从历史、文化、文明等角度对中国式现代化进行研究阐释。这

---

① 习近平：《推进中国式现代化需要处理好若干重大关系》，《求是》2023 年第19 期。

些研究为我们从历史纵深和宏观全局理解中国式现代化的科学内涵和实践要求提供了重要参考。但从研究视角来看，已有研究多数聚焦于全国层面，围绕地区推进中国式现代化发展的相关理论和实践问题开展研究尚不充分。考虑到中国国情的复杂性，不同地区实际情况的特殊性，和上海在推进中国式现代化中的特殊地位，为落实习近平总书记对上海"在推进中国式现代化中充分发挥龙头带动和示范引领作用"的重要指示，有必要以此为主题开展深入研究。

在推进中国式现代化中，要充分发挥上海的龙头带动和示范引领两方面的作用，其中"龙头带动"和"示范引领"两者所蕴含的侧重点有所不同。"龙头带动"主要侧重于上海要与其他区域在产业链供应链分工、协同创新、要素配置等方面产生实际的、紧密的链接，以引领者的身份发挥辐射带动作用；而"示范引领"主要侧重于上海在自身现代化发展和探索中要积极总结经验教训，打造样板案例，面向全国加强宣传，为其他地区的现代化发展提供参考和借鉴。

在谋篇布局上，本书以"总论+五篇专题"的形式展开。总论着眼于为课题研究奠定理论基础，阐明研究的总体逻辑和重点研究对象。五篇专题围绕党的二十大报告提出的中国式现代化的五个特征展开，每篇专题围绕一个特征，结合上海的现实情况提出若干研究主题开展深入研究。在各章选题时，本书写作组从推进中国式现代化的战略全局和上海发展现状及目标相结合的角度出发，深入学习领会习近平总书记关于中国式现代化的重要论述和历次赴上海考察时重要讲话精神，以及国家层面和上海市的相关重要规划文件,力争"跳出上海看上海""立足全国看上海",将研究重点放在上海更好发挥龙头带动和示范引领作用这一核心落脚点上。

在研究思路上,总论从宏观视角出发,强调从一般到特殊,从全局到局部,即从推进中国式现代化的一般化、全局化战略路径出发,基于上海的现实发展阶段和发展目标,明确上海在推进中国式现代化中发挥龙头带动和示范引领作用的科学内涵,从而理清上海在推进中国式现代化过程中相较于全国的特殊性和局部性,并以此为基础提出上海在推进中国式现代化中发挥龙头带动和示范引领作用的具体实践要求,从而为后续专题研究提供理论依据。五篇专题中,各章的研究思路主要包括"阐释科学内涵→梳理重点政策并总结实践成效→通过与国际或国内其他城市横向比较总结借鉴启示→分析上海具备的优势和潜力→围绕上海如何发挥龙头带动和示范引领作用提炼政策建议"等环节,其中科学内涵重点分析各个具体领域上海强化自身发展并发挥龙头带动和示范引领作用的内涵,在政策建议部分同样强调全局视角,不仅着眼于助力上海推进自身发展,而且尝试为上海带动长三角地区以及国内其他地区推进中国式现代化建言献策。在横向比较部分,则着重将上海与国际上具有代表性的大都市以及国内其他一线城市进行比较,从而为上海的发展目标和路径选择提供借鉴和启示。

在研究内容上,总论以"上海在推进中国式现代化中发挥龙头带动和示范引领作用的科学内涵和实践要求"为主题,研究内容包括以下四个方面,一是梳理现代化理论的演变历程,明确中国式现代化的战略内涵;二是在明确上海在国家重大发展战略中的功能定位的基础上，从区域经济学相关理论出发，提炼上海发挥龙头带动和示范引领作用的科学内涵，并结合国家要求和上海现实明确实践要求；三是梳理上海在推进中国式现代化中发挥龙头带动和示范引领作用具备的优势与潜力，主要包括上海的综合发展实力、改革开放活力和国家政策制度保障；四是以强化跨地区政策协同机制和政策试点推广机制，完善基础体制机制保障为核心凝练相关对策建议。

第一篇的研究主题是"在推进人口规模巨大的现代化中发挥龙头带动和示范引领作用"，包括第一章和第二章两部分。

第一章的主题为"深入实施城市更新行动"，主要研究内容包括五个部分：一是从塑造城市经济增长新引擎、增进民生福祉、提升城市基层治理效能三个方面阐述城市更新的科学内涵，同时总结城市更新的重大意义及其与人口规模巨大的现代化之间的关系；二是从首设城市更新中心、首倡"15分钟社区生活圈"行动和首创"三师联创"机制三个方面总结上海的城市更新实践成效；三是梳理纽约、伦敦、巴黎、东京的城市更新经验，为上海实施城市更新提供借鉴和启示；四是根据国家城市更新发展新趋势，结合上海实践，总结上海未来推进城市更新的优势和潜力领域；五是提出"三个坚持""三个积极"的对策建议，助力上海城市更新高质量发展。

第二章的主题是"提高超大城市治理现代化水平"，主要研究内容包括五个部分：一是梳理超大城市治理现代化的科学内涵和重大意义，明确超大城市治理现代化与普通城市治理存在的显著区别及面临的主要难点；二是总结上海在超大城市治理现代化方面的实践成效，包括强化党建引领、实践全过程人民民主、深化社区治理创新、利用数字智能技术赋能四个方面；三是基于世界银行营商环境报告和 IMD 全球智慧城市指数报告将上海与国内外其他大都市的城市治理水平进行对比分析；四是分析总结上海在提高超大城市治理现代化水平方面的优势和潜力；五是针对目前存在的薄弱环节提出对策建议。

第二篇的研究主题是"在推进共同富裕的现代化中发挥龙头带动和示范引领作用"，包括第三章和第四章两部分。

第三章的主题是"优化收入分配格局"，主要研究内容包括四个部分：一是围绕初次分配、再分配和第三次分配三个方面明确优化收入分配格局与实现共同富裕之间的关系及其重大意义；二是梳理上海市在改善收入分配方面实施的政策措施，并对其取得的成效和存在的薄弱环节进行总结；三是总结上海在优化收入分配格局方面存在的优势与潜力，主要包括有效市场和有为政府共同提供制度保障，人才红利提供人才支撑和中等收入群体发展成效显著、农业农村现代化建设全国领先等四个方面；四是围绕初次分配中充分发挥市场决定性作用，再分配中加大税收、社保、转移支付力度和第三次分配中优化慈善事业发展环节三项重点提出对策建议。

第四章的主题是"推动常住人口基本公共服务均等化"，主要研究内容包括五个部分：一是阐述常住人口基本公共服务均等化的科学内涵和重大意义；二是从基本公共服务均等化重点政策和分领域具体政策两个方面对上海的实践成效进行总结；三是分析美国和英国在基本公共服务方面采取的政策措施，为上海提供经验启示；四是从政府治理能力、基本公共服务制度基础、财政事权划分改革三个方面梳理上海存在的优势和潜力；五是针对上海在推进常住人口基本公共服务均等化方面存在的薄弱环节提出相应的政策建议。

第三篇的研究主题是"在推进物质文明与精神文明相协调的现代化中发挥龙头带动和示范引领作用"，包括第五章到第八章共四部分。

第五章的主题是"提升上海国际经济中心影响力"，主要研究内容包括四个部分：一是从国际经济中心的一般特征出发，提出上海国际经济中心的内涵定位，并明确上海提升国际经济中心影响力的战略意义；二是总结上海提升国际经济中心影响力的实践成效和面临的困难；三是从地理空间、资源禀赋、产业升级、科研平台建设、体制机制创新五个方面梳理上海提升国际经济中心影响力具备的优势；四是提出上海提升国际经济中心影响力，发挥龙头带动和示范引领作用的相关政策建议。

第六章的主题是"体系化推进上海国际金融中心建设"，主要研究内容包括五个部分：一是阐述体系化推进上海国际金融中心建设的科学内涵和战略意义；二是从金融支持实体经济发展、金融市场能级显著提升、国际化程度稳步提升和金融发展环境持续改善等四个方面梳理上海取得的实践成效与不足；三是分析伦敦、纽约、香港、新加坡四个国际金融中心的建设经验，为上海提供借鉴启示；四是从地理环境、经济发展、金融创新、人才会聚、政策扶持等方面梳理上海建设国际金融中心的优势，以及面临的机遇；五是针对薄弱环节和发展潜力，提出上海体系化推进国际金融中心建设，并对长三角以及全国发挥龙头带动和示范引领作用的对策建议。

第七章的主题是"强化上海国际科技创新中心策源功能"，主要研究内容包括四个部分：一是从科技现代化与中国式现代化的逻辑关系入手，明确国际科技创新中心建设对于推进中国式现代化的重要意义和战略内涵；二是梳理上海建设国际科技创新中心的整体布局，并对其实践成效和薄弱环节进行总结；三是分析上海强化国际科技创新中心策源功能的优势和潜力；四是以强化科技策源功能为主线，提出相应政策建议，助力上海加快形成新质生产力发展高地，在推进中国式现代化中充分发挥龙头带动和示范引领作用。

第八章的主题是"提升上海国际文化大都市软实力"，主要研究内容包括四个方面：一是梳理文化大都市的理论渊源，提炼国际文化大都市的内涵，并明确上海提升国际文化大都市软实力的实践要求与现实意义；二是从文化都市规划、"上海文化"品牌、文化相关产业发展和文化服务体系等四个方面梳理上海提升国际文化大都市软实力取得的进展成效；三是分析纽约、伦敦、东京、巴黎提升文化软实力的经验，总结对上海提升文化软实力的启示；四是提出提升上海国际文化大都市软实力，发挥龙头带动与示范引领作用的对策建议。

第四篇的研究主题是"在推进人与自然和谐共生的现代化中发挥龙头带动和示范引领作用"，包括第九章到第十一章共三部分。

第九章的主题是"持续深入推进污染防治"，主要研究内容包括五个部分：一是在梳理我国生态文明建设目标演变的基础上，凝练持续深入推进污染防治的重大意义，并提炼其科学内涵；二是梳理上海在推进污染防治中采取的重点措施以及取得的实践成效，总结典型案例，并明确仍存在的薄弱环节；三是选取北京、深圳和成都作为比较和借鉴对象，总结有效经验，为上海提供借鉴启示；四是从发展基础、政策支持、有利机遇等方面总结上海深入推进污染防治，发挥龙头带动和示范引领作用的优势与潜力；五是针对薄弱环节和未来潜力，提出上海在推进污染防治中发挥龙头带动和示范引领作用的对策建议。

第十章的研究主题是"积极稳妥推进碳达峰碳中和"，主要研究内容包括四个部分：一是梳理"双碳"目标的科学内涵，并总结上海积极稳妥推进碳达峰碳中和的重大意义；二是总结上海推进"双碳"目标的重点政策和典型案例及成功经验，并理清推进"双碳"目标过程中存在的薄弱环节；三是对全球主要发达经济体实现碳达峰时的特点和实现碳中和时的政策取向，以及推进"双碳"目标的经验做法进行总结，为上海提供借鉴和启示；四是提出上海积极稳妥推进碳达峰碳中和，发挥龙头带动和示范引领作用的政策建议。

第十一章的主题是"加快形成绿色低碳生活方式"，主要研究内容包括四个部分，一是从绿色产品消费和绿色价值追求两个方面阐述加快形成绿色低碳生活方式的科学内涵，同时明确上海加快形成绿色低碳生活方式对于实现"双碳"目标，发挥龙头带动和示范引领作用的重要意义；二是总结上海在加快形成绿色低碳生活方式方面的政策进展及实践成效，并以生活垃圾分类的

"上海模式"为典型案例进行经验总结；三是从社会公众意识、绿色产业、绿色技术、城市规划绿色理念等角度入手总结上海绿色低碳生活方式在全国发挥示范引领作用的优势；四是提出上海在加快形成绿色低碳生活方式中发挥龙头带动和示范引领作用的对策建议。

第五篇的研究主题是"在推进走和平发展道路的现代化中发挥龙头带动和示范引领作用"，包括第十二章和第十三章两部分。

第十二章的主题是"推动上海国际贸易中心提质升级"，主要研究内容包括五个部分：一是从国际贸易中心的理论内涵入手，进一步明确上海国际贸易中心的核心特征和重点工作，从而理清上海建设国际贸易中心的科学内涵和重大意义；二是梳理上海建设国际贸易中心的重点政策、取得的实践成效以及典型案例，并总结目前存在的薄弱环节；三是将上海与国内国际主要贸易中心城市进行对比，并提炼值得借鉴的经验；四是从硬实力、软实力和大宗商品交易价格话语权等方面梳理上海具备的优势和潜力；五是以上海国际贸易中心提质升级，发挥龙头带动和示范引领作用为目标提出相关政策建议。

第十三章的主题是"强化上海国际航运中心枢纽功能"，主要研究内容包括四个方面：一是阐释强化上海国际航运中心枢纽功能的重要意义与科学内涵；二是将上海国际航运中心建设的历史进程分为三个阶段，分别对其进行梳理并总结实践成效，并进一步提炼这一过程中的重要经验；三是从全球资源配置能力、国际航运服务能力和国际航运创新引领能力三个方面总结上海的优势，并理清未来进一步强化枢纽功能存在的瓶颈因素；四是从增强国际航运中心效能、推动高端航运服务补强升级、深化长三角一体化合作空间、大力发展数字绿色新赛道等四个方面提炼上海强化国际航运中心枢纽功能，发挥龙头带动和示范引领作用的政策建议。

本书是中国社会科学院—上海市人民政府上海研究院项目"上海在推进中国式现代化中充分发挥龙头带动和示范引领作用研究"（2024JB001）的研究成果，项目负责人是中国社会科学院经济研究所所长李雪松研究员，负责研究框架的总体设计、研究思路的整体把握以及研究内容的修改完善。本书是集体智慧的结晶，具体写作分工如下：总论：张慧慧；第一章，左鹏飞；第二章，唐跃桓；第三章，李莹；第四章，肖寒；第五章，李雯轩；第六章，罗朝阳；第七章，庄芹芹；第八章，杨博旭；第九章，蒋金荷、丁新兴；第十章，陈星星；第十一章，孙博文；第十二章，李双双；第十三章，闫强明。

本书在写作过程中，得到了中国社会科学院—上海市人民政府上海研究院常务副院长王晓霞、第一副院长李友梅、科研处处长郭志法的大力支持，在编辑出版过程中，中国社会科学出版社智库成果出版中心主持工作副主任喻苗副编审付出了辛勤劳动，在此一并表示衷心感谢。尽管本书作者付出了很大的努力，但受水平和时间所限，书中不足和疏漏之处在所难免，敬请广大读者批评指正。

李雪松

2024 年 8 月

目 录

第三篇 在推进物质文明与精神文明相协调的 现代化中发挥龙头带动和示范引领作用

第四篇　在推进人与自然和谐共生的现代化中发挥龙头带动和示范引领作用

第五篇　在推进走和平发展道路的现代化中
发挥龙头带动和示范引领作用

总　论

上海在推进中国式现代化中发挥龙头带动和示范引领作用的科学内涵和实践要求

　　党的二十大报告明确提出新时代新征程中国共产党的中心任务是"带领全国各族人民全面建成社会主义现代化强国、实现第二个百年奋斗目标，以中国式现代化全面推进中华民族伟大复兴"。这一论断提出以来受到社会各界的广泛关注，许多学者围绕"中国式现代化"展开了相关研究。这些研究重点从宏观视角分析和阐释中国式现代化的理论基础、发展脉络、战略内涵以及实现路径等，为从国家层面理解和实践中国式现代化提供了丰富的文献资料，但对地方层面推进中国式现代化的关注不足。习近平总书记强调，推进中国式现代化需要处理好的第一个重要关系就是顶层设计与实践探索的关系。党的二十大报告是对推进中国式现代化的顶层设计，但推进中国式现代化具有探索性，需要各地区各部门结合实际情况进行实践创新，创造可复制、可推广的经验。因此，以理论研究的高度和深度从地区层面探索和总结推进中国式现代化的路径、经验就变得十分重要。

上海作为中国改革开放的排头兵，具有经济体量大、人口密度高、科技创新能力强、产业结构先进等多方面的突出特征，同时还在长三角经济带占据中心地位，其现代化发展对于中国推进中国式现代化具有重要意义。然而现有研究多从全国层面对中国式现代化进行研究分析，对上海在推进中国式现代化中重要作用的关注较为欠缺。在中国知网上，以"中国式现代化"为主题进行检索，自2022年11月1日至2024年5月1日发表的学术期刊论文已经接近1.4万篇。但如果以"中国式现代化"和"上海"同时作为主题进行检索，则同一时间段内发表在学术期刊上的论文仅有74篇。习近平总书记在2023年年底赴上海考察时强调，上海要加快建成具有世界影响力的社会主义现代化国际大都市，在推进中国式现代化中充分发挥龙头带动和示范引领作用。2024年7月29日召开的十二届上海市委五次全会审议通过了《中共上海市委关于贯彻落实党的二十届三中全会精神　进一步全面深化改革、在推进中国式现代化中充分发挥龙头带动和示范引领作用的决定》。这一重要使命的提出一方面凸显了上海在推进中国式现代化中的特殊地位和重要价值，另一方面为理论研究提出了更加具有实践价值的研究命题和研究视角，指引着更多研究聚焦地方实践，提炼总结现代化发展的"中国道路"，加快构建中国特色哲学社会科学。

一　推进中国式现代化的理论逻辑

现代化是18世纪工业革命以来在全球范围内发生的主流变

革，是由科学技术进步导致生产力极大提升所驱动的，经济、社会、政治、文化等多领域的演变和革新，这种变化主要表现为人类社会由传统的农业社会向现代工业社会加速迈进①。尽管从 20 世纪 50 年代以来，经济学、社会学、历史学、政治学等多个社会科学领域围绕现代化形成了诸多观点不同的理论和学派②，但国际上关于现代化的经典理论研究多以西方现代化发展模式为主流叙事，认为现代化表现为"政治民主化、经济工业化、社会城市化、文化理性化"等方面，而发展中国家追求现代化只能沿着发达国家的道路亦步亦趋③。以冈德·弗兰克和萨米尔·阿明为代表提出的"依附理论"则对这种发展中国家的现代化道路秉持批判态度，认为发展中国家依附于发达国家、沿着发达国家的道路前进，并不能真正实现现代化。发展中国家应当摆脱对发达国家的依附状态，从与发达国家的"中心—外围"关系当中脱离出来，根据自身的实际情况和所处的国际环境寻找属于自己的发展道路④。

（一）中国式现代化的理论基础

自中华人民共和国成立以来，中国共产党始终坚持对现代化

---

① 刘英：《理解科技在现代化进程中的作用》，《中国图书评论》2021 年第 2 期，第 128 页。

② 中国式现代化研究课题组高培勇、黄群慧：《中国式现代化的理论认识、经济前景与战略任务》，《经济研究》2022 年第 8 期，第 26—39 页。

③ 饶旭鹏、周娟：《现代化理论的回顾及对中国的启示》，《中国石油大学学报》（社会科学版）2016 年第 4 期，第 66—70 页。

④ 林红：《依附论的理论解构及其历史命运》，《贵州社会科学》2011 年第 9 期，第 15—19 页；温文熹：《国际传播视域下的依附理论研究综述》，《声屏世界》2021 年第 20 期，第 10—12 页。

的理论和实践的自主探索。在 1954 年第一届全国人民代表大会上，周恩来着重强调工业、农业、交通运输业和国防这四个领域的现代化发展对于整个国家经济建设工作的重要性，并将工业现代化发展作为其他四个领域现代化发展的基础①。1961 年，基于毛泽东在《读苏联"政治经学教科书"的谈话》中提出的关于现代化的论述，中共中央在《关于当前工业问题的指示》中正式提出要"把我国建设为具有现代工业、现代农业、现代国防和现代科学文化的社会主义国家"，即"四个现代化"的目标，并且在 1964 年的政府工作报告中对实现"四个现代化"目标的"两步走"战略进行了完整、准确的表述②。

　　1978 年，党的十一届三中全会召开，将党的工作重心转移到了经济建设上。邓小平基于对当时中国现实国情的判断，继承和发展了毛泽东时期的现代化理论，指出"中国式的现代化"必须是符合中国国情、从中国实际出发的现代化，是社会主义的现代化，是社会全面进步、协调发展的现代化③。1987 年党的第十三次全国代表大会明确了党在社会主义初级阶段的基本路线，提出"把我国建设成为富强、民主、文明的社会主义现代化国家"，并且制定了到 21 世纪中叶基本实现现代化的"三

————————

　　① 董保民、赵红军：《中国式现代化的历史脉络与实现路径——一个文献综述》，《社会科学战线》2023 年第 12 期，第 61—69 页。

　　② 沙健孙：《毛泽东与"四个现代化"目标和"两步走"战略的确定》，《思想理论教育导刊》2007 年第 12 期，第 33—39 页。

　　③ 秦宣：《邓小平理论与中国现代化》，《求索》2002 年第 2 期，第 35—37 页。

步走"战略。

党的第十四次全国代表大会以来,以江泽民为代表的中国共产党人持续对中国的现代化理论进行探索和完善,继承和发展了邓小平提出的小康社会概念,将建设小康社会作为基本实现社会主义现代化的阶段性目标①。在世纪之交的党的十五届五中全会上,江泽民发表重要讲话指出,从新世纪开始,我国将进入全面建设小康社会,加快推进现代化的新的发展阶段。在党的第十六次全国代表大会上,江泽民进一步明确21世纪的第一个20年作为实现现代化建设承上启下的发展阶段,要围绕若干具体目标全面建设小康社会。之后,胡锦涛在党的第十七次全国代表大会上提出"为夺取全面建设小康社会新胜利而奋斗",并对社会主义现代化的内涵进行了进一步完善,明确要"建设富强民主文明和谐的社会主义现代化国家"。

(二) 中国式现代化的战略内涵

党的十八大以来,中国特色社会主义现代化理论得到了持续发展和完善。2013年党的十八届三中全会首次将现代化的内涵拓展到了国家治理和生态文明领域,强调要"推进国家治理体系和治理能力现代化","推动形成人与自然和谐发展现代化建设新格局"。2021年7月1日,在中国共产党成立一百周年的大会上,

---

① 金镝:《论江泽民全面建设小康社会战略思想》,硕士学位论文,西南师范大学,2004年。

迈向中国式现代化的上海示范

习近平总书记宣告中国实现了第一个百年奋斗目标，在中华大地上全面建成了小康社会。这意味着党的十六大提出的21世纪头20年的发展目标业已完成，中国进入了向全面建成社会主义现代化强国的第二个百年奋斗目标迈进阶段。

进入新发展阶段，中国面临的国际国内形势发生了深刻变化。世界百年未有之大变局加速演变，新一轮科技革命和产业变革深入发展。站在这样一个重要历史节点上，进一步深入明确和阐释中国特色社会主义理论体系下现代化的战略内涵对于向第二个百年奋斗目标迈进具有重大意义。在党的十九届五中全会第二次全体会议上，习近平总书记首次提出中国建设社会主义现代化的五方面特征①。这五方面特征经过进一步的发展完善在党的第二十次全国代表大会上正式提出，成为社会各界理解、研究中国式现代化的重要依据。

第一，中国式现代化是人口规模巨大的现代化。基于"现代化的本质是人的现代化"这一基本共识②，人口规模巨大的重大现实国情对实现中国式现代化既形成优势支撑，又带来约束挑战③。这一方面要求中国充分利用好超大规模市场潜力和"人才红利"优势，另一方面要求中国妥善处理人口规模巨大与有限资

---

① 习近平：《新发展阶段贯彻新发展理念必然要求构建新发展格局》，《求是》2022年第17期。

② 何传启：《什么是现代化》，《中外科技信息》2001年第1期，第13—18页。

③ 韩保江、李志斌：《中国式现代化：特征、挑战与路径》，《管理世界》2022年第11期，第29—43页。

源之间的矛盾。

第二，中国式现代化是全体人民共同富裕的现代化。资本主义社会发展所带来的两极分化让我们看到了西方现代化道路的弊端。中国在全面建设社会主义现代化国家进程中，则始终将中国式现代化作为本质要求①。这一方面要求中国以经济建设为中心，实现经济总量和人均水平的持续稳定增长，另一方面要求中国持续完善分配制度，保障全体人民共享经济建设成果。

第三，中国式现代化是物质文明与精神文明相协调的现代化。马克思在《资本论》第一卷中阐释了其对资本主义拜物教的批判，他认为资本主义下对物的崇拜最终抽象成为对资本的崇拜，导致人类精神世界的缺失②。中国式现代化则基于辩证唯物主义将物质文明和精神文明协调统一起来，要求"以辩证的、全面的、平衡的观点正确处理物质文明和精神文明的关系"，以物质文明的极大发展为精神文明奠定物质基础，以精神文明的繁荣发展引领物质文明建设。

第四，中国式现代化是人与自然和谐共生的现代化。关于西方现代化道路的研究引起了众多学者对西方现代化下人与自然关系严重失调的批判③，改革开放以来，中国也经历过粗放型增长

---

① 张占斌：《中国式现代化的共同富裕：内涵、理论与路径》，《当代世界与社会主义》2021 年第 6 期，第 52—60 页。

② 史巍：《中国式现代化物质文明与精神文明相协调的思想逻辑及时代要求》，《社会科学家》2023 年第 1 期，第 22—29 页。

③ 解保军：《人与自然和谐共生的现代化——对西方现代化模式的反拨与超越》，《马克思主义与现实》2019 年第 2 期，第 39—45 页。

的阶段①。国内外的历史经验让我们认识到可持续发展的道路必然是人与自然和谐共生的道路。因此，党的十八大以来，中国对污染防治、生态建设的重视程度不断提升。推进中国式现代化要求中国坚持将生态文明放在"五位一体"总体布局当中，持续践行绿色发展理念，建设美丽中国。

第五，中国式现代化是走和平发展道路的现代化。走和平发展道路是中华人民共和国成立以来一贯秉持的外交政策。党的十八大以来，习近平总书记深刻把握人类社会历史经验和发展规律，在多个重要场合阐释、强调"人类命运共同体"理念②。尽管当前全球化遭遇逆流，但全球化这一根本趋势无法逆转，各国人民相互依存、利益共通的格局不会改变③。因此，中国作为发展中大国，在走向现代化的道路上必然要坚持融入全球发展，推动构建人类命运共同体，在通过维护世界和平发展为自身发展打造外部保障的同时，以自身的稳定发展维护世界和平。

二 上海发挥龙头带动和示范引领作用的科学内涵和实践要求

推进中国式现代化是中国立足于实现第一个百年奋斗目标，

---

① 黄承梁：《中国式现代化与建设人与自然和谐共生现代化的历史必然》，《中国人口·资源与环境》2023 年第 4 期，第 196—204 页。

② 常健：《构建人类命运共同体与全球治理新格局》，《人民论坛·学术前沿》2017 年第 12 期，第 35—41 页。

③ 刘恩东、陈子豪：《中国式现代化与走和平发展道路的内在逻辑》，《理论与改革》2023 年第 5 期，第 22—36 页。

正式进入向第二个百年奋斗目标迈进的历史方位上，做出的重大战略安排。实现中国式现代化既是中国的中长期发展目标，同时也是中国突破西方现代化话语体系、持续探索中国特色社会主义道路的系统工程。因此，面对中国土地广袤、幅员辽阔、地区间经济发展存在显著差异的现实国情，推进中国式现代化必然不可能在各个地区之间齐头并进，而需要部分地区积极探索，先行先试，为全国寻求解决办法、积累有效经验。对上海而言，一方面，国家高度重视长三角一体化发展战略，习近平总书记在多个重要场合强调上海在长三角一体化中的龙头带动作用。另一方面，2023 年上海地区生产总值达到 4.7 万亿元，人均 GDP 超过 19 万元，折合成美元约为 2.7 万美元①，达到上中等发达国家水平，在产业发展、城市建设、人民生活、政府治理等方面均具有较高的现代化水平，作为全国领先发展地区具有较强的示范引领功能。因此，有必要从理论指导实践、实践检验理论的角度出发，对上海在推进中国式现代化中发挥龙头带动和示范引领作用的科学内涵进行深入研究。

（一）上海在国家重大发展战略中的功能定位

中华人民共和国成立以来，上海作为全国经济发展的中心城市，始终受到党中央高度关注。随着国内外发展形势的变化，国家对上海的发展战略定位经历了多次重要调整②。中华人民共和

---

① 以 2023 年年末的人民币兑美元汇率计算。

② 孙宝席：《新中国成立以来党中央关于上海发展战略的演变历程及主要特点》，《上海党史与党建》2021 年第 4 期，第 61—67 页。

国成立后，上海基于坚实的工业基础，成为带动周边地区以及全国工业发展的重要综合性工业基地①。改革开放初期，上海作为当时全国最大的经济中心城市，承担了为改革开放"试水"、提供稳定性物质保障的"后卫"角色②。到了20世纪80年代后期，随着传统工业优势的衰退，上海推动改革开放越发迫切。在此背景下，党中央于1990年4月18日正式批准上海市加快浦东地区开发。浦东开发给上海带来了新的历史机遇，国家对上海的定位也进一步更新升级。1992年党的十四大提出"以上海浦东开发开放为龙头，进一步开放长江沿岸城市，尽快把上海建成国际经济、金融、贸易中心之一，带动长江三角洲和整个长江流域地区经济的新飞跃"。自此，"一个龙头、三个中心"的发展战略正式确立。由这一战略定位可知，早在20世纪90年代国家层面就已开始重视上海对长三角地区的龙头带动作用。临近世纪之交，上海抓住编制新一轮城市总体规划的契机，着眼于长远发展，将建设国际航运中心写入《上海市城市总体规划（1999—2020）》，并将其提到与国际经济、金融、贸易中心同等重要的地位。《总体规划（1999—2020）》于2001年得到国务院正式批复同意。至此，上海"三个中心"战略目标成为"四个中心"，上海也逐渐成为全国改革开放的"排头兵""先行者"。

党的十八大以来，国家高度重视科技创新发展，在推动科技

---

① 孙斌栋：《上海城市国际竞争力的历史变迁与提升策略》，《上海经济研究》2006年第10期，第17—23页。

② 许振江：《上海改革开放研究的研究》，博士学位论文，华东师范大学，2019年。

创新、实施创新驱动发展方面对上海寄予厚望。2014 年 5 月，习近平总书记在上海考察时提出上海要"努力在推进科技创新、实施创新驱动发展战略方面走在全国前头、走到世界前列，加快向具有全球影响力的科技创新中心进军"。由此，上海的城市发展战略目标由"四个中心"升级为"五个中心"。2017 年 12 月，上海自中华人民共和国成立以来制定的第三轮城市总体规划《上海市城市总体规划（2017—2035）》获得国务院批复同意。总体规划明确指出，上海要加快国际经济、金融、贸易、航运、科技创新"五个中心"建设。

　　"五个中心"建设是上海立足全国、放眼全球提出的重要发展目标。这一发展目标要求上海在长三角一体化区域发展战略中发挥更加关键的作用。具体来说，首先上海作为长三角地区的经济增长极，对于长三角地区经济发展和现代化产业体系建设发挥着中心城市的引领作用①。其次，上海在金融、贸易、科创、交通运输等重点领域承担着利用自身先进优势和重大平台，服务长三角地区发展的重要使命②。最后，上海在制度改革、开放发展、资源配置等领域具有带动长三角地区突破体制机制障碍，加速一体化发展的重要功能③。

　　总体而言，中华人民共和国成立后，特别是改革开放以来，

　　①　国家发展改革委国土开发与地区经济研究所课题组：《上海在推进长三角一体化过程中发挥中心城市作用研究》，《科学发展》2018 年第 12 期，第 58—67 页。

　　②　宋建军：《发挥上海龙头带动作用　合力打造长三角一体化新格局》，《中国经贸导刊》2019 年第 4 期。

　　③　汪占熬、王谦：《"双循环"新格局下长三角一体化的功能定位、演进逻辑与实现路径》，《经济研究参考》2021 年第 8 期。

上海在国家发展战略中被赋予了带动长三角、引领全中国的重要使命，并且这一使命随着国内外发展形势的变化持续升级。进入新发展阶段，习近平总书记强调，上海要"在推进中国式现代化中充分发挥龙头带动和示范引领作用"。完整准确地理解这一使命的科学内涵是履行好该使命的重要前提。

（二）上海发挥龙头带动和示范引领作用的科学内涵

界定并阐释龙头带动和示范引领的科学内涵需要从梯度理论、新经济地理学、区域一体化以及城市群与都市圈理论等区域经济学领域的相关理论基础出发，同时结合中国的现实发展和战略需求进行提炼总结。

在与本书相关的经典区域经济学理论中，梯度理论认为，由于不同区域之间在自然资源、经济基础、社会条件、人力资本、生态环境以及制度设计等方面存在差异，导致区域之间在工业化发展以及工业生产的地域扩散方面呈现梯度性[1]。少数核心区或者中心城市成为增长极，而增长极通常情况下对周边地区的经济增长具有辐射和扩散的作用，这一过程表现为区域间经济增长的梯度推移[2]。新经济地理学则以中心—外围模型为基础对区域间发展关系进行研究解释，这一理论模型由 Krugman[3] 提出，并经

---

① 杨凯、王要武、薛维锐：《区域梯度发展模式下我国工业生态效率区域差异与对策》，《系统工程理论与实践》2013 年第 12 期。

② 李具恒：《广义梯度理论：区域经济协调发展的新视角》，《社会科学研究》2004 年第 6 期。

③ Krugman，P.，"Increasing Returns and Economic Geography"，*Journal of Political Economy*，1991（99）.

Fujita 等人①和 Fujita 和 Krugman②发展完善。这些理论的核心思想认为，市场分割和运输成本会对区域之间的企业生产和人口流动产生显著影响，并且存在循环累积效果。部分地区由于区位、政策等内生或外生因素占据发展中心地位，随着运输成本、市场规模等的变化，生产活动和人口将在中心和外围地区间进行转移③。区域一体化理论认为降低市场分割和交易成本，提高商品和要素的自由流动水平，提升资源配置效率是区域一体化发展的核心，而区域一体化发展将带来显著的生产和投资转移以及区域成员福利水平提升等效应④。关于城市群的理论探讨发现，功能专业化分工是现阶段城市群发展的基础，这种分工模式与产业链分工相似，但已经明显超越了产业发展的限制⑤。在功能专业化分工的驱动下，生产性服务业将更多向中心城市集聚，发挥总部管理、研发设计等功能，而周边城市则更多发挥生产制造等功能⑥。

---

① Fujita, M., Krugman, P., Venables, A.J., "The Spatial Economy: Cities, Regions and International Trade", *Massachusetts Instituters of Technology*, 1999.

② Fujita, M., Krugman, P., "The New Economic Geography: Past, Present and the Future", *Papers in Regional Science*, 2004（83）.

③ 何雄浪：《空间经济学及其新发展：新经济地理学》，《西南民族大学学报》（人文社会科学版）2021年第1期。

④ 李瑞林、骆华松：《区域经济一体化：内涵、效应与实现途径》，《经济问题探索》2007年第1期。

⑤ 尚永珍、陈耀：《城市群内功能分工有助于经济增长吗？——基于十大城市群面板数据的经验研究》，《经济经纬》2020年第1期。

⑥ 马燕坤：《城市群功能空间分工形成的演化模型与实证分析》，《经济管理》2016年第12期。

以上研究为我们理解龙头带动和示范引领的科学内涵奠定了重要理论基础。具体到上海在中国式现代化中发挥龙头带动和示范引领作用，其科学内涵包括以下三个方面：一是上海需持续提升其高质量发展水平，围绕中国式现代化的各项要求全面强化自身在全国乃至全球的城市综合竞争实力。这是上海作为长三角地区龙头城市以及全国重要经济中心城市对其他地区发挥辐射带动作用的核心基础要求。二是上海需持续优化和强化其在长三角地区以及全国中的功能定位，聚焦科技创新、产业升级、城市建设、文化发展、生态环境等重点领域，提高自身功能的专业化水平和高端化水平，增强对周边地区以及全国的带动和示范能力。三是上海需进一步强化其在推进中国式现代化中的"试验田"功能，中国式现代化作为习近平新时代中国特色社会主义思想的理论创新成果，其实践过程具有显著的探索性。上海作为国内领先发达地区，应当在发展模式、体制机制改革等方面发挥优势条件，大胆探索，勇于试错。在这三方面核心要求以外，龙头带动和示范引领二者之间还存在一定的差别，其中龙头带动更加强调上海要与其他区域在产业链供应链分工、协同创新、要素配置等方面产生实际的、紧密的链接，以引领者的身份发挥辐射带动作用；而示范引领则更加强调上海在自身现代化发展和探索中要积极总结经验教训，打造样板案例，面向全国加强宣传，为其他地区的现代化发展提供参考和借鉴。

（三）上海发挥龙头带动和示范引领作用的实践要求

阐释上海发挥龙头带动和示范引领作用的实践要求需要基于对中国式现代化发展要求的准确理解。党的二十大报告明确提出了中国式现代化的五大特征，这五方面的特征框定了推进中国式现代化的核心要求。

人口规模巨大的现代化意味着推进中国式现代化将面临比西方现代化更加复杂和艰巨的任务，需要更加完善的治理体系和更高的治理能力。同时，城市作为现代化社会中人类集聚的主要空间载体，高质量的城市建设也是中国式现代化的应有之义。结合上海的超大城市特征，在这一方面发挥龙头带动和示范引领作用需要上海聚焦于持续提升超大城市治理的现代化水平，以及在城市发展建设方面实施更加符合现代化发展要求的战略举措等方面。

全体人民共同富裕的现代化意味着推进中国式现代化要以公平正义为要求，尽最大努力保障全体人民共享发展成果，对贫富差距过大、底层群体基本保障不足以及由此引发的一系列社会问题保持高度警惕。结合上海要素资源丰富、就业形式多样、户籍人口与常住人口相差规模较大等特征，在这一方面发挥龙头带动和示范引领作用需要上海聚焦于优化收入分配格局，持续推动常住人口基本公共服务均等化等方面。

物质文明与精神文明相协调的现代化意味着推进中国式现代化要实现物质富足和精神富有"两手抓"，既要不断发展社会生产力水平，推动人民享有的物质水平极大提升，又要加快推动社会主义先进文化发展，保障人民精神生活丰富多彩。结合上海在经济社会发展领域具备的优势基础以及提出的发展目标和战略规划，在这一方面发挥龙头带动和示范引领作用需要上海聚焦于提升国际经济中心影响力、体系化推进国际金融中心建设、强化国际科技创新中心策源功能，以及提升国际文化大都市软实力等方面。

人与自然和谐共生的现代化意味着推进中国式现代化要处理好人与自然之间的共生关系，深刻领悟人与自然是生命共同体这一客观规律。以实现中华民族永续发展为目标，兼顾自然资源和生态环境的合理开发和有效保护。结合上海在生态环境保护和绿色转型等方面进行的积极探索和取得的发展成效，在这一方面发挥龙头带动和示范引领作用需要上海聚焦于持续深入推进污染防治、积极稳妥推进碳达峰碳中和，以及加快形成绿色低碳生活方式等方面。

走和平发展道路的现代化意味着推进中国式现代化在处理对外关系上要摒弃部分国家在现代化过程中采取的殖民主义和霸权主义，要以和平、发展、合作、共赢为原则构建人类命运共同体。经济生产和贸易领域的合作是国与国之间其他领域开展合作交流的重要基础，基于上海在对外开放发展中的经济基础和地理位置优势以及上海相关领域的发展战略规划，在这一方面发挥龙头带动和示范引领作用需要上海聚焦于推动国际贸易中心提质升级和强化国际航运中心枢纽功能等方面。

总结而言，围绕上海在推进中国式现代化中充分发挥龙头带动和示范引领作用这一主题，应在充分理解中国式现代化科学内涵和总体布局的基础上，结合国家对上海发展的战略定位和上海发展的现状基础以及中长期发展规划，围绕前述十三个实践领域进行深入研究分析，逻辑关系如图0-1所示。

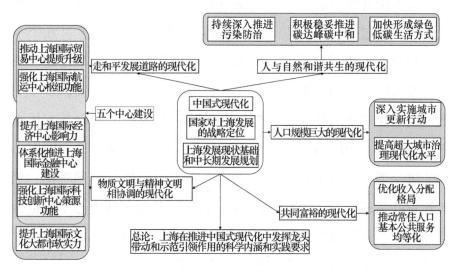

图0-1　全书逻辑框架

三　上海发挥龙头带动和示范引领
作用的优势与潜力

　　在推进中国式现代化中发挥龙头带动和示范引领作用，首先需要具备较高的综合发展水平，其次需要大胆探索、勇于试错的精神，最后需要国家层面的相关政策及制度保障。上海在这些方面都具备一定的基础，构成了在中国式现代化中发挥龙头带动和示范引领作用的优势与潜力。

（一）上海雄厚的综合发展实力奠定重要基础

党的十九大以来，上海坚持贯彻新发展理念，推动高质量发展，持续提升城市能级和核心竞争力。从主要发展任务的进展成效来看，经过"十四五"时期前半段的发展，上海在"五个中心"建设方面成效显著，主要表现在以现代化产业体系构建加快提升经济综合实力，推动高端化、智能化、绿色化发展，带动周边地区强化产业链供应链韧性；金融对外开放程度和服务实体水平持续提升；国际贸易体量稳定增长，对国内其他地区和国际市场的链接能力持续增强；国际航运中心的枢纽地位得到巩固，集装箱吞吐量连续 14 年排名世界第一；国际科技创新中心基本框架已经形成，科技创新的策源功能持续增强。这些发展成绩成为上海发挥龙头带动和示范引领作用的重要基础。

从未来进一步发展的要素条件来看，在人力资本方面，2022年上海常住人口预期寿命为 83.18 岁，与全球预期寿命排名第一的日本差距仅为 1.6 岁，常住人口平均受教育年限为 11.8 年，与新加坡水平相近。较长的预期寿命和较高的平均受教育年限为上海未来发展提供了高素质劳动力保障。在固定资产投资方面，"十四五"时期以来尽管受到国际发展环境和新冠疫情等因素的影响，上海固定资产投资增速在 2021—2023 年间平均水平仍达到近 7%，同期外商直接投资实际到位金额达到年均近 240 亿美元，相较于"十三五"时期实现稳定增长。在数据资产方面，上海持续以基础制度、基础设施和基础要素为关键领域夯实数字城市根基，《中国城市数字竞争力指数报告（2023）》显示，上海总得分排名第一。这些要素资源条件为上海持续实现高质量发展，推进自身中国式现代化并发挥龙头带动和示范引领作用提供了基本保障和充足动力。

（二）上海蓬勃的改革开放活力提供持续动力

改革开放以来，上海始终彰显出蓬勃的生命力和昂扬的进取心，特别是在探索政策制度创新方面长期保有浓厚的积极性。在1988年推动浦东地区开发期间，为了简化外商投资审批手续，优化外商来华投资环境，在时任上海市市长朱镕基的支持下，上海成立了市外资委，专门负责改善外商投资环境，其运行模式被概括为"一个图章"，也就是将引进外资有关的权力职责从各个部门剥离后重新组合，将外商投资过程中需要跑的20多个部门，盖的100多个图章整合成一个部门、一个图章。这项创新性举措极大便利了外商投资，在当时国内资本稀缺的情况下，对上海浦东开发过程中吸引外资、破解资金匮乏的难题发挥了重要作用。

党的十八大以来，上海持续承担着中国的改革开放事业"试验田"的重要功能。2013年9月，中国的第一个自贸试验区在上海诞生。经过过去十多年的不断探索和创新，上海自贸试验区推出了许多制度创新举措，包括中国第一张外商投资准入负面清单、第一个自由贸易账户、第一批"证照分离"改革、第一个国际贸易"单一窗口"等。在国家层面得到复制推广的300多项自贸试验区制度创新成果中，有将近一半来自上海自贸试验区首创或同步先行先试。上海自贸试验区的建设发展经验为中国的改革开放事业发挥了重要的示范带动作用。2019年7月，上交所发布了中国第一批科创板企业上市安排，开启了中国资本市场推动注册制改革的新时代。科创板设立以来积极发挥试验探索功能，在上市审核、并购重组、再融资、信息披露、交易机制等方面推动了一系列制度创新，为支持"硬科技"发展，实现核心技术自主可控、培育布局未来产业等方面发挥了重要作用。总体而言，上海作为中国推动改革开放的"排头兵""先行者"，在过往的经历中积累了丰富的试点和示范经验，同时也激发和强化了上海的创新精神，为在推进中国式现代化中发挥龙头带动和示范引领作用提供了充足的动力。

（三）国家层面的政策制度保障给予重要支撑

中华人民共和国成立以来，上海的发展一直受到党中央和国家历任领导人的高度关注。党的十八大以来，习近平总书记多次赴上海考察，并且在各种场合强调上海要"当好全国改革开放排头兵、创新发展先行者"，希望上海"勇于挑最重的担子、啃最难啃的骨头，发挥开路先锋、示范引领、突破攻坚的作用，为全国改革发展作出更大的贡献"①。国家领导人对上海提出的殷切希望既是上海追求高质量发展，为全国发挥龙头带动和示范引领作用的动力，也是上海持续探索创新，推动改革发展的重要支撑。此外，在战略规划制定和支撑保障方面，国家层面也对上海给予了重要支持，多项落地上海的战略规划被定位为国家级发展战略，

---

① 资料来源：《习近平总书记和上海的故事》，新华网，2023 年 11 月 19 日，http：//www.news.cn/politics/xxjxs/2023-11/29/c_1130000103.htm。

如推动浦东开发开放、建设上海自由贸易试验区、进行服务业扩大开放综合试点、建设张江综合性国家科学中心等。依托这些国家级发展战略，上海在探索制度创新、发挥先行先试功能、总结可复制经验等方面具备了更加显著的领先优势。

如果将全国视作上海发挥龙头带动和示范引领作用的"大环境"，那么长三角地区就是上海所处的"小环境"，而这一"小环境"为上海发挥龙头带动和示范引领作用提供了较为有利的条件。概括来说，长三角地区整体经济发展水平领先，区域内发展差距相对较小，近年来在共建创新机制，共享创新平台，交通网络互联互通，加快产业跨域协同，持续完善一体化发展体制机制等方面取得了多项重要进展。这些已有成果为上海首先带动长三角地区，继而引领全国推进中国式现代化创造了有利环境。

四　构建完备的政策体系保障上海的龙头带动和示范引领作用发挥

党的二十届三中全会指出，要进一步全面深化改革的指导思想，为中国式现代化提供强大动力和制度保障。十二届上海市委五次全会强调要"全方位大力度推进首创性改革、引领性开放"，"继续当好全国改革开放排头兵、创新发展先行者"。构建高效且完善的政策体系和运行机制是上海在推进中国式现代化中发挥龙头带动和示范引领作用的重要保障。以发挥龙头带动作用为目标需要上海充分把握长三角一体化发展的重大战略机遇，加快构建与龙头带动作用相匹配的跨地区政策协同机制；以发挥示范引领作用为目标需要上海围绕中国式现代化的科学内涵要求，大胆开展政策试点工作，并打造示范样本向全国推广政策经验；为保障各项政策的顺利实施需进一步完善政策实施相关的基础体制机制保障，特别是要完善中国特色社会主义民主政治和法治体系建设。

（一）加快构建与龙头带动作用相匹配的跨地区政策协同机制

构建跨地区政策协同机制需要强化顶层设计，提升全国性、区域发展规划对地区发展的引领能力，加快完善统一的、跨行政区的区域协调机构，保障政策实施的统筹协调。首先，上海在推进中国式现代化中发挥龙头带动作用不仅需要上海的持续努力，而且需要国家从强化顶层设计的角度出发，加强规划引领和统筹协调，提升政策一致性，同时引导长三角地区以及与上海在产业链、供应链等方面深度融合的国内其他地区积极参与，在经济发展、社会治理、基础设施、公共服务等领域开展深度合作。其次，在部分合作紧密的地区之间，特别是长三角地区，加快完善区域合作机构组织框架，形成不同层次的跨区域沟通协作机制。通过优化和健全跨区域的合作机构组织，建立能够打破现有行政架构的沟通交流机制，为区域间深度合作和融合发展提供灵活的对话渠道，从而提升跨层级、跨区域的政策协同效率。最后，需要从中央层面持续发力推动地方政府职能改革和优化。改革开放以来，地方政府以扩大投资、推动本地经济增长为目标进行的横向竞争是导致其长期扮演"准市场主体"角色，继而产生地方保护和行政壁垒的关键。构建跨地区政策协同机制需要从中央层面发力，转变对地方政府的考核和激励机制，从而激发地方政府加强政策

协同、开展深度合作的积极性，最大限度发挥上海的龙头带动
作用。

（二）加快形成与示范引领作用相适应的政策试点推广机制

上海在推进中国式现代化中发挥示范引领作用意味着上海应
当围绕中国式现代化的科学内涵积极开展政策试点，在体制机制
改革方面成为先行先试、总结经验、探索模式的引领者。围绕这
一目标，首先，上海应当建立高效的试点政策筛选机制。推进中
国式现代化是一项系统工程，上海需要结合自身实际情况，设计
政策框架和实践路线，选择紧迫性高、普适性强的领域形成改革
方案和具体政策措施并加快开展试点。其次，上海应当建立科学
的政策监督和评估机制。在政策试点的过程中，需要依据政策的
执行主体、实施过程、实际效果等方面建立科学系统的评估体系，
实现事中监督和事后评估。同时还可以在条件允许的情况下结合
随机试验等方法工具，对政策影响的因果效应进行更加准确的评
估。最后，上海还需要增强对政策实施经验效果的总结和推广宣
传。发挥示范引领作用的关键不仅在于先行者要为后来者示范
"能做到什么"，更重要的是要告诉后来者"如何做到"，因此，
上海需要结合自身政策试点经验，积极进行总结、推广和宣传，
为全国其他地区推进中国式现代化提供具有参考价值的借鉴启示。

（三）加快完善政策实施相关的基础体制机制保障

要在推进中国式现代化中发挥龙头带动和示范引领作用，如
果将各项政策实施作为核心抓手，那么完善政策措施顺利运行的

相关体制机制就是基本保障。在这一方面，上海需要积极主动建立与中央的沟通协调机制，争取最大限度的试错空间和自主决策权限。为保障各项政策的顺利实施，需要重点关注两个方面的制度完善。一方面是以政府治理现代化加快推动中国特色社会主义民主政治发展，提升政府决策的包容性和透明性，增强人民群众在推进中国式现代化过程中的参与感和获得感。在政策制定和实施过程中，上海应加快完善政务信息公开渠道，鼓励和保障公民积极参与地方治理，广泛听取和充分考虑公众意见和诉求，通过共同协商的方式寻求共识，增强决策的民主性和科学性。另一方面是从立法、司法、执法等多个环节入手加强地方法治建设，提升地方治理法治化水平。地方治理法治化的基础是法律法规等制度建设。2015 年《立法法》的修改带来地方立法权限的进一步扩容，上海应从突出特色和回应实际问题需求的角度出发，增强推进中国式现代化相关政策举措的法治保障，做好地方立法工作。同时，上海还应加快提升政府机构的依法行政能力，深入推进权力清单制度，提升全民法治素养，构建起高效健全的地方法治化治理体系。

第一篇

在推进人口规模巨大的现代化中

发挥龙头带动和示范引领作用

习近平总书记指出："中国式现代化是人口规模巨大的现代化。我国十四亿多人口整体迈进现代化社会，规模超过现有发达国家人口的总和，艰巨性和复杂性前所未有，发展途径和推进方式也必然具有自己的特点。"城市是人集中生活的重要场所，城市建设是推进人口规模巨大的现代化的重要组成部分。上海是一座拥有近2500万常住人口的超大城市，中心城区人口密度达到每平方千米2万人，对外开放度高、经济活跃度高，空间形态复杂多样，利益诉求多元。近年来，上海立足超大城市特点，深入践行人民城市理念，以排头兵的姿态和先行者的担当，聚焦突破土地资源瓶颈，加快转变发展方式，推动城市能级不断提升。要继续集中推进城市更新高质量发展，持续推进城市治理体系和治理能力现代化，坚持把城市打造成为未来发展的战略空间和重要的增长极，在推进中国式现代化中充分发挥上海龙头带动和示范引领作用。

第一章

深入实施城市更新行动

　　党的二十届三中全会审议通过的《中共中央关于进一步全面深化改革　推进中国式现代化的决定》（以下简称《决定》）是指导新征程上进一步全面深化改革的纲领性文件，其中多次提到"城市"下一步该如何发展，"坚持人民城市人民建、人民城市为人民""健全城市规划体系""深化城市建设、运营、治理体制改革，加快转变城市发展方式"等，并明确提出我国城市更新的主攻方向和着力重点，"建立可持续的城市更新模式和政策法规，加强地下综合管廊建设和老旧管线改造升级，深化城市安全韧性提升行动"，为推进我国城市高质量发展提供了战略指引。作为全球城市的领跑者之一，上海在践行人民城市理念上不断迈出新步伐，高质量推进城市更新行动，持续提升城市空间品质，增强市民获得感幸福感。截至 2023 年年末，上海市常住人口接近 2500 万人，城市更新能够更好推动现代化建设成果惠及全体人民，助力凝聚建设中国式现代化的磅礴力量。因此，上海市的城市更新不仅是超大城市的更新升级，更是推进人口规模巨大的现代化的生动实践。

第一节　城市更新的科学内涵与重大意义

一　城市更新的科学内涵

城市更新是适应城市发展新形势、推动城市能级提升的改建活动，其表现为城市功能、结构、形态的不断变迁，是实现城市景观升级、品质提升和活力激发的小规模、渐进式更新。本书从经济、民生以及治理三个维度阐述城市更新的科学内涵。

（一）城市更新是塑造城市经济增长新引擎的关键抓手

从经济维度看，城市更新是推动城市产业转型升级、拉动经济效益提升的过程，需要算好"经济账"。要完善城市发展布局，推动要素资源优化配置，盘活土地存量，促进产业用地科学释放，推进"工业上楼、智造空间"，加快智能终端产业园、高端生产性服务业产业集群建设，积极发展新产业新业态。要推动自下而上的小型更新，走内涵式集约化发展道路，合理切分更新项目，引导和推动地块内部和建筑内部土地混合使用，以城市更新扩内需促投资，吸引民间资本和小微企业进入，不断提升城市经济活力。

（二）城市更新是提升城市品质、增进民生福祉的有效载体

从民生维度看，城市更新是进一步满足人民对美好生活向往、打造高品质生活空间的过程，需要算好"民生账"。要聚焦基础设施陈旧、服务配套不足、安全隐患较多等民生关切问题，以城市更新为契机解决突出问题，推动基础设施更新和公共空间优化，多维度改善人居环境，切实保障人民群众切身利益。要增强城市

功能品质，推进城市更新机制创新，推动城市功能"范式"转换，鼓励地块功能混合利用，加快"15分钟社区生活圈"建设，促进商业、办公、住宅等功能有机串联，满足人们工作、生活、娱乐等不同方面的需求。

（三）城市更新是提升城市基层治理效能的重要路径

从治理维度看，城市更新是一个多层次、多部门、多事项的协同配合过程，是一个打破堵点卡点、增强规则一致性协调性的过程，需要算好"治理账"。要对土地、财政、投融资等城市更新相关政策法规进行系统梳理，及时清理和修改不适宜的政策条例，避免在实施过程中出现相互割裂和矛盾的现象；要完善城市更新的审批流程和规范性文件，制定相关实施细则和办事指南，畅通规则衔接、完善政策配套，兼顾灵活性与原则性，确保在城市更新行动实施中有章可循、有据可依。要完善政府、企业、群众多主体参与机制，汇聚多方合力，共同推进城市更新建设。

二　城市更新的重大意义

截至2023年年底，中国城镇化率达到66.2%，中国城镇化进入"下半场"。作为我国城镇化水平最高的城市之一，上海市城镇化率已经接近90%，在这一背景下，实施城市更新不仅是城市进入存量发展阶段的必然选择，也是践行人民城市理念的内在要求意义①。

———————

① 李友梅：《城市更新与新公共性：从"美丽空间"步入"美好生活"》，中国社会科学网，2024-5-30，https：//www.cssn.cn/glx/glx_gggl/202405/t20240530_5755679.shtml。

（一）有利于满足人民日益增长的美好生活需要

实施城市更新行动，推动城市开发建设方式转变，促进城市空间结构调整优化，推进公共基础设施设备更新升级，提升绿色化、智能化、适老化水平。以民生需求为导向，聚焦住房、交通等民生重点工作，加大老旧小区更新改造支持力度，持续改善市民居住条件，促进城市生态修复，营造更加宜居宜业的城市环境，推动城市成为美好生活载体。

（二）有利于城市健康可持续发展

实施城市更新行动，增强城市可持续发展能力，更新盘活存量土地，推进低效用地重新开发，推动城市土地资源高质量利用；完善基础设施可持续促进机制，加大新型基础设施建设力度，有序推进老旧基础设施更新。以共建共治共享理念拓展城市更新工作新格局，打造政府引导、市场运作、公众参与的可持续模式。

（三）有利于推动城市经济量质齐升

实施城市更新行动，适应新的科技发展趋势和市场需求变化，推动传统产业转型升级，加快产业结构转型升级，推进城市现代化产业体系建设。城市更新项目具有渐进性特点，拉动投资作用较为温和，持续释放内需潜力，助力城市经济总量跃升。推动创新资源集聚，培育和壮大新兴产业，提升城市产业能级。

（四）有利于保护和改善城市历史文化风貌

实施城市更新行动，推动城市历史风貌魅力重塑，通过拆建、改造、更新等多种方式有机结合，保护好老城区、老建筑、老树木、老街巷，挖掘、唤醒和传承城市文化和历史文脉，打造文化节点、塑造记忆节点，以城市更新为契机建设和增强城市文化底蕴。打造新时代文化强市，推动文旅文创产业发展，不断提升城市文化软实力。

（五）有利于城市构筑面向未来的竞争新优势

实施城市更新行动，加快智慧化绿色化城市建设，推动城市全域数字化转型，推进基础设施智能化升级改造，加速智慧交通、智慧电网、智慧物流等发展，重塑智慧城市技术架构，完善数字公共服务平台，持续提升城市管理效率。强化绿色技术应用，推动建筑绿色低碳改造，推进新能源和节能环保产业发展，增厚城市绿色家底。

三　城市更新与人口规模巨大的现代化之间的关系

人口规模巨大的现代化是中国式现代化的"显著特征"。作为全球人口规模和面积最大的都会区之一，截至 2023 年年末，上海全市常住人口达到 2487.45 万人。上海市的城市更新是一次超大城市的更新，也是推进人口规模巨大的现代化的生动实践。

（一）城市更新助推现代化建设成果惠及全体人民

城市是中国式现代化建设的重要载体。城市更新行动是完善城市功能、提升产业能级、增强治理能力的重要抓手，不仅能够推动城市经济实现质的有效提升和量的合理增长，而且能够在发展中保障和改善民生。实施城市更新行动，加快城市开发建设方式转变，推动城市空间结构优化，提速新型城市基础设施建设步伐，有序推进老旧小区修缮改造，着力营造和谐优美生态环境，增强服务供给能力，及时顺应人民需求的新变化，提供更高品质更有温度的公共产品和服务，让现代化建设成果更多更公平惠及全体人民。

（二）城市更新助力凝聚建设中国式现代化的磅礴力量

城市是人集中生活的地方，人是城市更新的出发点和落脚点。从本质上来看，实施城市更新行动，是对已经不适应现代化城市发展的区块、功能和产业实施必要的、有计划的新建改建，是对与人民群众需求不匹配的产品和服务的改善改进。通过城市更新，盘活闲置资源，推动城市存量空间提质增效，创建多元消费场景，培育新产业新业态新模式，拉动投资和促进就业，激发创业和创新能力，可以更广泛地凝聚人心、汇聚力量，让巨大的人口规模优势转化为全面建设社会主义现代化国家、全面推进中华民族伟大复兴的磅礴力量。①

（三）城市更新与推进人口规模巨大的现代化实现同频共振

中国式现代化是人口规模巨大的现代化，新型城镇化也是人口规模巨大的城镇化。城市更新是向纵深推进新型城镇化的必然阶段。当前，我国经济发展的空间结构正在经历深刻复杂的变化，中心城市和城市群日益成为要素承载的主要空间形式。从全国层面来看，实施城市更新形成，加速要素资源向中心城市和城市群集聚，进一步夯实优势地区发展的要素基础，助力其他地区缓解人地关系紧张关系，有效协调经济社会与自然环境保护，推动形成以城市为高质量发展载体的新发展格局。

---

① 李琪、汪仲启：《在推进中国式现代化中开创人民城市建设新局面》，《人民日报》2023 年 12 月 8 日第 9 版。

第二节 上海市推进城市更新的实践成效

近年来，上海市高度关注城市功能与空间品质建设，以适度超前探索模式积极推进城市更新行动，为中国在城市更新方面提供了新思路新方案，本节选取其中一些代表性政策举措进行分析。

一 首设城市更新中心

推进旧区改造和城市有机更新，是拓展城市高质量发展新空间的重要举措，也是事关人民群众切身利益的民生工程和民心工程。2020 年，为加快旧区改造和城市有机更新，上海市进一步创新思路，以"政府主导、搭建平台、市场运作"为原则，设立国内首个城市更新中心，负责旧住房改造、城中村改造等城市更新项目的实施。目前，上海市城市更新中心已经成功实施了一大批旧区改造项目。这一城市更新领域的重大创新举措，对国内其他城市具有重要借鉴意义。

一是打造功能性国有企业参与旧区改造的新模式。为解决城市项目重资产、长周期的问题，上海市城市更新中心设立在上海地产集团，通过调动国企、社会、市场的力量，强调市场化融资手段，联合招商蛇口、中交集团等国资背景的房企和保险资金，共同成立城市更新基金，增强城市更新的市场动力。

二是政府部门赋权。为做强城市更新中心平台，上海市积极投入优质资源、创新方式方法，不断健全和完善相关配套政策措施，通过住房城乡建设管理委、规划资源局、房屋管理局等政府部门为城市更新中心赋权赋能，持续优化工作流程，确保市城市更新中心能够切实履行职能，实现城市旧改工作和有机更新得到有序推进。

三是发挥桥梁和平台作用。城市更新行动是一项复杂的系统性工程，相关项目往往涉及多个部门、多个领域和多个层级，城市更新中心在其中发挥了桥梁和平台的作用。通过上海市更新中心这一重要平台，实现多个政府有关部门协同发力、联合行动，形成推进城市更新的合力。

四是探索构建旧区改造和城市更新新机制。推进银企战略合作，建立健全城市更新资金保障机制，打通贷款审批"快速路"，加强资本成本管控。在相关政府部门支持下，引入规划、资金、招商和项目实施等市场合作团队，优化调整规划实施方案。强化与上海市土地交易市场、上海联合产权交易所等平台的合作，创新招商合作方式，推动市场力量在城市更新中发挥更大作用。

二　首倡"15分钟社区生活圈"行动

社区建设是城市更新的重点。"15分钟社区生活圈"是指在服务半径为步行15分钟的可达空间范围内，为社区居民提供日常生活、基本消费和品质消费等服务，形成多业态多功能集聚的"社区公共体"。上海是国内"15分钟社区生活圈"的首倡者、先行者和相关标准提供者，"15分钟社区生活圈"也是践行"人民城市"理念的重要举措。2014年，上海市在首届世界城市日论坛上提出这一基本概念后，一直积极推进"15分钟社区生活圈"理论研究和实践探索，其形成的经验对于国内其他城市建设"15

分钟社区生活圈"具有很强的参考和借鉴意义。

一是扎实开展试点工作。2016年,全国首个地方性生活圈技术文件《上海市15分钟社区生活圈规划导则(试行)发布》,并将长宁区新华路街道等老街坊作为试点,积极推进社区生活圈试点工作,聚焦社区服务短板和群众关注问题,以微更新、稳探索为主要方式,以"自下而上"为主要工作思路,突出社区规划的在地性特征,有序推进社区环境品质改善,打造安全可达、绿色开放、环境宜人的公共空间。

二是推动社区生活圈系统提升。2019年,自然资源部将上海"15分钟社区生活圈"作为国家"多规合一"改革创新内容,纳入"部市合作"框架,推动国家行业标准《社区生活圈规划技术指南》制定。加快推动社区生活圈系统、整体提升,聚焦街道空间品质和社区治理"两大短板",强化规划统筹和政策供给,充分使用"城市体检"等空间信息化手段对社区进行体检,全面提升教育、医疗、就业等配套设施建设水平和服务功能。

三是推动社区工作总体性平台建设。2021年,上海、天津等52个城市共同发布《"15分钟社区生活圈"行动·上海倡议》,聚焦市民的迫切需求,提出"以人民为中心的理念转型、以多元协作的社区治理转型、以全方位的数字化转型"的"三个转型"目标。根据倡议内容,"15分钟社区生活圈"有望成为引领未来社区各项工作的总体性平台,统筹推进社区各项规划的实施。

四是打造"1+N"社区服务空间布局。2023年,上海发布十项行动推进"15分钟社区生活圈"建设,涉及空间覆盖、项目统筹、联动协同等多项内容。探索构建"1+N"的空间模式,其中

"1"是指一站式综合服务中心，"N"是指小型的服务设施，如提供就业、医疗、托幼等服务的场所，通过"1+N"的空间整体布局，以年度为节点持续滚动实施，不断完善社区生活圈的功能配置。

三 首创"三师联创"机制

2023年，在上海城市更新可持续发展论坛上，上海市提出责任规划师、责任建筑师和责任估价师"三师联创"机制，并选取外滩第二立面等10个重点单元开展试点工作。"三师联创"机制充分发挥责任规划师、责任建筑师和责任估价师在城市更新中的作用，即责任规划师的谋划、协调、统筹作用，责任建筑师的设计、规划、施工作用，发挥责任评估师的经济测算、价值判断、综合评估作用。目前，"三师联创"机制已经形成了一批新的设计方案，取得良好成效。

一是多专业技术团队集成。"三师联创"在机制创新上寻求破题，形成多专业技术团队集成，突出设计方案的牵引作用，助力资源、资信、资产、资金实现"四资"贯通，推动综合成本、区域发展、近远衔接实现"三个平衡"，带动整个地区空间效能提升和品牌价值塑造。

二是推动工作模式创新。传统城市更新通常聚集于项目本身地块，与周边区域功能、公共空间等联动不强。"三师联创"是城市更新总体框架下的贯通性载体创新，推动工作模式由"串联"向"并联"转变，着力解决上中下游协作中的脱节、断链、失配等问题，推动形成横向衔接、纵向贯通的工作格局，以期实现整个区域更广维度的赋能发展。

三是集聚更多专业智慧结晶。"三师联创"机制能够推动聚智赋能，吸引更多专家学者参与，有效凝聚设计、金融、地产、环境等领域的专业力量，并推动形成更广泛的行业共识，实现多种利益综合，形成以全社会的智慧和力量推进城市更新的良好局面。

四是因地制宜推动城市更新。"三师联创"机制根据不同区域的发展需求，结合城市更新特点，突出功能策划与设计赋能，强化全过程参与、全周期跟进、全流程管理，以期实现土地使用价值、历史文化价值、区域整体价值的提升。

上海在推进城市更新方面不断有值得借鉴的新举措出台，如制定城市更新实施办法、出台城市更新条例、发布楼宇更新提升行动方案、成立城市更新专家委员会等，值得国内其他城市借鉴和学习，在此不一一枚举。在肯定成绩的同时，上海在城市更新方面也存在一些需要解决的问题：城市快速更新与历史文化遗产保护的兼顾问题，城市建筑外观改造与建筑功能升级的同步问题，城市更新与产业更新的匹配问题，城市更新中不同政策的协同问题，城市更新项目一体化规划与碎片化实施的统筹问题，城市更新的高成本投入与可持续运营的平衡问题等问题。

第三节 城市更新的国际比较与借鉴

随着全球新一轮科技革命与产业变革向纵深发展，近年来，全球大都市纷纷实施城市更新行动，形成了不少成功的城市更新案例。本节主要分析纽约、伦敦、巴黎以及东京在城市更新方面的新做法新举措。

一 纽约城市更新经验

在欧美大城市都市制造业回温的背景下，纽约市滨水工业地区走出了一条以新都市制造业为动力机制的城市更新路径，从房地产驱动到产业驱动，积极推动新都市制造业发展①。一是积极探索新发展路径。2015年，纽约市政府发布促进纽约中心城现代产业发展新政策，改变以房地产开发为主的旧模式，从土地、人才、金融等多个方面支持滨水工业地区改善传统工业空间，鼓励私人更新项目，积极引进和发展多类型新都市制造业，推动滨水空间更具竞争力。二是设立产业经济区。纽约通过划定"产业经济区"的方式，并由政府直属机构负责开发和运行，不仅从土地政策上保障新都市制造业的用地需求，而且加大财政支持力度，设立专项基金提供贷款服务，推动基础设施和公共空间改造，通过税收优惠吸引中小制造商入驻产业经济区。三是灵活运用规划工具。纽约把特殊区划政策作为有效规划工具，将部分街区划定为"经济强化区"，通过增加土地用途方面的申请条件，支持私人开发商在工业用地的更新中兼顾商业空间和工业空间建设需求，拓展创意办公和零售商业的发展空间。四是支持服务型制造业发展。推动原有制造业空间改造利用，加快以体验式消费、定制式

---

① 李珊珊、钟晓华：《新都市制造业驱动下的城市更新实践——以纽约滨水工业地区为例》，《国际城市规划》2023年第6期。

消费为主体的服务制造业发展,实现新都市制造业与消费的空间融合。

二 伦敦城市更新经验

21 世纪初期,英国政府就把城市更新纳入其可持续发展战略。伦敦城市更新的主要路径是推动文化创意产业与城市更新相结合,积极打造"全球创意之都"。随着文化在提升城市竞争力中的作用不断凸显,伦敦加大对文化建设的投入,推动商业和文化融合式发展,文化创意引领城市更新成为伦敦城市建设的突出亮点,并形成了三种更新策略[①]。一是改进式文化策略。以本地社区为主要作用对象,增加公共设施和文教活动,将满足居民文化需求与社会发展紧密相连,充分汇集本地文化创意,推动改进式新平台建设,促进社区公共空间功能置换、补充与创新,支持初创企业、小型企业以及个人发展,提高地区活力和创意。二是创意式文化策略。深度挖掘历史文化资源,引导城市创意阶层聚集,有效刺激创意文化生产与消费,支持创意产业机构、艺术文化设施和休闲娱乐设施建设,提升本地文化创造力和影响力,增强创意产业经济收益。三是商业文化策略。在历史建筑保护的基础上,通过实施标志性文化旗舰项目,对既有建筑的内部功能和结构实施精细化改造,举办高水平节庆活动,挖掘工业遗产价值,增加美术馆、购物中心、艺术综合体等文化建筑供给,全方位树

---

① 陈洁:《西方城市更新中的文化策略——以伦敦和悉尼为例》,《国际城市规划》2020 年第 5 期。

立城市文化品牌与形象。

三 巴黎城市更新经验

2024 年，巴黎举办第 33 届夏季奥林匹克运动会，一系列重大功能性项目随之落地，有力推动了巴黎市城市更新。巴黎城市更新经验主要是充分发挥重大功能性项目作用，推动城市更新与就业创业。一是推进绿色低碳城市建设。以举办奥运会为契机，实施塞纳河净水工程，有效提升塞纳河水质；以低碳环保、可回收材料为主，修建新的赛事建筑，提前制定临时场馆和设备的"循环利用"计划，尽量减少材料和能源消耗；[①] 以"100% 可骑行"为目标，新建长达 400 千米的奥运自行车道；开发"气候教练"（climate coach）手机软件，指导奥运参与者科学降碳。二是推动项目建设与促进就业创业联动。巴黎积极创造与奥运会相关的工作岗位，除了建筑、安保领域，注重提供组织人员岗位，开发一批学徒制工作岗位，据当时巴黎奥组委估算，2018 年至 2024 年期间会有超过 18.1 万人从事与巴黎奥运会直接相关的工作。三是推动城市导视系统升级。以"奥运"为主题，精心设计和布局，推动基础设施优化升级，创新实现奥运精神与城市文化融合，强化功能性与美观性有机结合，以直观、生动、鲜明为导向，促进导视系统设计升级，提升城市整体导览效率和视觉形象。四是推动奥运会融入城市历史文化。积极推动"奥运"融入城市生活

---

① Bird, Robert, New advances in recycling of lithium-ion batteries, 美国化学学会（CAS），2023-2-17, https：//www.cas.org/resources/cas-insights/new-advances-recycling-lithium-ion-batteries。

方方面面，强化生态与人文遗产保护，丰富活跃市民文化生活，引导城市产业升级，推动城市与奥运共生共荣。

四　东京城市更新经验

近年来，东京以国际城市建设为抓手，发布"未来的东京"战略 2023 版，加快推动城市更新。东京城市更新经验主要是着眼长远战略发展，积极打造世界首选城市。一是激发"人"的内在力量。赋能和汲取"人"的力量，把"人"打造成为城市发展的活力源泉，积极应对少子化、老龄化等社会问题，推动儿童优先的社会建设；主动适应国际化趋势和全球产业变革，加大人力资源开发力度，提升市民国际视野和思维；增强包容性城市建设，加大职业教育、创业教育支持力度，助力老年人跨越数字鸿沟，支持非正规就业女性实现职业转变。二是推进世界首选城市建设。加大对外传播力度，进一步提升东京在世界上的存在感；完善市内基础设施，擦亮东京魅力，大力吸引世界各地游客；推进创业基地建设，设立创业基金，支持成长型产业领域发展。三是提高城市发展韧性。加强城市安全和安保基础设施建设，提高部门联合水平，提升灾害防范能力，完善地方医疗体制，守护好市民的生命财产安全；加强能源安全保障，从中长期出发，扩大绿色氢的制造和供应，推进脱碳社会建设。四是实施超常规举措。推动政府机构改革，破除阻碍发展的法规和机制，强化服务设计，推进开放式创新；积极应用数字技术，加大 5G 网络建设，推进数据驱动型行政，促进政务流程可视化；加大对初创企业的公共采购力度，探索飞行汽车发展模式。

第四节　上海实施城市更新的优势和潜力

根据国家城市发展及城市更新新趋势，结合上海城市更新的实践，本节梳理了部分上海未来推进城市更新的优势和潜力领域。

一　城市体检模式

城市体检是实施城市更新行动的先行性、基础性、支撑性工作。根据国家住房和城乡建设部发布的通知显示，自 2024 年开始，住建部将在地级及以上城市全面开展城市体检工作。"无体检，不更新"是上海城市更新的基本原则。作为全国首批城市体检样本城市，上海在城市体检方面起步较早，已经取得了一定成效、积累了一定经验，逐步形成建立"发现问题—解决问题—巩固提升"的工作机制，并计划在 2024—2027 年三年内推进 200 个社区城市体检，为制定更加科学的城市更新规划提供有力支撑。

二　城市设计模式

城市设计是对城市更新的前瞻规划，城市更新是对城市设计的实施和落地。作为全国第二批城市设计试点城市，上海积极打造"全过程、法定化、精细化"的城市设计"上海模式"，在国内率先构建贯穿于城市规划、建设、管理全过程各环节的设计管控体系，推行分级分类管控引导，并将城市设计纳入法定规划成果系统，确保设计内容得到高质量落实。

三 绣花般城市治理模式

从需求视角来看，城市更新是回应城市治理需求的一种解决方案，二者互为依托、相互赋能。2017年3月5日，习近平总书记在参加十二届全国人大五次会议上海代表团审议时指出，"城市管理应该像绣花一样精细"。① 近年来，上海积极用"绣花"般精细治理传递城市"温度"，注重宏观战略眼光与微观实操能力相结合，坚持耐心和持续投入，在城市规划、环境保护、社区建设、公共服务等多个方面，精准把握居民需要，不断提升服务质量。

四 社区服务模式创新

上海在建设现代化社区建设方面处于全国领先位置，不断完善社区服务功能，推动社会服务更精细有温度。《中共中央关于进一步全面深化改革 推进中国式现代化的决定》提出，"优化基本养老服务供给，培育社区养老服务机构""支持用人单位办托、社区嵌入式托育、家庭托育点等多种模式发展"。目前，根据上海市民政部门发布的数据显示，2023年年底，上海户籍60岁及以上老年人超过568万，占户籍总人口的37.4%，上海已步入重度老龄化阶段。为了应对老龄化挑战，2019年上海出台社区嵌入式养老服务工作指引，推进社区综合为老服务中心建设，首

---

① 王丹丹：《城市管理应该像绣花一样精细》，《学习时报》2023年5月24日05版。

创社区养老服务模式。同时，自 2022 年开始，上海启动运营首批社区托育"宝宝屋"，通过"嵌入式""标准化"的社区托育服务，缓解辖区内幼儿家庭看护难题。因此，上海在社区养老服务和社区嵌入式托育方面具有明显的优势。

第五节　推进上海城市更新高质量发展的对策建议

目前，上海的城市建设已经进入从外延式扩展向内涵式提升、从大规模增量建设向存量更新的转变时期，通过城市更新可以提振城市经济增长、激发城市发展活力。结合上海城市更新现状，充分学习借鉴国际大都市更新升级经验，提出"三个坚持""三个积极"的对策建议。

一　坚持"留改拆拼"并举

当前，上海城市建设已经由大规模增量建设转为存量提质改造和增量结构调整并重，应坚持"留改拆拼"并举，扎实有序推进城市基础设施更新。其中，"留"是指要尽可能保留具有城市文化记忆和风貌延续价值的非遗产对象，尤其是保留独特的、有代表性的建筑；"改"是指要根据历史和文化元素，对保留对象的外部形态和内部空间开展品质提升的开发性改造活动，提升保留对象的可识别性；"拆"是指要通过"少而准"的方式拆除违章搭建以及一些存在隐患的、违章搭盖的非保护对象，以"减法"腾挪出更有价值的空间；"拼"是指综合考虑各方诉求使得保留对象与新建对象形成合理组合，激发新旧共生、和而不同的城市生机，实现保留对象的适应性再生。"留改拆拼"并举，以保留利用提升为主，通过小规模、渐进式更新和微改造，实现保护、改造、拆低、拼新的有机结合，不断补齐配套设施短板，推动城市空间形态和功能业态持续完善和优化调整，系统性推进城市更新工作。

二　坚持"产城境人"融合

"产城境人"融合是现代化城市发展的必由之路。"产城境人"融合是指产业、城市、营商环境与人的融合发展，以城市为基础，承载产业空间、促进产业集聚，以产业为保障，通过产业引领城市转型升级，驱动城市更新和完善服务配套，以营商环境为着力点，将优化营商环境作为促进城市产业高质量发展的关键一环，以人的需求为出发点，让城市和产业更好满足人民日益增长的美好生活需要。"产城境人"融合是以组合政策促进产、城、境、人四向发力，带动产业质态优化，促进人口城镇化与产业相协调，推动营商环境提升，积极打造引领高质量发展的增长极、动力源。要在大力发展产业的过程中，持续完善城市功能，控改补建推动城市精细发展，以系统思维推动城市综合治理，通过"以产兴城、以城聚产、以境促产"，塑造四者融合的都市新空间，推进现代化产业体系建设，更好满足人的多元化需求，为居民提供更加高质高效的城市功能与体验，实现产业、城市、营商环境与人的高质量互动。

三 坚持"数智绿融"协同

在"数字中国"愿景和"双碳"目标的驱动下,数字化、智能化、绿色化、融合化的改造是城市基础设施更新升级的全新方向。"数智绿融"协同发展是经济社会高质量发展的内在需求,也是城市加快培育新质生产力的重要路径。其中,"数"是指城市全域数字化转型,强调数字技术在城市全领域各层次的应用;"智"是城市基础设施智能化升级,强调智慧城市建设导向;"绿"是指绿色化低碳化发展,强调环保和可持续发展的城市理念;"融"是指城市的融合化发展,强调数字化、智能化、绿色化与传统产业的深度融合。"数智绿融"协同发展,有利于促进基础设施数智化绿色低碳化发展,推动形成高层次的生态环境质量;有利于数字技术和绿色技术对传统产业进行全方位、全角度、全链条的改造,巩固提升产业链供应链韧性和竞争力;有利于推动数字智能绿色要素融入城市生活,进一步推动民生服务场景开发;有利于促进新领域新赛道开辟,塑造城市发展的新动能新优势。

四 积极发挥规划设计引领作用

面向高质量发展需求的城市更新,应坚持以系统观念谋划推动,做好城市更新规划设计管理,以规划引领实现高位统筹。要推进城市更新目标体系和标准体系建设,优化完善政策法规体系,强化规划设计在城市更新全过程的引领作用。分类施策推进工程建设组织模式创新,强化项目全流程管控力度,确保项目从规划到实施再到运营的连贯性和高效性。推动城市空间资源整合，有序释放建设规模流量，促进既有建筑与建成环境高效能利用，不断提高城市土地集约利用效率；推动市政交通体系建设，加强创新前沿技术应用，形成绿色生态低碳化、互联互通智慧化。

五 积极构建城市更新联动机制

要完善"1+X"城市更新政策体系，"1"即上海城市更新的顶层设计方案，明确城市更新工作内容、组织机制等，以及从城市体检、设计规划、项目实施到建设运营等全生命周期工作体系。"X"即土地、财政、资规、交通、环保等部门适用于城市更新的配套政策。建立"市—区—经济技术开发区—项目"四级更新规划传导体系，分层部署更新行动。市级城市更新专项规划提出整体安排部署，区级城市更新规划落实分解市级规划，经济技术开发区谋划生成具体更新项目。构建多层级城市体检体系，从"住房、小区、街区、城区"不同层级开展全面体检和专项体检，形成问题清单和治理清单，推动城市体检和城市更新工作无缝衔接，实现因地制宜推进城市更新项目。

六 积极探索城市更新可持续发展模式

上海日益成为可持续城市更新的生动样本。要强化科技赋能，加大数字技术应用力度，提高规划设计的科学性和前瞻性，推动城市更新更加智能化、精细化和人性化，促进城市更新动态信息管理；全面推进绿色技术、新材料、新装备应用，将"绿色低碳"理念贯穿在城市更新进程中。创新社会资本参与模式。构建

"权—责—利"协同机制,鼓励以长期运营收入平衡更新改造投入,提高更新政策的协同配套性,在土地供应、资产盘活、税费政策等方面探索创新,切实降低民营企业参与门槛,推动社会资本真正积极有效参与城市更新。探索设立城市更新专项基金。积极利用国家政策性金融机构对城市更新的支持政策筹集资金,通过设立更新基金、委托经营、参股投资等方式,吸引央企、地方国企、民营企业等社会资本进入,健全资本退出机制。

第 二 章

提高超大城市治理现代化水平

提高超大城市治理现代化水平不仅是城市自身发展的内在要求，也是推动国家治理体系和治理能力现代化的重要举措。上海作为中国的经济、金融、贸易和航运中心，拥有先进的科技实力、丰富的治理经验和深厚的国际影响力，是超大城市治理现代化的先行示范者。上海领先的经济地位和深厚的文化底蕴，为现代化城市治理提供了得天独厚的优势。提高上海超大城市治理现代化水平，不仅有助于解决超大城市治理面临的共性难题，还能为全球城市治理贡献"中国方案"，对于全国乃至全球的城市治理都将具有重要的启示和借鉴意义。

第一节　超大城市治理现代化的科学内涵和重大意义

一　超大城市治理现代化的科学内涵

（一）城市治理及其现代化

全球治理委员会于 1995 年发布的《我们的全球伙伴关系》报告中，将治理定义为"各种公共或私人个人和机构管理其共同事务的诸多方式的总和"。对于城市层面，城市治理则指政府、市场和社会协同对城市公共事务进行全面管理的过程，涵盖规划、组织、协调、监督和控制等环节。此过程需综合考虑经济、社会、环境等多个维度及其间的复杂互动。城市治理旨在实现城市的高效运转、和谐发展与持续繁荣，包含空间治理、社会治理及行政治理三大方面。其特点体现在多元参与、协同合作及系统综合考量，强调政府、企业、社会组织和公众的共同参与，建立良好的协同合作机制，以及综合考虑经济、社会、环境等多个领域因素。

城市治理现代化是城市化进程中的一项系统性变革，旨在提升城市治理效能和能力，解决传统治理模式的弊端。其核心在于治理结构的优化、治理效能的提升，以及推动城市高质量、可持续发展。新公共管理理论、协同治理理论和智慧城市理论为这一进程提供了学术支持。新公共管理理论倡导引入企业管理理念，提升公共部门效率；协同治理理论则强调政府与社会各界的合作共治；智慧城市理论侧重于利用信息技术提升城市治理水平。为提升城市治理现代化水平，需从四个方面着手：一是优化政府职能，实现向服务型、监管型政府的转变，加强政策制定、公共服务及市场监管能力。二是深化公众参与，通过制度化渠道提升公众的治理参与度，增强政策透明度和科学性。三是创新治理模式，推动多元主体共同参与城市治理。四是利用现代信息技术优化治理手段，实现城市治理的智能化、精准化。

（二）超大城市治理现代化

超大城市治理现代化针对人口和经济活动超大规模的城市，

提出了更为复杂精细的治理需求。这类城市不仅需考虑整体发展规划，还要关注内部各区域、各社会群体的多元需求和利益冲突。其治理现代化涉及治理体系创新、能力提升、技术革新及文化塑造等多方面。蒋俊杰①指出，超大城市治理现代化应实现"整体智治"，结合整体性、智能化和全周期治理，以提升治理效能和城市韧性。

与普通城市治理相比，超大城市治理现代化有以下显著区别：一是治理更加复杂化，人口众多、经济活动频繁和空间结构复杂增加了治理难度，需协调更多元化的利益关系和治理要素②。二是治理更加精细化，借助大数据、云计算等现代信息技术，实现实时监测、精准分析和科学决策③。三是治理更加系统化，强调各治理要素的协同配合，确保治理的过程性、连续性和前瞻性④。四是治理更注重创新，面对快速变化的城市环境和新问题，需不断创新治理理念和方法。

与此同时，超大城市治理现代化也面临诸多难点：一是利益协调，如何有效协调内部不同区域、群体的复杂利益诉求是一大挑战。二是技术应用，尽管现代信息技术提供有力支撑，但技术

---

① 蒋俊杰：《整体智治：我国超大城市治理的目标选择和体系构建》，《理论与改革》2022 年第 3 期。
② 任兵、陈志霞、张晏维等：《首都超大城市治理现代化：基本逻辑、理念与路径构想》，《城市问题》2021 年第 12 期。
③ 蒋俊杰：《整体智治：我国超大城市治理的目标选择和体系构建》，《理论与改革》2022 年第 3 期。
④ 董慧、王晓珍：《超大城市治理现代化：经验、理念与治理体系建构》，《学习与实践》2022 年第 5 期。

安全可控性和避免技术鸿沟等问题仍需关注。三是资源分配，如何公平分配内部不均的资源是治理的重要议题。四是公众参与，尽管公众参与对治理成效至关重要，但如何有效动员和组织公众参与仍面临挑战。

二　超大城市治理现代化的重大意义

提高超大城市治理现代化水平不仅是一项迫切任务，更是一项具有深远现实意义和战略意义的宏大工程。这一进程不仅关乎超大城市自身的繁荣与发展，更是国家整体治理现代化的关键一环，对于推动经济社会全面进步、提升国际竞争力具有不可替代的作用。

第一，发挥发展引擎作用。超大城市作为推动国家经济发展的核心引擎和区域发展的中心，其治理效能直接影响到国家整体的发展质量和全球竞争力。构建高效、开放及包容的治理架构能够吸引更多关键要素汇聚，进而促进本地和国家经济增长。

第二，凸显示范引领效应。超大城市的治理现代化进程是国家治理现代化的关键组成部分。通过不断提升超大城市的治理水平，可以为国内其他城市的治理提供有力的示范和引导作用，从而加快国家治理现代化的整体步伐。

第三，提高城市治理效能。超大城市治理现代化也是应对城市化进程加速所带来的诸多挑战的重要途径。随着城市化进程的推进，超大城市面临交通拥堵、环境污染、社会治安等复杂问题。通过提升超大城市的治理现代化水平，可以有效应对这些挑战，提高城市治理的效能和水平①。

第四，打造全球竞争优势。在当前时代背景下，提高超大城市治理现代化水平更具有紧迫性和重要性。全球化和信息化的发展使得城市之间的竞争日益激烈，超大城市必须不断提升自身的治理水平，以赢得更多的战略优势。

第二节　超大城市治理现代化的上海实践

一　特色做法和成效

（一）强化党建引领，筑牢城市治理之基

第一，创新社区治理模式。上海通过楼宇党建、区域化党建等形式，将党的组织和工作覆盖到城市每个角落，形成"党建+社区治理"的新模式，有效提升了社区治理效能。据媒体资料，2021年上海全市商务楼宇共1569幢，建筑面积逾7100万平方米，其中90%的重点楼宇已建立了楼宇党组织——共组建楼宇党组织2700多个。楼宇党建的推行使得党的组织和工作深入到商务楼宇，通过党员示范岗、党员责任区等形式，引导党员积极参与楼宇治理。同时，区域化党建也促进了不同社区之间的资源共享和优势互补，共同应对城市治理中的难题，形成了良好的治理合力。

第二，激发社会共治活力。上海各级党组织发挥战斗堡垒作用，带领党员和群众参与城市治理，形成"党建引领、社会协

---

① 中共天津市委党校课题组徐中、王健等：《以"全周期管理"理念引领超大城市社会治理现代化》，《求知》2020年第5期。

同、公众参与"的共治格局，增强了社会治理的凝聚力和向心力。例如，在徐汇区，党组织积极搭建平台，引导居民参与社区治理，通过居民议事会、社区听证会等形式，让居民对社区事务有更多的发言权和参与权。同时，党组织还带领党员和志愿者开展各类志愿服务活动，如环境整治、垃圾分类宣传等，有效激发了社会共治的活力。

第三，培育社区社会组织。通过党建引领，上海成功培育了一批具有社会责任感和公益精神的社区社会组织，它们在城市治理中发挥了重要作用，成为连接政府和居民的桥梁。例如，在长宁区，党组织积极引导和支持社区社会组织的发展，通过提供资金、场地等支持，帮助社区社会组织开展各类服务活动。这些社区社会组织在提供社区服务、反映社区诉求、规范社区行为等方面发挥了重要作用，有效增强了政府与居民之间的沟通和联系。同时，这些社区社会组织还积极参与城市治理的创新实践，为上海的超大城市治理现代化提供了有力的支持。

（二）实践全过程人民民主，打造城市治理共同体

第一，深化民主参与机制。上海在实践全过程人民民主中，注重深化民主参与机制，推动居民参与社区治理。通过建立居民议事会、社区听证会等平台，鼓励居民就社区发展、公共设施建设等问题发表意见。例如，上海市长宁区虹桥街道作为全国人大常委会法工委设立的首批基层立法联系点之一，到2023年，2000多人次直接参与40多部法律的意见征集，50多条建议被不同程度采纳。这种机制不仅增强了居民的参与感和归属感，还有效提升了决策的透明度和民主性，使得城市治理更加贴近民众需求，

体现了民主决策的实质。

第二，创新多元治理模式。上海在打造城市治理共同体的过程中，不断创新社会治理模式。通过引入社会组织、企业等多元主体参与，形成政府、市场、社会三方协同治理的新格局。例如，浦东新区工商联开展"五年立法规划创业者谈"，收集多项立法项目建议，涉及集成电路、新能源等领域。通过多方合作，共同解决城市发展中的各类问题，实现了资源的优化配置和利益的平衡，推动了社会和谐稳定。徐汇区探索"公约治理"模式，涵盖社区、商业、旅游等多领域，通过法治引领和民主协商解决基层治理难题，形成居民公约、商户公约、游客公约等，提升治理效能，体现全过程人民民主。

第三，构建法治保障体系。在实践全过程人民民主的过程中，上海特别强调加强法治保障。通过完善相关法律法规，保障公民的基本权利和自由，确保人民在政治、经济、文化等各个领域的合法权益。例如，上海市人大常委会在五年立法规划编制的各个重要环节，均邀请基层立法联系点参与，发挥其枢纽作用。截至2023年12月，25个基层立法联系点已对107部法规征集了21921条意见，其中2590条被采纳，这充分体现了人民在城市治理中的主体地位。同时，加强法治教育和宣传，提高公民的法律意识和法治素养。通过法治手段规范社会行为，维护社会秩序，保障人民民主权利的实现，为打造城市治理共同体提供了坚实的法治基础。

（三）深化社区治理创新，提升居民幸福感归属感

第一，夯实制度保障基础。上海通过出台一系列规范性文件，

为社区治理提供了坚实的制度保障。例如，基层治理"1+6"文件明确了社区治理的目标、原则和任务，为社区治理创新提供了有力的政策支持。上海市城乡社区服务体系建设"十四五"时期规划也明确提出，要优化社区公共服务，聚焦居民的多样化需求，提供精准服务。通过建立健全社区服务民主协商机制，鼓励居民围绕社区公共资源分配、公共空间管理等开展民主协商，有效激发群众参与社区公共事务的内生动力。这种制度保障不仅增强了居民的参与感，还提升了他们对社区的认同感和归属感。

第二，提升社区治理效能。上海积极打造社区云平台、十五分钟生活圈平台等数字化平台，提升社区治理智能化水平。例如，宝山区的"社区通"系统不仅在疫情防控期间发挥了重要作用，还通过"议事厅""村务公开"等板块，让居民能够便捷地参与社区事务，增强了居民的参与感和归属感。社区云平台的应用使得社区服务更加精准和高效，居民可以通过平台获取社区公告、参与社区活动，增强了居民的幸福感和满意度。

第三，探索社区治理新模式。通过"美好社区·先锋行动"项目，上海探索科学化、精细化和智能化的治理方案。例如，虹口区通过"共比邻"基层治理项目，同济大学专家团队一对一结对赋能，充分发挥街道社区实践平台优势和高校专业人才优势，努力让居民群众更有获得感、幸福感。崇明区长兴镇的长兴家园社区通过"第二书记"参与社区治理，构建了三级网格管理制度，解决了社区治理中的诸多问题，提升了居民的幸福感与归属感。这些创新机制不仅提升了社区治理效能，还增强了居民的参与度和满意度。

（四）数字智能技术赋能，引领超大城市治理创新

第一，"一网统管"赋能智能管理。上海首创"一网统管"体系，该体系以网格化为核心，覆盖全市 16 个区、228 个街镇级平台，通过实时预判、发现、处置，实现城市管理的智能化、精细化。例如，浦东新区城市运行综合管理中心利用人工智能技术，通过街面摄像头自动识别垃圾并派单处理，展示了城市管理的高效闭环管理。此外，上海通过"一网统管"系统整合接入了包括公共安全、绿化市容、住建交通、应急民防、气象卫健等数十个单位系统，共享数据量超过 25 亿条，极大地提升了城市管理的效能。

第二，"一网通办"提供便捷服务。上海推出"一网通办"平台，截至 2023 年 10 月 17 日，已接入事项 3668 项，累计办件超过 4 亿件。该平台为市民和企业提供了便捷的政务服务，实现了"指尖上的服务"。例如，长三角地区政务服务"一网通办"正式开通运行，极大地方便了跨区域的政务服务办理。这种创新方式不仅提高了办事效率，还显著增强了市民的获得感和满意度。上海市"一网通办"平台还推出了"一件事"改革，围绕个人全生命周期和企业全发展周期，对高频事项进行流程再造，截至 2023 年 5 月，已上线 49 项一件事，办件量已突破 600 万件。此外，上海"一网通办"平台还推出了"好差评"制度，以群众切身感受衡量改革成效，建立政务服务好差评制度，好评率达 99.96%。

第三，数字技术提升治理水平。除了"一网统管"和"一网通办"，上海还注重将数字智能技术广泛应用于教育、医疗、交

通等领域，提升城市管理的智能化水平。例如，南京大楼通过"数字孪生系统"，实时感知和管理大楼的各种事件，构建了系统化的数字生命体征，优化了闭环管理机制。此外，上海在智慧交通方面，利用5G网络实现车路协同、智能信号灯、智能停车等应用，提升道路通行效率和安全性。这些应用不仅提升了城市生活的便捷性和幸福感，还为上海的超大城市治理创新提供了有力的技术支持和实践经验。例如，在应对极端天气时，气象部门基于大模型预测提前发出预警，属地交警迅速部署，成功实现交通疏导的"零事故"，这一案例就充分展示了上海在智慧城市建设方面的实际成效和创新能力。

二 薄弱环节

第一，社区治理方面。一是社区参与度有待提升，尽管有诸多鼓励居民参与的机制，但部分居民对社区治理的参与热情和实际影响力还需加强。二是社区服务资源配置不均，社区服务资源在不同区域和不同社区之间分配不均，部分社区的公共服务设施和服务质量仍有待提升。三是基层社区治理中，智慧技术的应用深度和广度仍有待加强。四是部分社会治理创新项目在实施初期效果显著，但缺乏长期有效的维护和资金支持，难以持续发挥效用。

第二，技术治理方面。一是数据共享与整合有待加强，尽管"一网统管"和"一网通办"取得了显著成效，但数据孤岛问题依然存在，部分部门间的数据壁垒尚未完全打破。二是应急管理体系需进一步加强，面对突发事件如自然灾害、公共卫生事件时，应急响应速度和处理效率仍需进一步提高。三是数字鸿沟问题，在推进数字化治理的过程中，老年人和部分弱势群体可能面临操作困难，数字鸿沟问题需要进一步解决。四是公共服务在满足个性化需求方面仍有不足，需要更多考虑不同群体的多样化需求，提供更精准的服务。

第三，区域和环境治理方面。一是城市更新和旧区改造面临诸多挑战，如居民安置、历史建筑保护等问题，需要更科学合理地规划和实施策略。二是城乡治理差距仍需缩小，虽然中心城区治理水平较高，但城乡接合部和远郊地区的治理水平相对较低，需要进一步缩小城乡治理差距。三是生态环境治理压力问题，随着城市化和工业化的快速推进，生态环境保护面临巨大压力，需加强生态环境治理。

第三节 大都市城市治理水平国际比较

一 全球部分大都市城市治理水平比较：基于世行报告

基于世界银行《营商环境报告2020》数据，我们比较了全球部分大都市的城市治理水平，如表2-1所示，重点关注上海在开办企业与许可证办理、电力供应与财产登记、税收与跨境贸易，以及执行合同与办理破产四个方面的表现，以期为上海探索超大规模城市治理现代化提供参考借鉴①。

①　值得注意的是，2021年9月，世界银行决定停止更新《营商环境报告》。2023年5月，世界银行开启新的全球商业环境评估项目（Doing Business）。与《营商环境报告》不同，该项目注重从监管框架、公共服务、整体效率来设置评价指标。囿于最新的评估数据还未公布，我们依然基于《营商环境报告2020》展开分析。

表 2-1 　　　　　　全球部分大都市城市治理水平比较　Ⅰ

一级指标	二级指标	上海	北京	纽约	伦敦	巴黎	东京	新加坡	高收入国家
开办企业	开办企业耗时（天）	9	8	4	4.5	4	11.5	1.5	9.2
办理许可证	办理施工许可证时间（天）	125.5	93	89	86	213	108	35.5	152.3
电力供应	获得电力时间（天）	32	32	60	46	53	104	26	74.8
登记财产	登记财产成本（财产价值的%）	4.6	4.6	3.4	4.8	7.3	5.3	2.9	4.2
税收	总税率（占利润百分比）	62.6	55.1	38.9	30.6	60.7	46.7	21	39.9
跨境贸易	出口边界合规耗时（小时计）	18	24	2	24	0	27	10	12.7
	进口边界合规耗时（小时计）	37	34	2	3	0	48	33	8.5
执行合同	执行合同时间（天数）	485	510	370	437	447	360	164	589.6
	司法程序质量指数（0—18）	16.5	16.5	15	15	12	7.5	15.5	11.7
办理破产	办理破产成本（资产价值的%）	22	22	10	6	9	4.5	4	9.3

资料来源：世界银行 2020 年营商环境报告。

第一，开办企业与办理许可证。开办企业耗时上，上海开办企业耗时 9 天，相比高收入国家平均水平（9.2 天）略低，但高于北京（8 天），与纽约（4 天）和伦敦（4.5 天）相比仍有较大提升空间。办理施工许可证时间上，上海办理施工许可证需125.5 天，这一时间显著低于高收入国家平均水平（152.3 天），但与北京（93 天）和新加坡（35.5 天）相比，存在较大差距。这表明，上海市在简化开办企业流程、提高审批效率方面还有提升空间。

第二，电力供应与财产登记。获得电力时间上，上海创办企业获得电力需 32 天，与北京相同，显著低于高收入国家平均水平（74.8 天），但与新加坡（26 天）相比，还有改进空间。登记财产成本上，上海市登记财产成本占财产价值的 4.6%，与北京相同，不仅高于高收入国家平均水平（4.2%），而且与纽约（3.4%）和新加坡（2.9%）相比，成本较高。因此，上海市可以通过优化登记财产流程，降低登记成本，提高财产登记效率，以便更好吸引投资者和居民。

第三，税收与跨境贸易。总税率上，上海的总税率为 62.6%，高于北京（55.1%），也显著高于高收入国家平均水平（39.9%）。高税率可能影响企业的投资意愿和竞争力，上海应考虑适当降低企业税负，优化税收结构，以激发市场活力。跨境贸易合规耗时上，上海出口和进口边界合规耗时分别为 18 小时和 37 小时，高于高收入国家平均水平（12.7 小时和 8.5 小时）。因此，上海需加强跨境贸易便利化建设，优化海关通关流程，提高通关效率，以降低企业贸易成本，增强国际竞争力。

第四，执行合同与办理破产。执行合同上，上海执行合同时间为 485 天，低于北京（510 天），且显著低于高收入国家平均水平（589.6 天），但与新加坡（164 天）相比还有差距。长时间的合同执行过程可能会增加企业的运营成本，影响商业活动的效率。因此，上海应进一步优化司法程序，提高合同执行效率，减少诉讼时间，降低企业纠纷解决成本。司法程序质量指数上，上海司法程序质量指数为 16.5，表现突出，显著高于高收入国家平均水平（11.7）。办理破产成本上，上海办理破产成本占资产价值的22%，高于高收入国家平均水平（9.3%），成本较高。高昂的破产成本可能会阻碍企业重组和退出市场的效率，影响市场资源的有效配置。因此，上海市应降低办理破产的成本和门槛，通过简化破产程序、降低相关费用、提供必要的法律援助等方式，帮助企业更加顺利地完成破产清算或重组。同时，加强破产案件的管理和监督，确保破产程序的公正性和效率性。

二 全球部分大都市城市治理水平比较：基于 IMD 报告

《营商环境报告 2020》主要反映政府的监管和服务效率。为更加全面地比较城市治理水平，我们还基于瑞士洛桑国际管理发展学院（IMD）发布的《2023 年全球智慧城市指数报告》，重点关注上海在公共安全、环境保护、医疗服务、生活成本、交通通勤以及政府服务上的表现，并与北京、广州、深圳以及纽约、伦敦、巴黎、东京和新加坡等城市做一组比较（表2-2）。

表 2-2　　　　　全球部分大都市城市治理水平比较 Ⅱ

一级指标	二级指标（得分）	上海	北京	广州	深圳	纽约	伦敦	巴黎	东京	新加坡
公共安全	公共安全不是问题	69.7	78.3	69.6	76.5	42.3	31.8	37.8	60.1	80.4
环境保护	空气污染不是问题	49.7	52	60.3	68.5	38.8	29.5	18.5	40.8	67.3
医疗服务	医疗服务提供满意	78.9	79.9	80.5	82	68.7	53.9	57.5	67	84.4

续表

一级指标	二级指标（得分）	上海	北京	广州	深圳	纽约	伦敦	巴黎	东京	新加坡
生活成本	租金不超过月薪30%的住房不是问题	54.6	56.2	61.6	67.2	43.4	26.5	24.4	42.1	45.8
交通通勤	交通拥堵不是问题	35.4	35.4	45.5	53.4	35.0	24.5	23.0	31.5	49.3
政府服务	政府决策信息易于获取	78.5	79	78.5	76.9	67	63.3	58.3	51.8	78.3
	官员腐败不是问题	56.8	58.2	62.9	63.6	42.5	40.1	39.9	32.2	71.1
	居民参与政府决策制定	64.9	66.2	69.9	67.6	56.7	44.6	42.3	40.7	61
	居民对政府项目提供反馈	73.2	76.6	78.5	74	63.6	52.8	46.6	37.6	68.8
	政府财务公开减少腐败	73.3	74.4	78.0	75	53.4	45.6	40.2	28.1	58.9
	在线投票增加公众参与度	75.4	76.9	78.0	77.6	64.2	56.9	48.4	29.9	51.3
	网络意见平台改善城市生活	83.1	82.3	83.4	83.4	56.7	52	48.5	33.1	61.4
	在线办理证件减少等待时间	85.8	83.9	86.3	86.5	68.7	62.8	57.7	46.3	79.7

资料来源：IMD2023 年全球智慧城市指数报告。

　　第一，安全、环境、医疗、交通等方面。一是公共安全，上海公共安全不是问题的认可度得分为 69.7，高于伦敦（31.8）、巴黎（37.8）等城市，但低于北京（78.3）和新加坡（80.4）。综合而言，上海在公共安全方面表现良好。二是环境保护，上海空气污染不是问题的认可度得分为 49.7，高于伦敦（29.5）、巴黎（18.5），但低于新加坡（67.3），与国内其他一线城市也有一定差距。这表明，上海在空气质量改善上需加强努力。三是医疗服务。上海医疗服务提供满意的认可度得分为78.9，高于纽约（68.7）、巴黎（57.5）、伦敦（53.9）等城市，但略低于国内其他一线城市及新加坡。可见，上海和国内其他一线城市的医疗服务质量在国际上处于较高水平。四是生活成本，上海租金不超过月薪30%的住房不是问题的认可度得分为54.6，高于对比的所有国外城市，但低于国内其他一线城市。这表明，上海的生活成本（包括住房成本）对市民生活构成一定压力，需要政府采取措施降低市民的生活负担。五是交通通勤，上海交通拥堵不是问题的认可度得分为35.4，低于新加坡（49.3%），但高于对比的其他国外城市，与北京持平，低于国内的深圳（53.4）和广州（45.5）。这表明，上海的交通拥堵问题较为突出，需加大交通基础设施建设力度，优化交通网络布局，提高公共交通服务质量和效率。

第二，政府服务方面。一是在政府决策信息易于获取上，上海的认可度得分为78.5，显示出较高的政府透明度，市民能够较为容易地获取政府决策信息。这一指标上，上海高于对比的全部国外城市，仅略低于北京（79）。二是在官员腐败不是问题上，上海认可度得分为56.8，高于除新加坡外的其他国外城市，但低于其他国内一线城市。三是在居民参与政府决策制定、居民对政府项目提供反馈、政府财务公开减少腐败和在线投票增加公众参与度上，上海认可度得分分别为64.9、73.2、73.3和75.4，高于全部国外城市，但略低于其他国内一线城市。四是在网络意见平台改善城市生活和在线办理证件减少等待时间上，上海认可度得分分别为 83.1、85.8，高于全部国外城市和北京，但略低于深圳和广州。综合而言，上海在政府服务方面展现出了较高的透明度、民主参与度和数字化水平，特别是在利用数字技术提高服务效率和公众参与度方面表现比较突出。

三 各城市特色治理模式比较

在全球范围内，超大城市治理是一个复杂而多维的课题，涉及城市规划、城市管理、生态环保、公共服务、历史文化保护等多个方面。对此，我们选取伦敦、纽约、巴黎、东京、新加坡和北京六座城市进行比较分析。

伦敦作为世界级城市，其治理模式具有显著的特点和成效。伦敦在城市治理的每个阶段都尤为注重规划。从 1909 年成立城市规划系统，到 1943 年的大伦敦规划，再到 2016 年发布的伦敦规划（the London Plan），伦敦的每次规划都体现出城市发展的国际性和前瞻性。伦敦还注重运用经济手段引导流动人口，加强伦敦都市圈建设，健全跨区域合作机制，大力提高周边城市的人口吸纳能力，达到区域内人口的相对平衡。

纽约在城市治理中强调多元合作和社区参与。纽约市政府通过与非政府组织、企业和其他利益相关者的合作，共同推动城市治理。纽约在公共安全、环境保护和经济发展等方面都有显著的成效。纽约的"311"服务系统为市民提供了便捷的公共服务，通过统一的服务热线和网络平台，解决了市民的各种问题。2019年，"一个纽约2050"规划发布，以提高人口包容性为核心，倡导人口的包容性增长①。此外，纽约在韧性城市建设方面也积累了丰富的经验。在桑迪飓风后的 2013 年，纽约市政府制定了一个《一个更强大、更有韧性的纽约》的总体规划，设计了投资近 200 亿美元的 250 多项倡议，以增强城市的抗风险能力。

巴黎的城市治理模式以其历史与现代的结合而著称。"豪斯曼改造"通过道路格局的重构、公共空间的建设、建筑风格的塑造和基础设施的系统性构建，奠定了巴黎的基本结构和空间形态。与此同时，巴黎在城市更新中注重整体协调，例如巴黎左岸的改造项目，通过协调建筑师，确保建筑风格的统一和街道秩序的平衡。此外，巴黎还在老城更新中开展了一系列过渡性城市规划，增强了街区的吸引力和活力。

新加坡以其高效的城市管理和治理模式闻名世界。新加坡的城市治理特点在于其精细化管理和高度数字化。新加坡政府通过"智慧国家"计划，实现城市管理的高度数字化和智能化。例如，新加坡的交通管理系统不仅能够实时监控交通流量，还能够通过智能信号灯系统优化交通流。此外，新加坡在环境治理上也具有显著成效，通过严格的法律法规和高效的垃圾分类回收系统，保持了城市的清洁和可持续发展。

东京作为亚洲最大的都市，其城市治理模式在全球范围内具有示范作用。东京通过高效的公共交通系统和严格的城市规划，成功解决了城市拥堵问题。东京地铁和公交系统以其准时、高效

---

① 刘理晖、顾天安、孙轩等：《论超大城市治理体系与治理能力现代化建设》，《科学发展》2021 年第 7 期。

和覆盖广泛著称。同时，东京在灾害应对方面也有丰富的经验，通过完善的防灾减灾体系和应急预案，有效应对地震、台风等自然灾害。

作为世界著名古都，北京在城市治理中注重历史文化保护与现代化发展相结合。例如，在城市发展规划中，北京注重保留老城区的历史风貌，通过"微更新""微改造"等方式，既改善了居民的生活条件，又保留了老城区的独特韵味。此外，北京还积极推动文化创意产业的发展，将传统文化元素融入现代设计，打造出具有北京特色的文化产品和服务。

第四节　上海提高超大城市治理现代化 水平的优势和潜力

一　上海提高超大城市治理现代化水平的优势

第一，经济实力雄厚。上海作为中国经济的龙头城市，GDP 连续多年位居全国前列，为城市治理提供了坚实的经济基础。雄厚的经济实力意味着更多的财政资源可以投入基础设施建设、公共服务提升、科技创新等领域，从而提升城市治理的效能和水平。

第二，科技创新能力强。上海拥有众多高校、科研机构和高科技企业，科技创新氛围浓厚。在人工智能、大数据、云计算等前沿技术领域，上海具备较强的研发和应用能力。这些技术优势为城市治理的智能化、精细化提供了有力支撑，有助于打造智慧城市，提高治理效率。

第三，国际化程度高。上海是中国对外开放的窗口，与全球多个国家和地区建立了广泛的经贸和文化联系。高度的国际化不仅吸引了大量外资和高端人才，也为上海借鉴国际先进治理经验提供了便利条件。上海可以充分利用国际化资源，引进先进的管理理念和技术手段，提升城市治理水平。

第四，文化底蕴深厚。上海是一座历史悠久的城市，拥有丰富的文化遗产和深厚的文化底蕴。这些文化资源为城市治理注入了人文关怀，有助于增强市民的归属感和幸福感。同时，上海的文化软实力也为城市治理现代化提供了丰富的精神支撑。

二　上海提高超大城市治理现代化水平的潜力

第一，治理体系创新。上海可以进一步深化治理体系创新，推动政府、市场和社会三者的协同治理。通过引入更多元化的治理主体，构建更加开放、包容的治理体系，提高治理的科学性和民主性。

第二，技术手段优化。随着科技的不断进步，上海可以进一步优化技术手段，提升城市治理的智能化和精准化水平。例如，通过大数据分析、人工智能等技术手段，实现城市运行状态的实时监测和精准分析，提高治理效率和质量。

第三，公众参与深化。上海可以进一步拓宽公众参与渠道，提高公众在城市治理中的参与度和影响力。通过建立健全公众参与机制，鼓励居民积极参与社区治理和公共服务，增强治理的透明度和科学性。

第四，治理文化塑造。上海可以积极塑造治理文化，弘扬社会主义核心价值观和城市精神。通过加强公民教育、道德建设和法治宣传，增强市民的文明素质和法治意识，为城市治理现代化提供坚实的文化基础。

第五，区域协同治理。上海可以加强与周边城市的协同治理，推动区域一体化发展。通过建立健全跨区域合作机制，实现资源共享、优势互补和协同发展，提高区域整体治理水平。

第五节　上海提高超大城市治理现代化水平的对策建议

针对上海在超大城市治理现代化方面存在的薄弱环节，结合其他城市的经验借鉴，提出以下对策建议。

一　优化社区治理，提升居民参与度

一是建立健全社区参与机制，通过居民议事会、社区听证会等平台，鼓励居民参与社区治理和公共决策，提高居民的参与感和归属感。二是加强社区服务资源配置，加大对社区服务设施的投入力度，优化服务资源配置，确保不同区域和社区的居民都能享受到高质量的公共服务。三是推广智慧社区建设，利用现代信息技术手段，打造智慧社区平台，提升社区治理的智能化水平，提高服务效率和质量。

二　加强技术治理，提升数据共享与整合能力

一是打破数据壁垒，推动各部门间的数据共享与整合，实现

数据资源的互联互通和高效利用，推动形成超大特大城市智慧高效治理新体系。二是完善应急管理体制，加强应急管理体制建设，提高应急响应速度和处理效率，确保在突发事件中能够迅速有效地采取应对措施。三是缩小数字鸿沟，关注老年人和弱势群体的数字化需求，提供必要的培训和支持，帮助他们跨越数字鸿沟，享受数字化红利。

三 强化区域和环境治理，推动城乡一体化发展

一是科学规划城市更新和旧区改造，在城市更新和旧区改造中，注重科学规划和民主决策，确保居民安置和历史建筑保护等工作得到有效落实。二是强化交通基础设施建设，优化道路网络布局，提高公共交通服务质量，缓解交通拥堵。三是缩小城乡治理差距，加大对城乡接合部和远郊地区的治理力度，推动基础设施建设和公共服务向农村地区延伸，缩小城乡治理差距。四是加强生态环境治理，坚持绿色发展理念，加大生态环境保护力度，推动绿色低碳发展，提高城市生态环境质量。

四 深化政府职能优化，提高治理效能

一是推进政府职能转变，从传统的全能型管理者向服务型政府和监管型政府转变，在现有高透明度、高民主参与度的基础上，进一步优化公共服务资源配置，提高服务质量和覆盖面。二是优化审批流程，简化开办企业、办理许可证等审批流程，提高海关通关效率，降低企业运营成本和时间成本。三是加强法治保障，完善相关法律法规体系，加大法治宣传和教育力度，特别是在跨

境贸易、破产处理等方面提供强有力的法律支持，确保治理过程的公正和效率。

五 借鉴国际先进经验，推动治理创新

一是学习国际先进治理模式，积极借鉴伦敦、纽约、新加坡等国际大都市的城市运营和治理经验，加快转变城市发展方式。二是加强国际合作与交流，积极参与国际城市治理合作与交流活动，引进国际先进技术和人才资源，推动上海城市治理现代化的国际化进程。三是推动治理理念创新，通过政策创新、制度创新和技术创新不断提升治理效能和适应性，持续深化城市建设、运营、治理体制改革。

第二篇

在推进共同富裕的现代化中
发挥龙头带动和示范引领作用

党的二十大报告指出，中国式现代化是全体人民共同富裕的现代化。党的二十届三中全会审议通过的《中共中央关于进一步全面深化改革　推进中国式现代化的决定》，将"推动人的全面发展、全体人民共同富裕取得更为明显的实质性进展"作为进一步全面深化改革的总目标之一。上海市是我国代表性的超大城市，在推进共同富裕的现代化方面积极发挥龙头带动和示范引领作用，一是长期致力于优化收入分配格局，促进城市内部形成合理的收入分配结构，收入差距和城乡差距持续缩小，并带动长三角地区共同发展；二是不断推动常住人口基本公共服务均等化，促进城市常住人口共享城市经济发展的成果，保障流动人口在市内享受的公共服务种类不断增加。在这两方面，上海市为全国发展提供了可借鉴的实践经验。

第 三 章

优化收入分配格局

实现共同富裕是社会主义的本质要求，是中国式现代化的重要特征。党的二十届三中全会强调，要聚焦提高人民生活品质，完善收入分配和就业制度。上海完善收入分配制度、优化收入分配格局，不仅能推动自身的高质量发展、高品质生活和高效能治理，还能带动长三角区域内城市的共同发展，在推进共同富裕的现代化中发挥龙头带动和示范引领作用，为全国探索实现共同富裕的路径提供先行经验。

第一节　优化收入分配格局的重大意义

共享发展成果和缩小收入差距是实现共同富裕的关键。当前我国经济面临共享程度不高、三大差距（收入差距、城乡差距、地区差距）过大的挑战，需要通过完善收入分配制度，构建初次分配、再分配、三次分配协调配套的基础性制度安排，促进分配结果更加公平合理，进而优化收入分配格局、推动共同富裕的实现。

一　建立按要素贡献公平参与分配的初次分配制度，是实现共同富裕的重要基础

初次分配是国民收入在生产要素之间的原始分配，是收入分配体系的起点，也是基础性环节。初次分配的政策取向主要是解决市场扭曲和市场不完善的问题，尤其是创造机会公平的竞争环境，完善要素按贡献参与分配的初次分配机制。市场应主导初次分配的过程和结果并决定各种生产要素报酬份额的大小和分配结果的合理性；而个体在初次分配中获取的收入则由拥有哪些要素以及各类要素的边际贡献共同决定。通过更加完善的初次分配，形成勤劳创新致富的要素分配机制。

"由市场评价贡献、按贡献决定报酬"的按生产要素分配机制是决定初次分配格局的重要依据。党的十九届四中全会指出要"健全劳动、资本、土地、知识、技术、管理、数据等生产要素由市场评价贡献、按贡献决定报酬的机制"，是在按劳分配为主体、多种分配方式并存的分配制度基础上，对分配规律与生产要素构成认识的持续深化。这有利于调动各类生产要素参与生产的积极性、主动性、创造性，激发各类生产要素的活力，让创造社会财富的源泉充分涌流，价值得以体现。发挥市场在资源配置中的决定性作用是把蛋糕做大、实现高质量发展的决定因素。

二　增强再分配的缩小收入差距功能，是实现共同富裕的坚实保障

收入再分配是政府主导，通过税收、社会保障与转移支付来

调节收入分配关系的关键环节，要着重体现公平原则。从再分配政策的倾向性而言，政府转移支付应充分发挥"提低"的作用，税收和社会保障缴费应发挥"扩中"与"调高"的作用，进而有效缩小初次分配中形成的过大收入差距。

再分配有直接调节与间接调节收入差距的双重功能。基于税收与转移支付等工具对初次分配后的收入分配格局进行直接调节，缩小收入差距，这是政府发挥分配功能的重要方式。经过调整后，大部分的 OECD 国家的基尼系数下降到 0.4 以下，下降幅度达到 35%[①]。再分配的另一项功能是保障和扩大基本公共服务供给数量与质量，缩小基本公共服务的城乡差距与地区差距，"到 2035 年，全体人民共同富裕取得更为明显的实质性进展，基本公共服务实现均等化"。通过公共服务均等化水平的提高，支撑经济增长的同时提高居民持续获取收入的能力。

三　发挥第三次分配的社会互济功能，是推动共同富裕的重要补充

第三次分配是社会组织、企业与个人等基于自愿原则与道德准则，通过募集、捐赠等方式对收入与财产再一次进行分配，重在构建先富帮后富的社会环境。第三次分配的优势在于分配形式更加多样化，帮扶对象也千差万别，帮扶也更灵活、更具针对性，随着经济发展水平的提高与中等收入群体的不断扩大，第三次分配的规模与作用也越来越大，能有效弥补市场失灵和政府失灵，

---

① 蔡昉：《三个分配领域的改革红利》，《劳动经济研究》2023 年第 5 期。

市场、政府、社会与个人在分配中各司其职，形成点面结合的收入分配体系。党的十九届四中全会首次将第三次分配纳入收入分配制度体系，并明确指出重视发挥第三次分配的作用，发展慈善等社会公益事业。

第三次分配在共同富裕进程中起到三重效应：一是对初次分配与再分配形成良好的补充作用，通过款项捐赠与志愿服务等，有效弥补初次分配与再分配的不足，是对收入分配格局的直接效应；二是再分配中的社会救助与社会福利事业的发展都离不开慈善事业的有力配合，因此第三次分配还对再分配机制产生增强效应；三是共同富裕要求物质层面与精神层面的富裕，第三次分配弘扬的互助友爱、乐善好施能够推动精神文明建设并丰富精神生活，促进社会团结与社会和谐，从而形成对共同富裕的扩散效应。

第二节　上海市收入分配政策进展与成效分析

一　上海市收入分配政策进展

上海市在"十四五"规划中要求"形成与上海城市定位相匹配、有利于激发干事创业活力的收入分配格局"，并提出具体要求：到2025年，就业机会更加充分，就业质量稳步提升，技能人才结构优化；宏观收入分配格局持续优化，居民可支配收入占国内生产总值（GDP）的比重继续提高；城乡居民收入持续较快增长，低收入群体收入增长更快；居民内部收入差距持续缩小，市场导向的收入分配关系初步理顺，中等收入群体为主体的橄榄型收入分配格局逐步形成，促进共同富裕迈出更大步伐。

上海市长期致力于提高就业质量、优化人才结构与薪酬水平。一是上海市着重打造 15 分钟就业服务圈，织密"高效便捷"就业服务网。为进一步健全就业公共服务体系，加强重点群体就业服务，促进高质量充分就业，上海市通过"15 分钟就业服务圈"社区就业服务站点建设，加强高校毕业生、就业困难人员等重点群体就业帮扶，明确社区就业服务站点的六项基本功能：就业需求排摸、就业岗位筹集、就业供需匹配、就业能力提升、就业援助帮扶与创业指导服务①。上海市历年城镇调查失业率平均值低于全国平均值。上海市重视技能人才结构优化，不断加强高技能人才队伍建设。要求在"十四五"时期，建设高技能人才培养平台 100 家，选树高技能领军人才 1000 名，新增高技能人才 20 万名；到 2025 年，上海市技能人才占就业人员比例超过 30%，高技能人才占技能人才比例超过 35%；力争到 2035 年，高技能人才数量、结构与基本建成具有世界影响力的社会主义现代化国际大都市相适应②。为引导上海市企业合理确定技能人才薪酬水平，促进高等级技能人才薪酬水平合理增长，营造崇尚技能、尊重技能人才的社会氛围，上海市人社局自 2017 年开始发布本市企业技能人才市场工资价位；为加强长三角地区在企业工资分配宏观调控方面的协作联动，促进人力资源要素的有序流动和高效配置，上

---

　　①　《上海市"15 分钟就业服务圈"社区就业服务站点建设指引》，中华人民共和国人力资源和社会保障部，http：//www. mohrss. gov. cn/SYrlzyhshbzb/dongtaixinwen/dfdt/202308/t20230804_504129. html。

　　②　《上海市人力资源和社会保障局等 23 部门关于加强新时代高技能人才队伍建设的实施意见》，上海市人民政府，https：//www. shanghai. gov. cn/gwk/search/content/t0035_1419711。

海市、江苏省、浙江省联合发布跨行政区域的市场工资价位，为一体化示范区企业及求职者提供了市场价位信息参考，有利于引导企业合理确定各类岗位人员的薪酬水平，进一步促进人力资源要素的有序流动与高效配置。

上海市积极探索国际大都市城乡融合发展新路子，多措并举激发农民增收活力，不断缩小城乡差距。一是持续加大农村财政投入力度。2022 年上海市本级财政农林水科目支出 461.9 亿元，土地出让收入用于农业农村比例为 9.8%。把农业农村作为一般公共预算优先保障领域，稳步提高土地出让收益用于农业农村比例，确保财政投入与乡村振兴目标任务相适应①。二是深化农村综合帮扶。当前已完成了 559 个经济相对薄弱村的第二轮（2018—2022 年）农村综合帮扶，17 个"造血"项目开始产生稳定收益，对 6.5 万户生活困难农户实施精准帮扶。2023 年年底上海市为全面推进乡村振兴，深化第三轮农村综合帮扶工作，进一步提升重点扶持村相对较集中的崇明区、金山区、奉贤区、青浦区、松江区（以下简称"重点扶持区"）的自主发展能力，提高生活困难农户的生活水平，促进上海市农村居民共同富裕。三是不断壮大农村集体经济与乡村产业。把发展农村集体经济作为农民增收的主攻方向，截至 2023 年年底，上海市 9 个郊区、5 个中心城区共有农村集体总资产 7043 亿元，2023 年全市农村集体总收入 658 亿元，较上年增长 16%，全市总支出 579 亿元，净收益

---

① 冯志勇：《扎实推进重点工作取得新进展　谋划构建农业农村工作新局面》，《上海农村经济》2023 年第 12 期。

79 亿元①。推动农村集体经济从资源发包、物业出租向休闲旅游、居间服务、产业融合等方向升级。

在社会保障方面，上海市不断健全相对贫困救助机制。"十四五"时期上海民政事业发展的主要任务之一是健全兜底线、精准化、发展型的现代社会救助体系，属于再分配的重要内容之一，其中重大事项涉及健全相对贫困救助机制，包括 3 项内容：稳步提高居民最低生活保障标准，到 2025 年确保年度居民最低生活保障标准不低于上年度全市居民月人均消费支出的 33%；建立社会救助困难群众需求综合评估体系；持续开展救助管理服务质量提升行动。具体来看，"十三五"时期，上海市以不低于居民人均可支配收入增幅为标准，每年调整最低生活保障标准，从每人每月 790 元提高至每人每月 1240 元，2023 年上调至 1510 元。2023 年特困人员日常生活供养标准由每人每月 1850 元调整为每人每月 1970 元。上海市的最低生活保障标准在全国处于领先水平。

上海市是积极探索第三次分配的城市典范。党的二十大报告提出"引导、支持有意愿有能力的企业、社会组织和个人积极参与公益慈善事业"，进一步明确了作为第三次分配重要方式的慈善事业在促进共同富裕、推进中国式现代化进程中的重要地位，指明了新时代慈善事业发展的方向。2021 年上海市发布实施《上海市慈善条例》，并不断完善法规配套政策措施，充分发挥了法治的引领、规范和保障作用，积极用法治思维与法治方式推进慈善事业发展。

① 王晓梅、邵甫青、许峰：《上海市农村集体经济发展趋势分析》，《上海农村经济》2024 年第 4 期。

此外，上海不断完善先富帮后富的帮扶机制，坚持东西部协作和对口支援，探索共同富裕之路。自 1996 年中央确定上海对口帮扶云南，2021 年沪滇结对关系扩展为云南全省，扎实做好防止返贫、双向赋能、整合聚焦、队伍建设等重点工作，聚焦增强脱贫地区和脱贫群众内生发展动力，牢牢守住不发生规模性返贫的底线，实现从帮扶到协作，从"输血"到"造血"的实质性转变①。在脱贫攻坚战中，上海助力对口帮扶 7 个省区、20 个地州、98 个贫困县全部摘帽②。2022 年上海市与三明市建立对口合作关系，支持革命老区巩固拓展脱贫攻坚成果，衔接推进乡村振兴和新型城镇化，激发内生动力和发展活力。完善先富帮后富的帮扶机制，坚持东西部协作和对口支援，以标杆性示范项目催化"产业圈"融合，同时双向赋能推进对口合作提质增效，有助于进一步促进我国区域经济均衡发展。

二 上海市优化收入分配格局的成效分析

上海市在全国率先提出要加速形成"橄榄型收入分配格局"，在发展中解决贫富差距过大问题，实现经济社会更加均衡的发展。近年来，上海市在收入水平与收入结构两个层面取得了较大成效。

（一）上海市居民收入水平在全国保持领先水平

上海市居民人均可支配收入水平在全国 31 个省份中居首。上海居民人均可支配收入自 2021 年突破 8 万元，2023 年达到 84834

---

① 《守底线增动力促振兴　沪滇协作双向赋能推动高质量发展》，文汇报，https：//hzjl. sh. gov. cn/n1308/20240424/d2c3bd357ac84849b209132a3d04e1ef. html。

② 《上海帮扶精准发力：7 省区 20 地州 98 个县脱贫摘帽》，文汇报，https：//wenhui. whb. cn/third/baidu/202102/26/393558. html。

元，比上年增长 6.6%。其中，城镇常住居民人均可支配收入为
89477 元，增长 6.5%；农村常住居民人均可支配收入为 42988
元，增长 8.2%。2013—2023 年，上海市人均可支配收入与全国
人均可支配收入的差值从约 2.4 万元增至约 4.6 万元，上海市城
镇居民人均可支配收入与全国城镇居民人均可支配收入的差值从
1.8 万元增至 3.8 万元；上海市农村居民人均可支配收入与全国
农村居民人均可支配收入的差值从 1 万元增至 2.1 万元。上述数
据表明上海市人均收入水平不仅持续领先，与全国平均水平的绝
对差距还在不断扩大。

从城镇单位就业人员平均工资水平看，2009—2022 年，上海
城镇非私营单位就业人员平均工资水平从 5.8 万元增至 21.2 万
元，城镇私营单位就业人员平均工资水平从 2.1 万元增至 10.5 万
元。整体上城镇单位就业工资实现了较快增长，并且与全国平均
水平、东部平均水平的差距还在逐步拉大。2022 年上海城镇非私
营单位就业人员平均工资水平分别是全国与东部平均水平的 1.86
倍和 1.60 倍；上海城镇私营单位就业人员平均工资水平分别是全
国与东部平均水平的 1.60 倍和 1.43 倍。

表 3-1　　　　　　　　城镇单位就业人员平均工资

年份	上海非私营收入（元）	上海私营收入（元）	上海非私营/全国非私营	上海私营/全国私营	上海非私营/东部非私营	上海私营/东部私营
2009	58336	21497	1.81	1.18	1.54	1.08
2010	66115	23305	1.81	1.12	1.54	1.03
2011	75591	25880	1.81	1.05	1.56	0.97

续表

年份	上海非私营收入（元）	上海私营收入（元）	上海非私营/全国非私营	上海私营/全国私营	上海非私营/东部非私营	上海私营/东部私营
2012	78673	28898	1.68	1.01	1.47	0.92
2013	90908	32828	1.77	1.00	1.55	0.92
2014	100251	37377	1.78	1.03	1.56	0.94
2015	109174	41762	1.76	1.05	1.55	0.96
2016	119935	47177	1.78	1.10	1.56	1.00
2017	129795	52038	1.75	1.14	1.53	1.03
2018	140400	57056	1.70	1.15	1.51	1.03
2019	149377	64226	1.65	1.20	1.44	1.08
2020	171884	80134	1.77	1.39	1.53	1.26
2021	191844	96011	1.80	1.53	1.55	1.38
2022	212476	104560	1.86	1.60	1.60	1.43

资料来源：wind 数据库、笔者测算。

上海市技能人才收入快速增长，超过了城镇居民可支配收入增速。2022 年，上海市企业技能人才年平均工资 16.22 万元，增长量与增幅均为近五年最高。其中，高级技师年平均工资 23.84 万元，同比增长 10.8%，增幅为近五年最高。[①] 2023 年起上海市将"企业内部薪酬分配向科技人才、高技能人才和生产服务一线岗位倾斜""技能人才工资增长幅度高于本单位职工平均增长幅

——————

① 资料来源：《技能人才平均工资 14.83 万元，同比增长 9.4%！本市发布企业技能人才市场工资价位》，上海市人力资源和社会保障局，https：//rsj. sh. gov. cn/tgzjw _17760/20221230/t0035_1412532. html。

度"两项指标纳入上海市和谐劳动关系企业创建指标，引导企业提高技能人才待遇，让多劳者多得、技高者高薪。

（二）上海市的收入分配结构趋于合理

不同角度的收入分配结构可以反映不同生产要素之间、不同群体之间以及不同收入分配阶段的分配关系。

第一，从上海市劳动报酬收入份额不断提升。上海市生产总值收入法项目构成中，劳动者报酬占比从 2000 年的 35.8% 上升至 2020 年的 47.5%，相应地，生产税净额下降了 10 个百分点。表明 20 年间，上海市的初次分配逐步偏向劳动力要素，而居民主要获得劳动报酬，这也意味着初次分配中居民获得的收入份额不断提升。但是与北京等地相比，上海市劳动报酬份额仍有很大上升空间。

第二，收入分配差距得到有效控制，居民收入来源更加多元化。上海市农村居民收入水平不断提高，2023 年为 42988 元，达到全国平均水平的 1.98 倍，并且高于周边的江苏、浙江等地；城乡间收入差距不断缩小，城乡收入比从 2013 年的 2.34 降至 2023 年的 2.08，低于 2.39 的全国平均水平，但高于浙江省（1.86 倍），而发达国家城乡收入比基本在 1.5 以内。从居民收入来源看，无论是上海还是全国，工资性收入都是居民收入最主要的来源，上海市工资性收入占比在 2/3 以内，2013 年以来连续下降。由于上海市居民用于投资理财的资产较多，上海市居民财产净收入占比较高，居民财产性收入来源更多；由于上海市整体的社会保障水平较高，上海市居民的转移净收入水平也较高。

表 3-2　　　　　　　　　　上海市与全国居民收入结构　　　　　　　（单位:%）

年份	上海市				全国			
	工资性收入	经营净收入	财产净收入	转移净收入	工资性收入	经营净收入	财产净收入	转移净收入
2013	63.42	3.19	14.31	19.07	56.86	18.76	7.77	16.61
2014	62.55	2.99	14.15	20.30	56.63	18.51	7.87	16.99
2015	61.16	2.65	14.38	21.81	56.72	18.01	7.92	17.35
2016	60.25	2.58	14.15	23.02	56.48	17.71	7.93	17.88
2017	58.26	2.60	15.31	23.84	56.29	17.33	8.11	18.26
2018	57.86	2.84	15.06	24.24	56.08	17.19	8.43	18.31
2019	57.64	3.18	14.48	24.70	55.92	17.07	8.52	18.48
2020	57.45	2.84	13.71	25.99	55.66	16.49	8.67	19.18
2021	62.59	2.64	13.08	21.69	55.88	16.77	8.76	18.59
2022	61.48	1.92	13.49	23.11	55.83	16.74	8.75	18.69
2023	—	—	—	—	56.23	16.68	8.57	18.51

资料来源: 笔者根据历年《中国统计年鉴》《上海市统计年鉴》计算整理。

　　第三, 上海市以慈善事业为代表的第三次分配快速发展。第三次分配作为初次分配与再分配的重要补充, 通过慈善捐赠等方式来弥补市场和政府在分配上的不足, 形成先富带动后富的社会环境。全国首个地方性慈善基金会（上海市慈善基金会）于1994年在上海成立, 此后上海市慈善事业发展势头良好, 上海市慈善组织数量逐步提高, 其中 2022 年度慈善组织新增 44 家, 总计达到 600 家，占社会组织总数的 3. 47%，较上一年提高 0. 27 个百分点；慈善服务领域从扶贫济困等传统领域不断向教育、卫生、环境保护等新兴领域拓展，"大慈善"理念逐步增强。设立"上海慈善奖"，慈善表彰体系逐步完善；在"上海慈善周"开展形式多样的慈善活动，形成了良好的慈善文化与氛围。2022 年度上海市共接受慈善捐赠总额 81. 69 亿元，公益支出 74. 93 亿元，支出较上一年增长 9. 36 亿元。①

三 上海市优化收入分配格局的薄弱环节

上海作为超大城市，发展过程中面临的非均衡性仍然突出，制约着共同富裕的实现。具体表现为：第一，在初次分配中，虽然劳动报酬份额近年来有所提升，但是整体水平仍然不高。第二，收入分配结构中，中等收入群体规模巨大，但质量不高。虽然上海市大部分群体已经成为中等收入群体，整体上还是以中低收入群体为主，收入水平刚刚超过中等收入的门槛，在经济发展面临挑战时，这部分群体还面临跌落至低收入群体的风险，整体处于脆弱性状态。第三，存量层面的财富分配差距巨大。住房作为财富积累的重要形式，具有明显的财富效应，数据显示房产在上海居民家庭财产中的占比超过了 80%，与住房财富相关的财产性收入差距扩大，住房财富分配差距也随之扩大②。住房资产不平衡

---

① 资料来源：《上海市发布慈善事业发展状况报告》，中华人民共和国民政部，https：//www. mca. gov. cn/n152/n166/c1662004999979995313/content. html。

② 姚烨琳、张海东：《多维二元结构下特大城市共同富裕的挑战与应对》，《探索与争鸣》2023 年第 5 期。

对社会财富分化产生重要影响，很可能带来穷者越穷、富者越富的"马太效应"，加剧社会收入与财富的分化，进而对超大城市实现共同富裕构成巨大挑战。

第三节　上海优化收入分配格局的优势与潜力

一　有效市场与有为政府相结合，为优化收入分配格局提供制度保障

初次分配的主体是市场，上海市充分发挥市场在资源配置中的决定性作用，为共同富裕的实现提供基础保障。在市场体系建设方面，上海已经具备高水平市场体系的显著优势和深厚基础，在新质生产力要素资源市场建设中发挥引领作用。比如诞生于1994年的上海产权和要素市场，目前是全国交易量最大、覆盖面最广、影响力最强、运行质量最好的产权和要素市场之一，2021年交易规模已突破万亿元大关。上海不断构建更加完善的要素市场化配置机制，比如在吸引人才方面，上海市开放包容的市场环境，不仅激励更多的企业创新，还吸纳了大量的本地毕业生留下，同时吸引大量人才涌入，依托长三角政务服务"一网通办"平台，促进长三角地区劳动力、人才跨地区顺畅流动。

有为政府不仅是建设现代化市场经济的基础，也是上海实现共同富裕的重要主体。上海市强化政府在二次分配与三次分配中的调节和引导作用，弥补市场失灵，为改善收入分配格局、实现共同富裕提供重要的制度保障。比如2018年以来，上海开始推动

"一网通办""一网统管"（"两张网"）改革，将"两张网"作为牵引治理体系和治理能力现代化的"牛鼻子"，以智能化为突破口，深入践行人民城市重要理念，将城市治理由经验判断向数据分析转型，推动治理模式创新、治理方式重塑、治理体系重构；同时积极推进"放管服"改革，为共同富裕构建支撑体系。上海市政府还以社会保障为发力点，聚焦城乡二元结构问题，为实现上海共同富裕营造更加公平的社会环境；积极出台规范三次分配发展的《上海市慈善条例》，引导三次分配健康发展。

二　巨大的人才红利释放，为经济健康发展提供人才支撑

基于经济增长与收入分配理论，居民的人力资本不仅是经济增长的动力，还是居民获取收入的主要来源。上海作为我国最大的经济中心城市和全球城市体系中的重要枢纽，经济和人口承载力不断增强，吸引了大量外来人口迁徙、流动与集聚。上海市作为中国最大的移民城市之一，在人力资本上的突出表现是劳动年龄人口占比高，受教育程度和技能水平都处于全国前列，为上海的经济发展与优化收入分配格局提供了坚实的人力资源基础。

上海具备依靠人才红利实现经济社会高质量发展与推动社会充分流动的优势和潜力。上海着力推进经济转型升级，提升城市能级和核心竞争力，大力集聚海内外优秀人才，对流入人口的结构产生了比较大的影响。同时得益于上海高度重视和大力发展高等教育，教育水平有了很大提高。对比最近两次全国

人口普查数据，发现上海常住人口的受教育程度有了非常明显的提升。"七普"数据显示，2020年上海具有大学文化程度的人数达到了842万人，相比十年前增加338万人，增幅达到67.1%，增量和增幅实现"双高"；每10万人中具有大学文化程度的人口由2010年的21893人提升到33872人，提高了55%；16—59岁劳动年龄段人口中具有大学文化程度的人口占比为46.4%，比2010年提高20.2个百分点。上海每10万人高中文化程度的人数是全国最高的。较高的受教育水平为各类群体向上流动提供了良好的支撑。

健康是人力资本的重要内容，也是实现更加充分更高质量就业的核心指标之一。对于劳动者来说，更高质量就业不仅意味着更高的薪酬水平、更好的工作环境，也意味着更有保障的职业健康。从健康水平来看，2021年上海以84.11岁的人均寿命值居全国之首，接近全球平均寿命值第一的日本，高于全国78.2岁的平均水平；上海居民健康素养水平连年增长，提前达到上海市卫生健康发展"十四五"规划的目标。

三 庞大的中等收入群体规模，为扎实推进共同富裕奠定基础

党的二十大报告将"扩大中等收入群体"作为完善收入分配制度的重要内容之一。2021年7月浙江省率先制定了《浙江高质量发展建设共同富裕示范区实施方案（2021—2025年）》，在扎实推进共同富裕方面先行一步。上海作为人均可支配收入最高的城市，拥有规模最大的中等收入群体，可以率先在扩大

中等收入群体、扎实推进共同富裕方面充分发挥领头羊和风向标作用①。

上海的中等收入群体发展已经取得了巨大进展，迈向共同富裕的步伐大大超前于全国平均速度。李春玲②采用中国社会状况综合调查数据和新时代超大城市居民生活状况调查数据，以具有国际可比性的日人均收入 10—100 美元作为中等收入群体界定标准，测算发现 2019 年上海中等收入群体比重达到 83.6%，高于全国平均水平（33.9%），同时也明显高于全国城镇平均水平（45.5%）。上海的中等收入群体比重是全国平均比重的约 2.5 倍，是全国城镇平均比重的 1.8 倍。结合第七次全国人口普查数据，估算上海大约有 1500 万成年人口和 806 万户家庭迈入了全球中等收入群体的行列。与国际数据相比较，虽然我国整体上中等收入群体比重与发达国家存在极大差距，但上海的中等收入群体比重已经达到发达国家水平。上海迈向共同富裕的步伐大大超前于全国平均速度，应该加力推进，进一步"提低""扩中"，壮大中等收入者队伍，发挥先进示范作用，引领全国促进共同富裕。

四　农业农村现代化建设处于排头兵地位，为缩小城乡差距积累经验

实现共同富裕，农村是短板。上海的农业农村现代化建设一

---

① 李春玲：《我国超大城市率先壮大中等收入群体、促进共同富裕研究》，《中央社会主义学院学报》2023 年第 6 期。

② 李春玲：《我国超大城市率先壮大中等收入群体、促进共同富裕研究》，《中央社会主义学院学报》2023 年第 6 期。

直处于全国排头兵地位①，为进一步缩小上海市的城乡差距奠定坚实的基础。

上海市的城镇化水平长期以来处于全国首位，对农业农村发展起到巨大的带动作用。从常住人口的城镇化率水平来看，上海市2022年城镇化率为89.33%，比全国平均水平高出近24个百分点，同时高于北京（87.57%）与浙江（73.38%）。从三次产业的就业结构来看，上海市统计局公布的2019年数据中，第一产业就业人员占全体就业人员的比重不足3%。上海市城镇化的健康发展对共同富裕起到积极的促进作用：一方面有助于吸纳农村剩余劳动力，增加农民工资性收入；另一方面城镇化起到重要的经济引擎作用，依托上海市巨大的辐射带动能力，培育发展出长三角城市群，同时培育周边县域经济，发挥县城辐射带动农村经济的节点作用。

上海市"十四五"规划强调乡村振兴要促进农业高质高效、乡村宜居宜业、农民富裕富足。以美丽家园、绿色田园、幸福乐园"三园"建设为抓手，通过乡村振兴示范村创建、农村人居环境整治及优化提升、农民相对集中居住等措施，上海农村面貌发生了非常大的变化，奠定了上海率先实现农业农村现代化的基础。此外，上海市农村承包土地流转率、农业科技进步贡献率、地产农产品绿色食品认证率位居全国前列。上海在推动农业产业变革、实现跨越式发展方面，为全国起到积极的示范引领作用；同时引

---

① 上海市农业农村委课题组：《关于上海率先基本实现农业现代化研究》，《上海农村经济》2023年第11期。

进了一批有国际影响力的农业领军企业，建设了一批现代化农业项目；在国内首创家庭农场生产经营模式，成功经验写入中央一号文件在全国推广，成为发展农业适度规模经营提高农民收入的典范。得益于上海市农村相对较高的发展水平，上海市农村居民收入水平在全国处于首位，2023 年上海农村常住居民人均可支配收入为 42988 元，分别是北京的 1.15 倍、浙江的 1.07 倍、江苏的 1.41 倍，这也为实现农村共同富裕提供了良好的物质基础。

第四节　上海优化收入分配格局的政策建议

上海市作为国际化大都市、经济总量持续保持全国经济中心城市首位以及作为长三角一体化战略中的核心龙头带动城市，通过构建初次分配、再分配、三次分配协调配套的基础性制度安排来优化收入分配格局，着力缩小收入差距、扩大中等收入群体规模，实现收入结构的高层次平衡，将进一步推动上海在推进共同富裕的现代化中发挥龙头带动和示范引领作用。

一　在初次分配中充分发挥市场在要素分配中的决定性作用

第一，完善劳动力市场，促进就业机会公平。一是着力深化户籍改革，调整完善积分落户政策，完善居住证制度，为各类人才安居乐业提供良好环境。二是率先消除就业歧视，提高就业质量，保障妇女、残疾人、高龄人口等各类群体在就业创业、职业发展、技能培训、劳动报酬、职业健康与安全等方面的平等权益，实现同工同酬。三是利用上海市数字经济发展优势，搭建灵活用工、共享用工等在线服务平台，支持发展各类新型就业模式，提高重点群体就业水平。

第二，持续优化营商环境，激发民间投资活力。一是持续打造服务型政府，以"放管服"为抓手，实现管得好、放到位，进一步降低行政审批在要素配置中的地位，提升政府服务满意度与要素配置效率。二是深化国有企业与垄断行业改革，健全民营企业公平竞争政策法规，降低市场准入门槛，形成国有经济与民营经济齐头并进、共生共荣的格局。三是发挥上海市金融中心作用，提升普惠金融服务能力，降低中小微贷款难度，提高融资服务效率。

第三，完善创新要素参与分配机制，激活各类要素潜能。在加强知识产权保护基础上，推动上海市积极探索知识、管理与技术等要素价值的实现形式；政府数据公开为导向以激活数据要素市场，加快探索数据要素参与分配的报酬机制构建。

二 在再分配中增强税收、社会保障与转移支付的调节力度

第一，强化社会保障的兜底保障与促进发展功能。推动上海市社会保障精准扩面，完善灵活就业人员的社保制度，探索出台对平台企业进行税收优惠与补贴政策来促进和引导灵活人员参加社会保险，扩大社保覆盖面；结合积分制等户籍改革措施，逐步降低户籍对社会保障的享有限制，逐渐扩展到以常住人口来进行保障。

第二，探索构建体系化、集成化的"钱随人走"制度体系。转移支付要从静态视角转向动态视角，推动让公共资源的配置、

布局跟随人走，完善以人为核心的基本公共服务领域转移支付制度，促进转移支付资金分配与人口流动紧密挂钩，提升上海市基本公共服务领域转移支付分配的合理性和精准度。

三 在第三次分配中持续优化慈善事业发展环境

充分发挥各级政府在慈善事业发展中的引导、管理、规范、监督职责，进一步完善监管制度，提高监管和服务的质量效率，培育引导、支持有意愿有能力的企业、社会组织和个人积极参与公益慈善事业，提升慈善组织的公信力。

完善适合上海市市情的慈善激励体系。加大对慈善公益事业的税收优惠力度，并在现有优惠政策基础上，完善实物性捐赠的税前扣除细则，比如价值确认、扣除限额、年度扣除比例等，同时完善慈善信托的财产委托环节的所得税优惠，支持税收优惠落到实处。加大对志愿服务的支持力度，形成人人愿意做志愿服务的社会新风尚。从制度层面规范志愿者注册和保障志愿者个人权益，不断健全完善志愿服务记录制度，强化安全保障，重视完善志愿者的培训机制，构建统一标准来对志愿者服务时间累计及服务进行评价。

形成覆盖更为广泛的慈善组织体系。一方面，加大力度培育慈善组织，提高慈善资源的组织能力、配置能力；完善慈善应急协调机制，推动慈善组织规范运营，提升慈善组织专业水平。另一方面，发展慈善信托，扩大慈善参与基础。基于上海市民营企业数量越来越多，实力雄厚，号召广大企业家们更加深入了解和认同慈善信托，将慈善信托作为参与慈善活动、履行社会责任的重要途径，进一步丰富慈善的参与方式，拓宽慈善参与渠道。

第 四 章
推动常住人口基本公共服务均等化

党的二十大报告指出，中国式现代化是全体人民共同富裕的现代化，共同富裕是中国式现代化的重要特征。20世纪80年代，邓小平率先提出"以先富带动后富，最终实现共同富裕"的思想，到党的十九届五中全会明确提出"到2035年……全体人民共同富裕取得更为明显的实质性进展"。基本公共服务均等化是实现共同富裕的内涵之一，是保障全体人民公平享有基本发展权利的重要手段。上海市作为中国超大型城市之一，在推进基本公共服务均等化方面所面临的重要挑战之一是流动人口与户籍人口之间享有的基本公共服务不均等。本章以此为研究对象，阐释了常住人口基本公共服务均等化的科学内涵和重大意义，总结梳理了上海市推进常住人口基本公共服务均等化的重点政策与实施效果，通过进行国际比较总结梳理国际经验，并厘清上海市具备的优势和潜力，最后提出政策建议。

第一节　常住人口基本公共服务均等化的
科学内涵和重大意义

一　常住人口基本公共服务均等化的科学内涵

2024 年 7 月《中共中央关于进一步全面深化改革　推进中国式现代化的决定》明确提出，"聚焦提高人民生活品质，完善收入分配和就业制度，健全社会保障体系，增强基本公共服务均衡性和可及性，推动人的全面发展、全体人民共同富裕取得更为明显的实质性进展"。"推行由常住地登记户口提供基本公共服务制度，推动符合条件的农业转移人口社会保险、住房保障、随迁子女义务教育等享有同迁入地户籍人口同等权利，加快农业转移人口市民化。""把握人口流动客观规律，推动相关公共服务随人走，促进城乡、区域人口合理集聚、有序流动。"

中国式现代化是全体人民共同富裕的现代化。实现共同富裕，需在做大社会财富"蛋糕"的基础上，合理使用各类收入分配工具解决收入差距过大的问题，同时需在制度建设上促进人的发展权利方面的平等。各类收入分配政策无疑是具有重要作用的收入差距调节工具，但是从长期来看，低收入群体的收入提高不仅依赖于二次分配，也依赖于他们是否具有基本的发展权利，包括接受教育和医疗服务的权利、获得养老保险的权利等，是影响实现共同富裕的重要因素。高收入群体可使用现金购买私人服务以部分代替基本公共服务，例如高端私人医疗服务、私立教育服务等，而对于低收入群体而言，由政府提供的基本公共服务几乎是这类人群能够享有人的可持续发展权利的唯一途径。这就要求进行经济生产的同时兼顾弱势群体的发展权利。

随着中国超大型城市的形成，流动人口与户籍人口在获得公共服务方面存在明显差距。城市流动人口主要以农村地区流入的农民工群体为主，由于制度因素和个体因素的种种限制，这一群体在教育、医疗、养老等基本公共服务方面的权利保障仍然有所欠缺。流动人口与本地人口之间的基本公共服务均等化进度亟须跟上超大型城市经济发展的步伐，能够促进城市内部均衡发展，是推进全体人民共同富裕的重要内容。

从超大型城市经济增长的角度来看，流动人口提供了庞大的劳动力基数，是促进经济增长的必要条件，也是维持城市人口红利的主要贡献者。流动人口对城市经济发展做出巨大贡献，外来流动人口应当享受到城市经济发展的成果，这与"共同富裕"中"共享"的内涵相契合，即实现共同富裕需与经济发展的贡献者共享已有的富裕成果。从超大型城市的社会发展角度来看，流动人口对维持城市正常运转具有不可或缺的作用。中国流动人口动态监测调查数据显示，2017年中国流动人口所从事的行业集中在批发零售、住宿餐饮、居民服务修理及其他服务业等行业，以上行业的稳定运行对城市人口正常生活必不可少。因此，确保流动人口与户籍人口享受同样的基本公共服务是保障城市正常运转的基本条件。

二 常住人口基本公共服务均等化的重大意义

基本公共服务由常住地供给是我国推进基本公共服务均等化的重要改革方向。根据第七次全国人口普查数据，从2000年至

2020 年，全国流动人口已从 1.21 亿人增长至 3.76 亿人，流动人口占全国人口比例从 9.56% 大幅上升至 26.62%（图 4-1）。

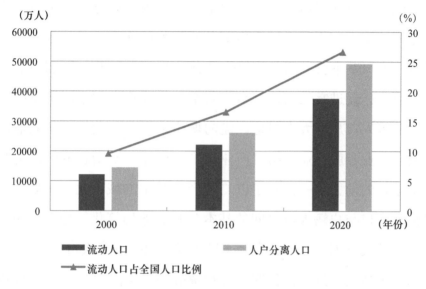

图 4-1　2000—2020 年全国流动人口数量与比例

　　在中国城乡二元结构背景下，常住人口与户籍人口的差异主要在于流动人口，其中流动人口主要以进城务工的农民为主。这一群体从农村进入城市从事第二产业和第三产业相关工作，但是他们以及随迁家属并未与户籍人口享有平等的基本公共服务权利。推进常住人口基本公共服务均等化的方式可总结为两种思路，一是持续推进户籍制度改革，通过户籍制度改革，让非户籍人口转化为户籍人口从而享受基本公共服务权益；二是扩大基本公共服务的覆盖范围①。事实上，我国户籍的价值在很大程度上取决于

　　① 邹一南：《农民工落户悖论与市民化政策转型》，《中国农村经济》2021 年第 6 期，第 15—27 页。

户籍所对应的基本公共服务质量，因此上海市、北京市等能够提供高质量基本公共服务的城市的户籍价值更高。

流动人口和户籍人口之间的基本公共服务质量差异阻碍了收入差距的缩小，不利于城市内部共同富裕的实现。具体来看，促进常住人口基本公共服务均等化具有以下五个方面的重要作用。

第一，促进常住人口基本公共服务均等化有利于经济持续增长。随着人口从广大农村地区流向城市地区，劳动力也从农业部门流向工业和服务业。第二产业和第三产业不断增长的劳动力是经济增长的动力之一，对于以二三产业为主的城市尤为重要。促进流动人口与户籍人口之间的基本公共服务均等化，是提高城市竞争力的关键因素之一，有利于城市吸引更多外来人口流入本地，有利于维持人口红利，长期来看对城市进一步向"富裕"目标迈进具有重要的作用。

第二，促进常住人口基本公共服务均等化可提高农民工的社会融合程度，有利于社会健康发展，是共同富裕的重要前提。研究表明，基本公共卫生服务可以通过提高农民工健康水平和就业质量促进其社会融合，尤其是对新一代文化程度较高、流动时间较短和跨省流动的农民工具有更加积极和显著的影响①。农民工与本地人口的进一步融合对城市内部的社会和谐稳定发展、城市安全均具有积极作用。

第三，促进常住人口基本公共服务均等化能缓解流动人口

---

① 尹世久、尹宗硕：《公共卫生服务能否促进农民工社会融合？——来自中国流动人口调查数据的证据》，《人口与发展》2024年第1期，第68—82页。

贫困情况，对减小收入差距具有直接作用。农村流动人口通常具有人力资本水平较低、健康水平较低等特征，这类特征对个体和家庭的贫困程度具有显著的影响。中国贫困人口追踪数据显示，2014年建档立卡的贫困户中，88%的贫困人口的受教育水平为初中及以下；因病致贫的比例高达28.17%，在所有致贫原因中占比最高。为流动人口提供基本医疗卫生服务能够提升这一群体的生理和心理健康水平，能够有效缩小农民工和本地居民之间的健康差距，有效避免"因病致贫"和"因病返贫"的发生[①]。

第四，促进常住人口基本公共服务均等化有利于促进新型城镇化，是扩大城镇居民中等收入群体的重要前提。《"十四五"新型城镇化实施方案》明确指出主要目标为"……，农业转移人口市民化质量显著提升，城镇基本公共服务覆盖全部未落户常住人口"，《国家新型城镇化规划（2014—2020年）》要求"推进农业转移人口享有城镇基本公共服务"。可见，基本公共服务覆盖城镇地区未落户的常住人口是实现新型城镇化的重要内容。优质的基本公共服务有利于吸引农村人口流向城镇地区落户，有助于进一步提高我国城镇化水平，可促进农村居民进一步向城镇居民中等收入群体转变。

第五，促进常住人口基本公共服务均等化有利于在长期内提高低收入群体的人力资本水平。这一重要意义主要体现在流

---

① 祝仲坤：《公共卫生服务如何影响农民工留城意愿——基于中国流动人口动态监测调查的分析》，《中国农村经济》2021年第10期，第125—144页。

动人口随迁子女入学方面。随迁子女"上学难"不仅是限制流动人口市民化的关键问题之一，也在微观层面对随迁儿童的心理和身体健康产生负面影响。保障随迁子女流动地接受教育的权利，对随迁子女的人力资本水平积累具有积极作用，同时确保适龄子女在流入地有父母陪伴，对其身心发展都具有正向影响，从长期角度来看有利于我国人力资本的持续积累、缩小收入差距。

因此，应推进常住人口基本公共服务均等化，令流动人口能够享受流入地更好的公共服务具有重要的现实意义。

第二节　国际比较与启示

从国际经验来看，公共服务供给的重要决定因素之一是财政对公共服务支出的支持力度。在大部分国家，居民的基本公共服务主要由财政承担，由此导致的问题包括中央与地方政府在提供基本公共服务方面的财权与事权如何划分、在财政压力下如何提供可持续的基本公共服务等问题。此外，西方国家没有明确的户籍制度，因此公共服务等涉及居民福利的项目会影响居民在不同地区之间的迁移，这一现象与中国流动人口在各地区间流动具有相似之处。经济学界对西方发达国家的地方政府在公共服务提供方面的情况进行了系统研究。大多数经济学领域学者都认为社会公共服务的职能应该由中央政府承担，但是在政策的实施层面，大多数国家的基本公共服务和救助都是以地方政府为主体的[①]。本部分梳理总结了美国和英国在基本公共服务提供方面的财政情况，这两国的实践经验表明，应更加明确各级政府在提供基本公共服务方面的财权与事权，理顺各级政府基本公共服务的事权和支出责任划分，在基本公共服务这类具有溢出效应的准公共物品提供方面，财政支出责任应适度上移，以避免"逐底竞争"和"用脚投票"。

一　美国基本公共服务现状

20世纪30年代，美国经历"大萧条"，时任美国总统罗斯福大力倡导增加社会福利促进美国经济走出萧条，具体政策包括提供社会保障和改善公共基础设施。这一时期美国社会保障和居民公共服务得到显著改善。1935年起，美国以立法的形式巩固罗斯福政府新政的成果，依次通过了社会保险法案、全国劳工关系法案、公用事业法案等法规。在财政资金筹集方面，罗斯福向富人征集了税率更高的累进税，显著提高了财政对社会福利的支持力度。90年代冷战结束后，美国开始削减社会福利，1996年克林顿政府实施的福利改革确定了"救穷"改为"救急"的原则，政府督促福利领取人尽快找到工作离开福利体系。这一改革将社会公共服务提供和救助的职能完全赋予州和地方政府，联邦政府仅作为资金的提供者。

---

① Lindert, K., Skoufias, E., & Shapiro, J., "Redistributing Income to the Poor and the Rich: Public Transfers in Latin America and the Caribbean", *Social Safety Nets Primer Series*, 2006.

在美国的制度下，各州之间存在一定的福利竞争。关于美国州间的福利竞争可总结为"地方政府竞争决定论"①。由于美国没有户籍制度限制，在人口自由流动的背景下，地方政府提供的公共服务可以看作纳税人向低收入家庭的转移支付，由于人口能够自由迁徙，则低收入家庭就会向公共服务水平高的地区迁移。因此，地方政府为了防止低收入人口大量迁入，就会降低公共服务和社会救助的水平。分散的福利设置可能导致州级政府进行"逐底竞争"（race-to-the-bottom），针对基本公共服务的财政支出减少；同时居民"用脚投票"（voting with their feet），迁移至基本公共服务水平相对更好的地区。这一情况显然不利于居民的基本权利保障，同时也不利于长期的经济增长。因此，财政资金的事权与财权划分仍然是美国政府在提供基本公共服务方面需要着重考量的问题。

二　英国基本公共服务现状

英国公共服务的提供同样面临中央政府和地方政府的财权与事权分担问题。英国大部分公共服务是在国家一级制定的，包括最低收入保障、求职者津贴、住房福利等公共服务的提供，但地方政府也将部分财政收入用于本地公共服务支出，包括对老年人、贫困家庭、儿童、残疾人的援助和救助。

英格兰大部分地区具有多层级政府，一般是两级地方当局（Council），即郡（County）和地区（District），这两级政府在社

---

① 郑新业、张莉：《社会救助支付水平的决定因素：来自中国的证据》，《管理世界》2009 年第 2 期，第 49—57、74 页。

会服务支出中分担责任。所有当局的大部分开支都是通过征收议会税筹集而来，这意味着他们共同占用了税基。除议会税收外，所有当局的开支均由中央政府拨款。对于每个地方政府来说，补助金是中央政府根据观察到的支出需求设定的标准支出水平与地方当局根据现有税基征收的税收收入之间的差额计算得到。

英国整体的地方公共开支可分为四个主要类别：（1）教育；（2）个人社会服务；（3）公路养护；（4）环境、保护和文化服务。其中，前三类支出主要由郡政府承担，约占公共总支出的90%，区与郡在第四类中分担责任。与郡相比，区的总体支出和征税权相对较小，但区政府在环境、保护和文化服务方面的人均支出比郡政府更多。

从制度层面来看，英国的郡和地区两级政府的财政支出决策很难完全独立，而且人口能够自由流动，这就导致基本公共服务的提供在纵向（地区内）和横向（地区间）均具有一定的溢出效应。那么，各级政府之间存在博弈行为，在财政资金有限的情况下，其提供的基本公共服务数量和质量可能偏离最优值。因此，在多级政府共同承担基本公共服务事权时，需考虑制度因素导致的政府间博弈行为。

第三节　上海市推动常住人口基本公共服务均等化的实践成效及薄弱环节

随着我国城镇化程度不断提升，超大城市对外来流动人口的需求不断上升，流动人口进入超大城市的机会也不断增加，如何推动常住人口基本公共服务均等化是超大城市实现共同富裕所面临的难题之一。以上海市为例，如图 4-2 所示，近五年上海市外来常住人口维持在 1000 万人左右，占整体常住人口的比例高达 40% 以上。这表明外来常住人口已经是上海人口的重要部分，上海市的经济和社会发展离不开外来常住人口的贡献。上海市作为我国代表性的超大城市在促进常住人口公共服务均等化方面进行了多种政策实践，为缩小城市内部收入差距、促进城市内部共同富裕实现提供了可借鉴的经验。

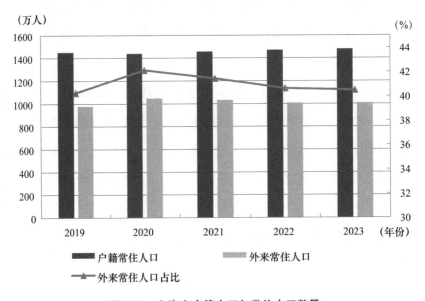

图 4-2　上海市户籍人口与常住人口数量

一　实践成效

(一) 上海推进常住人口基本公共服务均等化重点政策梳理

上海市在基本公共服务覆盖常住人口方面具有全国性的示范

作用。早在 2016 年年底，上海市政府印发了《上海市基本公共服务体系"十三五"规划》，明确建立健全"3+5"的基本公共服务管理制度。2021 年，《上海市基本公共服务"十四五"规划》（以下简称"《'十四五'规划》"）出台。《上海市基本公共服务"十四五"规划》从基本公共服务均等化的制度建设、设施建设、标准建设、机制创新等方面进行了形势研判，并提出基本原则包括：以人为本，应保尽保；尽力而为，量力而行；公平均等，便民利民；创新方式，提质增效。充分体现了上海市全面提升基本公共服务水平的决心。

《上海市基本公共服务"十三五"规划》（以下简称"《'十三五'规划》"）提出，"十三五"时期是中国全面建成小康社会决胜阶段，上海要在更高水平上全面建成小康社会，基本实现基本公共服务均等化是全面建成小康社会的重要目标。基本公共服务体系将进一步向符合条件的常住人口覆盖成为"十三五"时期上海市建成小康社会所面临的主要形势。具体来看，《"十三五"规划》提出的与流动人口相关的基本公共服务目标包括：（1）教育方面，保障符合条件的随迁子女义务教育权益，逐步提高以随迁子女招生为主的民办学校质量保障水平；（2）住房保障方面，为存在阶段性居住困难的青年职工、引进人才、来沪务工人员等在沪合法稳定就业的常住人口提供公共租赁住房；（3）就业与社会保险方面，为本市失业人员、农村转移就业劳动力、新成长劳动力、在职从业人员等提供职业培训和技能鉴定服务，并给予符合条件的人员培训费和鉴定费补贴；修订《上海市失业保险办法》和《上海市城镇生育保险办法》，将农村户籍外来从业人员纳入失业和生育保险范围，统一职工基本医疗保险参保缴费政策待遇。

《"十四五"规划》提出，基本原则之一是"公平均等，便民利民"，统筹各领域各层级公共资源，加大基本公共服务投入力度，推进基本公共服务资源向基层和家门口延伸、向新城和农村覆盖、向薄弱环节和重点群体倾斜，稳步推进基本公共服务常住人口全覆盖。《"十四五"规划》主要目标指出，"到2025年……（基本公共服务）均等化水平持续提升。城乡区域间基本公共服务基本均衡，各领域、各人群基本公共服务全面落实应保尽保，市民群众享有基本公共服务的便利性、可及性明显提高"。此外，结合长三角发展的实际情况，《"十四五"规划》明确提出"推进长三角公共服务便利共享"，"利用新技术新手段，推动长三角区域居民异地享受相关基本公共服务并便捷结算，探索建立部分基本公共服务项目财政支出跨区域结转机制"，对长三角地区流动人口享受基本公共服务提出了新任务，在全国范围内具有重要的示范引领作用。

2021年，上海市根据国家标准并结合本市实际，发布《上海市基本公共服务实施标准（2021年版）》，2022年又更新形成了2022年版，包括"幼有所育、学有所教、劳有所得、病有所医、老有所养、住有所居、弱有所扶、优军服务保障、文体服务保障"9个方面、97个服务项目。

（二）上海市促进常住人口基本公共服务均等化的具体政策梳理

目前，上海市在流动人口随迁子女教育、医疗保险、养老保险以及公共卫生服务方面出台并实施了具有全国引领性的系列政策，取得了良好的效果。整体来看，上海市以"灵活就业"人口这一群体作为基本公共服务均等化的目标对象之一，"灵活就业人员"指年满 16 周岁且男性未满 60 周岁、女性未满 55 周岁，在上海市劳动就业的自雇人员、无雇工个体工商户的非全日制从业人员以及其他灵活就业人员。这一标准并不以户籍作为标准进行划分，而是以工作地进行划分，这一群体不仅包括了非本市户籍的流动人口，也包括了本市户籍的自雇人员等群体。从政策实施的角度来看，这一划分标准更加具有社会公平性。

1. 医疗保险

在上海市未落实工作单位的待业人员，可以通过灵活就业人员身份参加职工医保，享受在职职工同等医疗待遇。根据《关于灵活就业人员参加本市职工基本养老、职工基本医疗保险有关问题的通知》（沪人社规〔2023〕5 号）的规定：灵活就业人员是指年满 16 周岁且男性未满 60 周岁、女性未满 55 周岁，在本市劳动就业的自雇人员、无雇工个体工商户、未在用人单位参加基本养老、医疗保险的非全日制从业人员以及其他灵活就业人员。包括符合上述条件的本市户籍人员、外省市户籍人员、港澳台居民、获得在中国永久居留资格的外国人，以及以集体参保的方式，在本市农民专业合作社（联合社）和家庭农场从事农业劳动的从业人员，2023 年 5 月 1 日起，均可以在上海市参保。

2. 养老保险

灵活就业人员可在上海市参加职工基本养老保险与基本医疗

保险。2023年5月1日起，符合灵活就业人员条件的本市户籍人员、外省市户籍人员等均可在本市参保。

灵活就业人员参保后男性年满60周岁、女性年满55周岁，累计缴费年限达到15年的，可在待遇领取地申领基本养老金（待遇领取地一般为本人到龄时的户籍地或最近一个累计缴费满10年的基本养老保险关系所在地）。灵活就业人员参保后死亡的，其遗属可申领遗属待遇，其养老保险个人账户余额也可按规定继承。

无论户籍是否在上海市，灵活就业人员与企业职工参加的均为职工基本养老保险，养老金计发办法相同。养老金标准按照"多缴多得、长缴多得、晚领多得"原则，根据累计缴费年限、缴费水平、退休年龄、退休时上年度全省（市）城镇单位就业人员月平均工资等参数综合确定。

3. 公共卫生

2013年，国家卫健委（原国家卫计委）发布《流动人口卫生和计划生育基本公共服务均等化试点工作方案》（以下简称"《方案》"），完善和创新流动人口卫生和计划生育基本公共服务，大力推进流动人口卫生和计划生育基本公共服务均等化。其目标是在"十二五"时期，探索流动人口卫生和计划生育基本公共服务的工作模式和有效措施，促进流动人口卫生和计划生育信息共享与应用，提高流动人口卫生和计划生育基本公共服务可及性和水平，为建立流动人口卫生和计划生育基本公共服务制度积累经验。《方案》在全国27个省（区、市）40个流动人口较集中的城市开展试点工作，其中上海市闵行区、杨浦区、松江区、宝山区被纳入全国 40 个试点地区中。

2014 年，在《方案》基础上，上海市发布《上海市流动人口卫生和计划生育基本公共服务均等化试点工作方案》进一步细化了流动人口卫生和计划生育基本公共服务均等化的主要目标和内容，根据上海市流动人口现状和特征突出了流动人口服务管理新机制、健康档案、健康教育、儿童预防接种、传染病防控、孕产妇和儿童保健、计划生育七方面基本公共服务项目，具体内容如表 4-1 所示。

表 4-1　《上海市流动人口卫生和计划生育基本公共服务均等化试点工作方案》重点内容

	重点内容	具体内容
1	探索流动人口服务管理新机制	依托覆盖城乡的基层卫生服务机构和计划生育基层服务管理网络，着力探索卫生和计划生育基本公共服务覆盖流动人口的有效措施和路径，建立健全流动人口服务管理新机制，不断提升服务管理能力和水平
2	健全流动人口健康档案	关注流动人口健康状况，为具有"合法稳定就业、合法稳定居住"的流动人口建立统一、规范的居民电子健康档案，健康信息及时记录和更新，实施动态管理和定期分析，为预防控制重大传染病等提供基础数据
3	开展流动人口健康教育工作	以健康城市建设和全民健康生活方式行动为抓手，进一步完善政府引导、部门合作、市民参与的健康促进工作机制，在流动人口数量较多的社区、企业、单位和学校等主要场所，定期开展卫生和计划生育基本公共服务政策宣传活动，举办传染病防治等健康知识讲座，组织关爱流动人口健康义诊等，不断提高流动人口健康自我管理水平和健康素养，引导流动人口更好地接受服务

续表

	重点内容	具体内容
4	加强流动儿童预防接种工作	及时为流动人口随迁同住的适龄儿童建卡、接种免疫规划疫苗，定期开展"查漏补种"活动。根据传染病防控需要，开展相关疫苗补充免疫、应急接种工作。对入托入学流动儿童严格执行查验预防接种证等管理措施，不断提高流动适龄儿童疫苗接种率
5	落实流动人口传染病防控措施	加强对建筑工地、商贸市场、生产加工企业等流动人口密集地区传染病监测工作，及时处置传染病疫情。根据《上海市居住证管理办法》等要求，对流动人口提供免费艾滋病咨询、检测和干预，并对已办理居住证的流动人口按照规定规范落实艾滋病抗病毒治疗、结核病筛查和治疗等减免治疗政策。推动城乡接合部环境卫生综合整治，改善流动人口居住环境
6	完善流动孕产妇和儿童保健管理	不断规范和完善流动孕产妇、儿童保健管理档案。加强妇幼保健知识宣传。强化育龄妇女孕情监测、叶酸补服、流动孕产妇早孕建卡、孕期保健、高危筛查、住院分娩和产后访视等关键环节控制工作，保障母婴安全。完善0—6岁流动儿童家庭访视、定期健康检查、生长发育监测、喂养与营养指导等儿童保健服务。加强流动孕产妇及新生儿预防艾滋病、梅毒、乙肝母婴传播工作。推动0—36个月儿童中医调养
7	推进流动人口计划生育基本公共服务	继续落实流动人口计划生育基本公共服务均等化试点工作的要求。全面开展计划生育法规政策宣传倡导、计划生育技术服务、优生优育、生殖健康、奖励优待等服务项目，重点落实国家规定的基本项目计划生育技术服务的免费提供。加强免费药具发放服务网络主渠道建设，提高易得性和可及率，为流动育龄人口提供避孕节育、优生优育科普宣传、健康指导服务及免费发放避孕药具

4. 随迁子女教育

拥有本地户籍通常是儿童在当地入学的硬性要求。但是，对于上海等超大型城市而言，流动人口所对应的随迁儿童往往不具有本地户籍，随迁儿童在本地上学较为困难。在这一方面，上海市在全国范围内起到了示范作用。2018年，《上海市人民政府办公厅转发市教委等四部门关于来沪人员随迁子女就读本市各级各类学校实施意见的通知》（以下简称"《通知》"）明确指出，以"合法稳定就业、合法稳定居住"为基本条件，完善权责对等、梯度赋权的随迁子女公共教育服务制度。《通知》依次对学前教育阶段、义务教育阶段、高中阶段教育和高等教育阶段进行了具体安排。

此外，上海市中等职业学校也对随迁子女进行了招收录取，对于长期内上海市技术型人才的培养具有积极作用。根据《上海市人民政府办公厅转发市教委等四部门关于来沪人员随迁子女就读本市各级各类学校实施意见的通知》（沪府办规〔2018〕5号）及《上海市教育委员会关于做好2024年本市高中阶段学校招生报名工作的通知》（沪教委基〔2023〕41号）要求，来沪人员随迁子女只需满足以下四个条件之三即可报名参加上海市全日制普通中等职业学校自主招收：（1）学生父母一方持有效期内《上海市居住证》，且在2024年5月7日前参加本市职工社会保险累计满6个月。（2）学生父母一方持有效期内《上海市居住证》且连续3年（从首次登记日起至2024年5月7日）在社区事务受理服务中心办妥灵活就业登记。（3）学生为在本市全日制普通初中学校就读满3年的应届初三学生。（4）学生本人持有公安部门颁发的有效身份证或户口簿原件及有效期内《上海市居住证》（或居住登记凭证）。凡符合（1）（3）（4）或（2）（3）（4）3项条件的学生，可参加上海市全日制普通中等职业学校自主招收本市初中应届毕业生中来沪人员随迁子女招生报名（包括五年一贯制培养模式和中高职贯通培养模式招生）。

上海市教育考试院主要负责中等职业学校自主招收随迁子女

五年一贯制和中高职贯通录取、普通中职校志愿录取工作，在以上批次未录取且愿意征求志愿的随迁子女学生，可与有剩余计划的中职学校电话预约，按照学校要求，在规定时间内携带报名信息确认表、准考证和有效身份证件等材料，到招生学校进行登记，由招生学校择优录取。

二 薄弱环节

上海市在促进常住人口基本公共服务均等化方面还存在部分薄弱环节。主要体现在住房保障、社会保险等基本公共服务方面还存在短板，仍需进一步推动外来人口与户籍人口在住房、社会保险等方面具有平等的权利。基本公共服务短板的存在使流动人口在就业等方面仍然面临歧视，长期不利于共同富裕目标的实现。

第四节 上海具备的优势和潜力

一 上海市具备较强的政府治理能力

上海市政府的治理水平在全国处于领先地位，这一优势对推进常住人口基本公共服务均等化起到决定性作用。由于基本公共服务具有"准公共物品"属性，因此大部分由财政资金提供，如何合理有效地使用财政资金以促进基本公共服务均等化的推进、如何以财政资金为抓手推进基本公共服务相关政策的实施是对政府治理能力的重要考验。

上海市作为社会主义现代化国际大都市，治理能力和治理水平均走在全国前列。2019 年 11 月，习近平总书记在上海考察时提出"要深入学习贯彻党的十九届四中全会精神，坚持稳中求进工作总基调，全面贯彻新发展理念，加快改革开放步伐，加快建设现代化经济体系，加大推进三大攻坚战力度，扎实推进长三角一体化发展，妥善应对国内外各种风险挑战，勇挑最重担子、敢啃最难啃的骨头，着力提升城市能级和核心竞争力，不断提高社会主义现代化国际大都市治理能力和治理水平"。2020 年 12 月 20 日，十一届市委八次全会举行，审议并通过《中共上海市委关于以习近平总书记考察上海重要讲话精神为指引　全面贯彻落实〈中共中央关于坚持和完善中国特色社会主义制度推进国家治理体系和治理能力现代化若干重大问题的决定〉的意见》。

二　上海市具有良好的基本公共服务制度基础

作为常住人口超过 2000 万人的超大型城市，上海市多年来总结出一系列有效保障基本公共服务供给的制度。"十二五"时期以来，中国不断建立健全基本公共服务体系，持续推进基本公共服务均等化，出台《国家基本公共服务标准》。上海市在此基础上进行了有效的探索，陆续印发《上海市基本公共服务体系暨 2013—2015 年建设规划》《上海市基本公共服务"十三五"规划》《上海市基本公共服务"十四五"规划》，在基本公共服务方面对国家标准进行了扩展和探索，确立了上海市基本公共服务的体系框架和建设目标。

上海市从"十三五"开始制定发布基本公共服务项目清单，"基本公共服务项目清单制度"指将所有基本公共服务项目及其服务内容、服务对象、保障标准、牵头负责单位等信息汇总形成清单，并定期向社会公布的制度。并且在全国率先探索建立了清单动态调整机制，坚持每年对《上海市基本公共服务项目清单》进行调整和更新。这一制度提高了基本公共服务供给的效率，能够精准地捕捉市民在教育、医疗、就业、住房等基本公共服务方面的需求，极大地提高了市民的满意度。

三　上海市已完成市区财政事权划分改革

财政是支撑基本公共服务的主要资金来源，在财政分权方面，上海市已经对市级与区级财政事权进行了明确的划分。为加强基本公共服务的公共财政保障，推进应保尽保，上海市根据国家统一部署制定了《基本公共服务领域市与区财政事权和支出责任划分改革方案》。这一方案明确了每个服务项目的市与区财政事权划分，规范了市与区的支出责任及分担方式，具体财政事权分担方式见表4-2。

表4-2　上海市基本公共服务领域市与区财政事权和支出责任划分情况

	基本公共服务领域	市级财政事权	区级财政事权	市与区共同财政事权
1	教育	高等教育国家助学金		义务教育服务、普通高中资助、中等职业教育资助等9个事项
2	就业和社会保险	职工基本养老保险、职工基本医疗保险、失业保险等6个事项		就业服务、城乡居民社会养老保险、城乡居民医疗保险等9个事项

续表

	基本公共服务领域	市级财政事权	区级财政事权	市与区共同财政事权
3	社会服务		特困人员供养、困境儿童保障、农村留守儿童关爱保护等3个事项	城乡居民最低生活保障、医疗救助、法律援助服务等10个事项
4	卫生		免疫接种、老年人保健、慢性病防治等20个事项	传染病及突发公共卫生事件报告和处理服务、院前医疗急救、食品药品安全保障等7个事项
5	养老			社区居家照护服务、机构照护服务、养老服务补贴、老年综合津贴4个事项
6	住房保障		廉租住房实物配租	廉租住房租金补贴、公共租赁住房、农村低收入户危房改造补贴3个事项
7	文化			阅读服务、展览展示设施开放、文化配送服务等7个事项
8	体育			公共体育设施开放、全民健身指导服务2个事项
9	残疾人服务		困难残疾人生活补助和重度残疾人护理补贴、残疾人养护服务补贴等4个事项	残疾人教育、残疾人康复、维权服务等7个事项
10	退役军人服务	重点优抚对象集中供养		优待抚恤、退役军人安置2个事项

第五节 推动常住人口基本公共服务
均等化的政策建议

一 优化财政权责划分

促进常住人口基本公共服务均等化需要更强的财力支持。基本公共服务由户籍地供给转为由常住地供给不仅涉及制度设计与管理方面的对接，更为重要的是捋顺资金来源，才能提高常住地政府提供基本公共服务的积极性。2018 年国务院办公厅印发《基本公共服务领域中央与地方共同财政事权和支出责任划分改革方案》，明确了基本公共服务领域中央与地方共同财政事权范围，并规范了基本公共服务领域中央与地方共同财政事权的支出责任分担方式。但是面向常住人口提供的基本公共服务的财政事权支出责任还未完全明晰，仍有待进一步改革。对于上海市等超大城市，外来人口占常住人口比例较高，对这一群体提供基本公共服务所需的财政资金规模庞大，仍需从长期解决资金来源的结构性问题。

2024 年 7 月《中共中央关于进一步全面深化改革 推进中国式现代化的决定》进一步明确提出，"建立权责清晰、财力协调、区域均衡的中央和地方财政关系。增加地方自主财力，拓展地方税源，适当扩大地方税收管理权限。完善财政转移支付体系，清理规范专项转移支付，增加一般性转移支付，提升市县财力同事权相匹配程度"，同时也指出"适当加强中央事权、提高中央财政支出比例。中央财政事权原则上通过中央本级安排支出，减少委托地方代行的中央财政事权。不得违规要求地方安排配套资金，确需委托地方行使事权的，通过专项转移支付安排资金"。站在当下时点，上海市应积极响应改革，为全国各地区提供上海经验，在新一轮财税体制改革中继续为其他城市的基本公共服务起到引领示范作用。

二　加强公共服务绩效管理，强化事前功能评估

2024年7月《中共中央关于进一步全面深化改革　推进中国式现代化的决定》明确指出，"加强公共服务绩效管理，强化事前功能评估"。这是我国深化财税体制改革需达成的目标之一。当前我国各级政府财政收支压力较大，财政资金使用效率仍然有改善空间。上海市外来流动人口占常住人口比例较高，在基本公共服务提供由户籍地转为常住地提供的改革大趋势下，上海市未来将面临更大的财政压力。在短时间内财政资金无法大幅提高的情况下，加强对基本公共服务相关的财政资金进行绩效管理，是短期内应对财政压力的重要手段，同时也有利于公共服务提供效率的进一步提高，提升居民对基本公共服务的满意度。

三　补齐部分基本公共服务短板

梳理上海市基本公共服务的相关政策，可以看到各项基本公共服务的均等化进程不一。上海市在医疗保险、养老保险以及公共卫生方面的均等化程度较为领先，而随迁子女教育、失业保险、住房保障等基本公共服务的均等化程度仍有待加强。这些基本公共服务权利的不平等仍旧给外来流动人口常住上海带来了隐形的

门槛，长此以往不利于上海市的经济增长和社会稳定，也不利于城市内部收入差距的缩小和共同富裕的实现。因此，应进一步聚焦随迁子女教育、失业保险、住房保障等基本公共服务短板，配合新一轮财税体制改革方向，重点破除以上基本公共服务在均等化方面的阻碍。

第 三 篇

在推进物质文明与精神文明相协调的
现代化中发挥龙头带动和示范引领作用

习近平总书记在《中国式现代化是强国建设、民族复兴的康庄大道》一文中曾指出："中国式现代化既要物质财富极大丰富，也要精神财富极大丰富、在思想文化上自信自强。"作为改革开放排头兵和创新发展的先行者，上海严格贯彻落实习近平总书记的重要讲话精神，将城市发展和能级提升与实现中国式现代化的战略布局相结合，在新阶段新起点科学谋划上海未来发展的路径，通过持续提升国际经济中心的影响力、体系化推进上海国际金融中心建设、强化上海国际科技创新中心策源功能、提升上海国际文化大都市软实力，实现物质文明与精神文明相互协调、相互促进。这些前沿探索和实践安排，不仅为长三角一体化发展创新实现共同富裕的体制机制，也在先进文化实践的过程中创造精神文明新图景，使上海真正成为社会主义现代化国际大都市。

第 五 章
提升上海国际经济中心影响力

国际经济中心是彰显一国或一个城市经济实力的重要标志，也是上海在探索建设现代化产业体系、塑造发展新动能新优势、实现中国式现代化过程中必须完成的任务。上海市作为中国经济体量最大的城市，地处大陆经济与海洋经济的交界地带，长期以来是国内国际要素资源循环的集散地，也是中西文化、规则融合交流的前沿门户。习近平总书记在 2023 年考察上海时强调，"聚焦建设国际经济中心、金融中心、贸易中心、航运中心、科技创新中心的重要使命，以科技创新为引领，以改革开放为动力，以国家重大战略为牵引，以城市治理现代化为保障，勇于开拓、积极作为，加快建成具有世界影响力的社会主义现代化国际大都市"，将国际经济中心置于五个中心建设的首位，充分肯定了上海在中国经济版图中的重要地位，也为提升上海国际经济中心影响力提出了根本遵循和方向引领。

第一节 上海提升国际经济中心影响力的战略意义

一 国际经济中心的内涵

（一）国际经济中心的一般特征

国际经济中心一般指的是在全球经济活动中具有重要地位和影响力的城市。目前较为认可的国际经济中心主要有以下几个特征：一是经济规模总量位于世界前列。一般来说，国际经济中心城市的经济规模是所在国或地区最大的城市，是国际经济中心的基本"门槛"。例如美国的纽约市是美国经济规模最大的城市，2020 年 GDP 约为 10220 亿美元（70491.4 亿元），在经济规模方面长期位居世界第一[①]；同年上海的 GDP 为 38700.58 亿元，约为纽约的 54.9%；伦敦、巴黎、东京也分别是各国经济体量最大的城市，GDP 总量常年位居世界前列。二是对国际经济的某些领域有重要的影响，一般兼具国际金融、贸易、科技、航运、文化中心中的某一项或某几项功能。纽约、伦敦、巴黎、东京成为国际经济中心，不仅是因为经济体量足够大，更在于其在金融、科技、文化等关键领域形成了世界知名的产业集群，对全球其他地区的相关产业具有影响力和辐射力，可以影响某些领域的国际规则制定。比如纽约和伦敦是全球重要的金融中心；巴黎是多个重要的国际组织的所在地，在文化、时尚产业领域有较大的话语权；东

---

① 数据来自 Federal Reserve Bank of New York，https：//www. newyorkfed. org/medialibrary/media/research/regional_economy/charts/Regional_NYC。

京是亚洲 GDP 规模最大的城市，在金融、制造业、文化等多个领域具有国际影响力。三是具有开放、包容的文化氛围和良好的生活环境。国际经济中心是全球资源要素的汇集地，在地理区位和自然气候方面具有先天优势，还具有较为宜居的交通基础设施和生态环境，使得物资、人员交流相较于其他城市更为频繁，因此在文化方面也具有开放、包容、融合的特性。四是强大的国家经济实力为其背书。目前被世界广泛认可的国际经济中心城市主要有纽约、伦敦、巴黎、东京 4 座城市，虽然香港和新加坡两市在金融业、航运业的特殊地位也具有较高的国际影响力，但不能被认为是国际经济中心，仅为国际大都市。原因在于工业化、全球化过程中美国、英国、法国、日本相继在全球经济格局塑造和全球资源配置中发挥了主导性的作用，对全球经济的辐射作用更大，相应带动各国国内的经济中心逐步成为国际经济中心。①

（二）上海建设国际经济中心的历史沿革

上海建设成为国际经济中心的历史可追溯至 20 世纪 80 年代，这是随着国家经济布局和重大战略逐步调整对上海的建设定位。1986 年上海市制定的《上海城市总体规划方案》得到国务院批复，第一次在国家层面提出"把上海建设成为太平洋西岸最大的经济贸易中心之一"；1992 年的政府工作报告将上海城市建设与浦东开发相联系，提出"把上海建设成为太平洋西岸最大的经济贸易中心之一"；1992 年党的十四大报告提出"尽快把上海建成国际经济、金融、贸易中心之一，带动长江三角洲和整个长江流

---

① 肖林：《上海迈向全球城市的战略路径》，《全球化》2013 年第 2 期。

域地区经济的新飞跃"，首次将上海明确定位为国际经济中心；1996年在上海市出台的《上海市国民经济和社会发展"九五"计划与2010年远景目标纲要》中不仅确定了"三大中心"的任务，还提出到2010年"初步确立上海国际经济中心城市的地位"。①进入21世纪，上海国际经济中心的功能定位不断扩大，发展路径日趋明确。2001年国务院批复的《上海市城市总体规划（1999—2020）》中将上海定位为"国际经济、金融、贸易、航运中心之一"和现代化国际大都市。2010年上海市《上海市国民经济和社会发展第十二个五年规划的建议》提出要建设"四个中心"和社会主义现代化国际大都市②。2014年习近平总书记考察上海时强调："上海要努力在推进科技创新、实施创新驱动发展战略方面走在全国前头、走在世界前列，加快向具有全球影响力的科技创新中心进军。"为上海建设成为国际经济中心提出了新的发展目标和功能定位；2017年国家批复同意《上海市城市总体规划（2017—2035年）》中"五个中心"的功能定位，"五个中心"建设齐头并进。2021年上海明确表明在"十三五"时期，已经基本建成国际经济中心，正在向建设成为具有世界影响力的社会主义现代化国际大都市稳步迈进，这也是上海贯彻实践中国式现代化理论和战略布局的最新探索。

---

① 殷林森、吴大器：《上海"四个中心"发展的逻辑脉络及发展趋势分析》，《上海金融学院学报》2014年第5期。

② 上海社会科学院经济研究所课题组：《创新驱动发展与上海"四个中心"建设关系研究》，《上海经济研究》2014年第10期。

（三）国际经济中心的内涵定位

从中国对上海市建设国际经济中心的历史沿革来看，我国对国际经济中心的定位包含较为明确的功能属性，与当时我国产业发展规划和区域战略相一致，并随着我国工业化进程、社会主义经济建设的内在要求以及全球经济形势变化逐步调整，呈现出明显的时代特征和发展底色。在20世纪90年代初，通过与其他国际城市的横向对比，上海市决定加强交通、电信等基础设施建设，提出发展金融业、信息服务业、交通运输业等服务业以此带动城市能级提升。在上海市"九五"计划中，将服务业发展和产业结构的"三、二、一"发展方针作为这一时期的产业发展重点[①]；随后的"十五"计划和"十一五"规划中也将先进服务业作为提升国际经济中心辐射能力的关键。而在2008年国际金融危机之后，全球对金融业脱离实体经济进行了反思，加之新一轮科技革命和产业变革蓬勃发展，各主要经济体均将能够彰显科技实力和未来产业竞争力的"硬科技"产业作为发展重点，上海市也在"十四五"规划中将集成电路、生物医药、人工智能三大支柱产业以及六大重点产业集群作为提升实体经济创新实力的重点抓手，配合总部经济、首发经济、品牌经济等高端服务业共同促进经济中心的功能升级。习近平总书记在2019年考察上海后，从全球战略布局的角度对国际经济中心应该具备的功能进行高度概括——全球资源配置功能、科技创新策源功能、高端产业引领功能、

---

① 华民、张晖明、俞忠英等：《上海争当国际经济中心的优劣势剖析及对策研究》，《特区经济》1993年第10期。

开放枢纽门户功能，这成为现阶段我国对国际经济中心建设的最新定位和科学内涵，也是上海提升国际经济中心影响力的根本遵循。

二 上海提升国际经济中心影响力的战略意义

上海是中国工业化进程的亲历者、参与者和先行者，在中国经济发展中一直担负着改革前沿和经济探索的重要历史使命。进入新时代发展阶段，上海同样要发挥中国式现代化的探路者、引路人和领头雁的作用，为其他城市高质量发展、实现中国式现代化提供经验和样板，真正实现龙头带动作用。一方面，上海具备开放创新的制度优势和经验优势，党中央在经济制度规则上的"先行先试"很多都是以上海作为首发地进行探索，自建设浦东新区开始，上海就成为中国经济领域创新发展和开放融合的"试验田"，在首个自由贸易试验区、首批综合性国家科学中心等重大国家战略方面承担改革探索的重大使命。另一方面，上海经济规模常年位于中国首位，在空间格局、辐射能力、港口航运等方面具有天然的优势，是海洋与大江大河的交汇点，也是国内国际双循环的战略枢纽。与世界其他国际经济中心城市相比，上海的地理区位条件十分优越，是中国最具备门户枢纽和对外开放功能的城市。

从世界范围来看，新一轮科技革命和产业变革引发全球产业格局变迁，进而导致全球资源要素的重新配置以及新兴产业的布局调整，给各国均带来了机遇与挑战。中国作为最大的发展中国家，一方面要把握世界格局变化带来的战略机遇期，积极应对新发展阶段的新问题、化解新风险，另一方面也要坚定不移地探索中国式现代化的道路，为其他发展中国家提供中国经验、中国样板、中国模式。在这一历史机遇中，上海不仅与中国的经济发展进程同频共振，成为中国一系列经济成就的最好的对外展示窗口，更要以创新为引擎，在新动能培育、体制机制改革、国际文化交流方面率先垂范，展现社会主义现代化的优势和鲜明特征，更好地代表国家参与国际竞争。因此，上海不断提升国际经济中心影响力，不仅是城市内生动能发展的自然演化结果，更是我国不断提升全球经济治理影响力的必然选择。

第二节　上海提升国际经济中心影响力的实践成效和挑战

一　上海市提升国际经济中心影响力的实践成效

上海市"十三五"规划中提出要在 2020 年如期建成国际经济中心的任务，这一目标已经基本完成。"十四五"时期，上海市持续完善国际经济中心建设，不断提升城市能级和核心竞争力，已经形成新动能为底色的产业体系，高端化、专业化、知识密集化为特色的服务高地，多领域体制机制创新的改革前沿，在长三角地区乃至全国具有龙头带动作用的经济辐射能力。

（一）促进实体经济与数字经济深度融合，培育壮大新动能

上海市将高端产业培育作为城市核心竞争力的硬支撑，构建"（2+2）＋（3+6）＋（4+5）"的现代化产业体系，为高质量发展提供新动力。第一，上海市聚焦两大融合，促进传统产业数字

化、绿色化升级。上海市将"先进制造业与现代服务业深度融合，数字化与绿色低碳协同转型"作为构建现代化产业体系的总体方向，对传统制造业进行数字化、绿色化升级改造。目前累计建成国家级标杆性智能工厂 3 家、示范工厂 19 家、优秀场景 111 个；还通过实施绿色低碳供应链升级计划、"绿能入沪"工程，加快制造业企业探索更多的绿色低碳产品和服务，使传统制造业发展与高端化、数字化、绿色化的制造业发展趋势相一致，赋予传统产业新的发展活力。第二，布局先进制造业，打造万亿级的新兴产业集群。新一代信息技术、生物技术蓬勃发展为孕育新兴产业提供了技术支撑，上海市抢抓新兴产业发展制高点，将集成电路、生物医药、人工智能三大先导产业作为培育壮大新动能的重要载体，深入贯彻产业数字化、数字产业化的要求，直面在三大领域尤其是数字经济领域的国际竞争；同时又规划了电子信息、生命健康、汽车、高端装备、先进材料、时尚消费品六大重点产业，先后出台实施汽车芯片、合成生物、人工智能大模型、智能机器人、船舶与海洋工程装备、商业航天等细分领域的支持政策，抢占战略性新兴产业的高附加值、关键领域。通过打造多个万亿级、千亿级世界产业集群，旨在抓牢实体经济根本、充分发挥国际经济中心的高端产业引领功能。第三，聚焦新技术、新赛道、新产业，梯度布局未来产业。上海市还根据新兴产业成熟度不同，梯度布局生物制造、脑机接口、Web3.0、元宇宙、6G、量子技术、空间信息、低空经济等未来产业，与科创中心建设深入联动，通过打造未来产业先导区和综合性应用试验场，保证上海市未来支柱产业的梯度衔接和新旧动能的有序转换。

（二）做强做优做大现代服务业，打造"上海品牌"

服务业是支撑上海经济增长的主要动力，也是上海市新质生产力培育的重点方向。上海市一方面注重先进制造业与先进服务业融合，推动现代服务业增质提效，另一方面提升扩展服务业新领域、新赛道，打造具有地域特色和质量保证的"上海品牌"，为其他城市树立了标杆。第一，提升先进服务业与制造业的融合力度。上海市在三大先导产业和六大支柱产业的发展具体规划中，均增加了对先进服务业尤其是工业服务业的发展规划和要求，并提出发展工业互联网的行动安排。通过多批次的"工赋链主"培育行动由链主企业向产业链上下游输送数字化能力，带动该产业链领域辐射的长三角甚至全国范围的大中小企业融通发展；目前在松江区已落户多个知名工业互联网企业，形成工业互联网集群。此外，上海还大力发展科创服务、检验检测认证、专业维修等生产性服务业细分领域，专门在制造业聚集区设立4个"上海生产性服务业功能区"，协同推进集群融合和"两业"融合。第二，打造新业态新场景，开辟先进服务业领域新赛道。上海市为了扩大在先进服务业的先发优势，在传统金融服务业、贸易物流业、文化创意产业、总部经济基础上，提出发展首发经济、夜间经济、免退税经济等服务业新形态，通过发展新型服务业继续做强做优上海品牌。例如上海市不仅有首架国产大飞机、首艘国产大游轮这种"硬工业产品"首发运营的"首发经济"，也有高端服饰"首秀"、时尚产品店铺"首店"、产品发布"首展"等服务领域"软实力"的首发经济；还通过中国国际进口博览会之际举办上海城市推介大会，提升专业化服务的精度、深度。通过服务业领域新场景的探索，不断充实"上海制造""上海服务""上海购物""上海文化"四大品牌，强化上海在先进服务业领域的领头羊地位。

（三）深入实施重大任务、重大工程，推动产业集群发展

上海市以落实"三大任务"、重大工程为牵引，结合每个区域的产业基础和特色，持续提升国际经济中心的"硬件""软件"，因地制宜发展新质生产力。第一，"三大任务"深入实施，扩展上海经济影响力。临港新片区建设持续推进，已经落地超过100个重大产业项目，2024年重大项目计划安排148项、预备项目23项，包括积塔半导体、中国航发商发临港基地、特斯拉超级储能工厂等多个重大产业类项目，大幅度提升临港新片区制造业的质量。科创板功能不断提升，从试点注册制到向其他板块全面铺开，并积极贯彻《关于深化科创板改革服务科技创新和新质生产力发展的八条措施》，发挥科创板"试验田"的作用。在长三角一体化方面，多个科创项目联合开展，152项政务服务实现跨省通办，释放体制机制的改革红利。第二，以园区为载体，因地制宜发展新质生产力。上海市结合每个地区的产业基础和特色，利用工业园区、高校、新型创新载体的优势，优化布局不同地区的新兴产业和发展重点。例如张江科学城是三大主导产业的科技策源地，主要布局高、新、尖产业和研发环节；静安区主要打造全球服务承载区，发展总部经济、服务经济等，将融入全球网络，提供高能级的服务业作为发展重点；杨浦区利用高校和科研院所资源，打造产学研用创新联合体，聚焦人工智能、软件和信息技术服务业等数字经济重点领域……除了发挥龙头企业的引领作用

外，上海也注重产业生态的培育，在 2023 年工信部公布的《2023 年度中小企业特色产业集群名单》中，上海市有四个中小企业集群上榜，分别是：闵行区基因产业集群、嘉定区智能传感器产业集群、金山区无人机产业集群、青浦区数字物流产业集群。

（四）完善经济发展新机制，提升城市能级

上海聚焦提升国际经济中心影响力的历史使命，从体制机制改革和政策创新多方面先行先试，在提升城市能级、带动长三角一体化发展方面推出多个务实举措。一是统筹协调各类政策，发挥市场机制的作用。上海聚焦"五个中心"建设的要求，针对新兴产业发展、中小企业培育、科技创新策源功能区建设、贸易政策创新等各个方面出台各类先行性、探索性的创新政策，将有为政府与有效市场相结合，统筹协调产业、区域、贸易、财税、金融等各项政策，充分激活市场主体的动力。例如上海针对数据成为生产要素的现状于 2021 年出台我国第一部地方性法规《上海市数据条例》，率先开始对数据要素问题进行规范，为人工智能等数字经济产业发展创造了稳定的制度环境。二是瞄准国际经济中心的定位，营造国际化的营商环境。2019 年上海提出打造"世界会客厅"的概念，并配合《上海外资研发中心提升计划》《上海市坚持对标改革　持续打造国际一流营商环境行动方案》《关于进一步优化外商投资环境加大吸引外商投资力度的实施方案》等多个政策法案，坚持营商环境市场化、法治化、国际化；为了做强"总部经济"，上海发布《上海市跨国公司地区总部发展资金管理办法》，专门拨付资金降低企业总部在上海的运营成本。这些政策措施的出台，不断提升上海服务全球经济的能力，也提升了上海市在长三角地区的核心地位。

二 上海提升国际经济中心影响力面临的困难

在上海取得巨大的经济成效的同时，也需要看到上海在提升国际经济中心影响力方面还面临以下不足。

第一，吸引和配置国际资源的能级相较于其他国际大都市还有差距。上海市在经济规模方面全国领先，每年的港口货物贸易量也位于全球前列，但是在吸引国际资源、配置全球产业链方面，面临亚洲地区激烈的竞争。截至 2024 年 6 月底，上海跨国公司地区总部累计认定达到 985 家，外资研发中心累计认定达到 575 家，是中国国内地区跨国公司总部最为集中的城市。但与亚洲地区的新加坡、中国香港相比，地区总部的数量远远小于这两个城市，根据彭博智库（Bloomberg Intelligence）的报告显示，截至 2021 年新加坡拥有的跨国企业区域总部的数量达到 4200 家，包括微软、谷歌、通用汽车、IBM 等知名企业；截至 2023 年，香港拥有的区域总部的数量为 1336 家，均远超上海同期水平。

第二，经济中心的功能作用还需强化。国际经济中心影响力的提升通常伴随着功能中心的崛起，金融和科技是配置全球资源的重要手段，在新兴技术的作用下，金融和科技的联系越来越紧密，上海在联动这两大功能中心方面，与纽约、伦敦相比还处于赶超位势。纽约和伦敦拥有大量各类型国际知名金融机构，在培育初创科技型企业方面有较为完善的金融服务体系和相关基础设施。根据美国 Tracxn 公司的统计，目前纽约和伦敦分别有 350、450 个加速器和孵化器，近年来为当地或其他地区的小微企业发展提供了大量专业的科技金融服务。在保险、金融咨询、评级机构、会计师事务所等其他金融服务的效率、质量方面，上海也有较大的提升空间，服务经济的结构和质量优化是上海提升国际经济中心影响力的关键。

第三，消费中心建设稍显缓慢。作为国际经济中心，上海能够提供的新消费场景、消费空间还需要大幅度提升。国际经济中心是可以为全球消费者提供舒适便捷的消费场景的城市，在消费场景、消费空间以及相关基础设施建设方面有独特性。例如美国、伦敦、东京就是著名的消费之城，根据 Statista 的统计，2021 年纽约仅艺术和文化生产行业的增加值就达到了 1438.3 亿美元。① 上海于 2018 年提出首发经济的概念、2019 年提出夜间经济的概念，不断扩展新的消费场景，但在载体和内容方面仍有大幅度提升的空间。

第四，城市发展面临老龄化挑战。上海与其他国际大都市一样，人口结构面临老龄化的挑战，这使得上海未来产业结构、消费结构、城市基础设施发生巨大变化，对上海国际中心的发展模式提出了新的要求。

第三节　上海提升国际经济中心影响力的优势和潜力

虽然上海市与其他国际经济中心相比有部分差距，但是这也

① https：//www. statista. com/statistics/1129056/new-york-arts-and-cultural-production-industry-value-added-to-us-gdp/.

是上海可以提升的潜力，上海在地理空间利用、资源禀赋配置、产业优化升级、科研平台储备、体制机制创新方面具有独有的优势。

一是地理空间的多空间维度利用优势。上海地处海洋经济与陆地经济的交汇点，与纽约、伦敦、东京、新加坡、香港等城市相比，上海不仅可以依靠湾区发展港口经济，还可以通过长江水脉、"一带一路"深度链接长江经济带、欧亚大陆，大幅度提升上海国际经济中心的辐射范围。

二是资源禀赋配置的多元化优势。上海在要素供给、市场需求方面有提升的潜力。在要素资源配置方面，一方面上海对接全球要素资源，是中国大陆吸收外资最多的城市，也是知识、技术、管理、数据等生产要素最丰富的地区；同时还吸引着大量受过高等教育的专业人才，土地资源方面可以通过飞地机制进行协调，能够为国际经济中心提供源源不断的要素供给。在需求方面，上海背靠长三角都市圈和中国大陆，可以优先享受到中国超大规模市场优势的红利，不仅有能力为新产业、新产品开发提供有效需求，通过规模优势不断降低企业创新成本，还可以为不同类型的企业提供足够规模的消费人群，有助于不同领域、不同层次商品和服务的开发，增加企业的范围经济。

三是产业优化升级的增长引擎优势。上海的产业结构对于国际经济中心建设具有重要的推动力。首先，上海具有占领先进制造业制高点的潜力。2023年上海市第二产业增加值占比达到24.59%，战略性新兴产业增加值占比达到24.8%，在人工智能、生物医药、高端装备制造等产业具有在地发展的良好基础，这是纽约、伦敦第三产业高度发达的城市所不具备的优势。其次，上海可以发展先进的生产性服务业。正是具有先进制造业，上海才可以发展与之相匹配的生产性服务业，扩展传统高端服务业的种类。最后，上海具有建设数字经济高地的潜力。上海不仅在培育数据要素市场方面走在全国前列，还具有数据要素、数字技术应用的多种生产生活场景，有助于数字经济的壮大。这些新产业、新场景、新模式都为上海的产业发展提供源源不断的动力。

四是科研平台建设储备的优势。上海将科技策源地作为牵引产业升级、引领全球创新资源配置的重要抓手，多层次、全方位布局了大量的先进科创平台和载体，不仅有国家级的制造业创新中心、产业创新中心、技术创新中心、国家实验室等先进制造业技术载体，还有多个企业研发中心、加速器和孵化器等新型创新平台，有助于全球创新要素的对接、使用。

五是体制机制的创新优势。上海自浦东成为第一个国家级新区以来，在体制机制创新方面走在全国前列，推进对外更高水平开放、对内市场化改革、政府效率提升等方面创造了很多"上海经验"。目前上海主要聚焦两大体制机制创新任务，一是"打造国家制度型开放示范区"，二是《浦东新区综合改革试点实施方案（2023—2027 年）》，这为上海对接国际经贸规则、建设具有世界影响力的国际经济中心提供了制度保障。

第四节　提升上海国际经济中心影响力的对策建议

上海要立足全面建成社会主义现代化强国、实现第二个百年奋斗目标的发展背景，深入贯彻习近平总书记考察上海重要讲话精神，聚焦加快建成具有世界影响力的社会主义现代化国际大都市的战略任务，在推进中国式现代化中充分发挥龙头带动和示范引领作用的历史使命，以全球视野、发展视角、创新视点定位上海的国际经济中心建设。利用连通国内国际两个大市场的优势，聚焦新产业、新场景、新模式，培育壮大以新质生产力为主要组成的现代化产业体系，创新高水平对外开放的体制机制，完善区域一体化建设的制度安排，以改革实现新突破。

一 以高水平对外开放为中心，健全国际经济中心体制机制建设

第一，发挥先行先试优势，率先探索数字贸易规则。要以自贸区建设、浦东引领区建设为载体，以中国申请加入《全面与进步跨太平洋伙伴关系协定》（CPTPP）、《数字经济伙伴关系协定》（DEPA）为契机，深入探索数据跨境流通、数据跨境交易、数据存储、数据安全审查等数据贸易规则，出台数字贸易统计、关税制度；利用上海数据交易所建设探索公共数据要素资源开放、共享机制，分享上海数据要素市场培育的经验；对个人数据去隐私化以及个人数据保护适当开放进行场景、规则探索；运用区块链技术对共享数据、跨境数据进行监管。

第二，对接国际经贸规则，提升服务业能级。深化服务业开放力度，在浦东引领区进一步放开金融、电信、医疗等重点服务业，放宽外资准入和外商投资限制。在金融领域，引导外资进入天使投资、风险投资、私募股权投资领域，将风险投资开放作为

科技金融发展的重点，提高金融赋能新质生产力的质效；在电信领域，结合智能车联网、物联网平台等数字服务基础设施建设继续放宽对外商投资的限制，允许外商将电信服务增值业务与城市数据运营服务相结合；在生物医药领域，加快创新药、基因疗法的临床审批流程，推动药物临床试验责任险、特殊药保险在药企、科研机构、居民的覆盖力度，建立创新药与医保用药目录的对接机制，降低创新药的研发成本和使用成本，加速创新药研发落地。

第三，优化外籍人士入境便利政策，探索高技术人才移民制度。一是要持续提升在沪的外籍就业人员在入境通关、家属探访、子女教育、医疗、金融服务等方面的便利，优化养老保险、医疗保险与国外发达国家的衔接程度，为在沪外籍就业人员创造更为舒适、便捷的服务环境。二是要充分贯彻党中央二十届三中全会精神，在探索建立高技术人才移民制度方面先行先试，实施分行业分类型的高技术人才项目，增加人工智能、生物医药、半导体三大产业的高技术人才的引进力度，通过提高科研奖励、增加归国后贡献奖励比例等形式完善海外人才奖励机制；协调公安、外事、人社等工作职能，将大数据运用于高技术人才引进工作中，全面整合侨联、科协、国内外知名高校校友会的数据，运用大数据分析中国国籍留学生或中国祖籍留学生的出入境等情况，有针对性开展高技术人才的引进工作。三是要积极开展国外理工科高校、研究机构引入工作，并为理工科高校的外籍教授提供有竞争性的薪酬，提供更为优惠的住房、子女教育等税收工作，对外籍教授适当放开个人汽车牌照限制。

第四，引进国际经济组织，提升上海的国际影响力。上海要持续引进国际海事仲裁机构，提升上海在海事仲裁领域的权威地位；也要继续保持与联合国、世界银行、世界贸易组织等组织的合作，争取更多的国际组织的职能机构或地区组织在上海落户，将数字经济相关的新型机构组织作为落户重点，提升上海在贸易、海事、金融等领域的国际影响力。

二　以高端产业为引领，建设现代化产业体系

现代化产业体系是上海提升国际经济中心影响力的根本，上海应强化高端制造业高地的地位，一方面促进实体经济与数字经济深度融合，促进制造业数智化、绿色化转型；另一方面提升服务业的专业化、品质化、创新性水平，做强做优做大生产性服务业。

首先，以科创引擎为驱动，发展先进制造业。一是夯实三大先导产业的技术底座，发挥政策牵引功能和金融服务功能。聚焦三大先导产业的关键基础、突出瓶颈、核心引领的重点生产服务环节，以产业大基金为牵引，吸引社会风险资本投入到三大先导产业中；整合资源供给，配合土地、财税、首台（套）等多项政策，尽快突破集成电路关键设备、工业软件、设计工艺等关键瓶颈，瞄准量子计算、基因治疗、细胞治疗等新兴领域，尽快形成三大先导产业世界级产业集群。二是利用新型创新载体，促进先进制造业融合发展。统筹规划上海的各类新型创新平台，整合上海市人形机器人制造业创新中心、国家集成电路创新中心、国家智能传感器创新中心、长三角国家技术创新中心以及上海市级、企业创新中心、国家重点实验室、加速器和孵化器等创新平台，

利用信息技术建设产业技术与企业需求、企业发展阶段相匹配的技术对接平台、企业辅导平台，向长三角地区的企业提供前沿技术预判等普惠性服务，以及技术转化增值性服务；在技术需求对接平台引入科技金融服务，全流程、多产业扩展金融赋能中小微科技型企业的质量，提升创新技术到新产品、新服务的转化率。三是发挥龙头企业、链主企业的带动作用，强化企业科技创新主体地位。支持龙头企业、链主企业就行业共性技术、关键技术进行研发工作，培育科技领军企业，鼓励领军企业牵头或单独进行研发中心建设，支持企业参与国家科技项目评审，鼓励产业链上下游企业对关键技术和环节开展联合攻关活动，完善科技成果贡献认定、专利授权交易的组织机制和规则，创造大中小企业融通创新的生态环境。

其次，采用新一代信息技术，推动产业体系数智化、绿色化转型。一是要借助电信行业开放的契机，吸引更多社会资本对宽带、算力中心、智算中心、工业互联网平台等数字基础设施的投资建设，以园区为载体，以龙头企业、链主企业为主推动制造业企业生产数据库、生产数据平台的建设，为制造业企业数字化转型提供技术保障。二是要精准挖掘企业尤其中小企业的数字化转型需求，进一步降低电信服务的使用费用，特别是中小企业使用宽带网络等的费用，引导链主企业以垂类大模型等形式带动产业链上下游中小企业数字化转型，形成便于复制借鉴的数字化转型经验，加速形成数字生产力。三是要持续不断推进数字工厂、智能工厂的建设，将工业机器人、工业大脑、垂类大模型等新技术运用到智能工厂中，加速上海相关企业的技术迭代和应用；同时也要对智能工厂设施更新提供政策补贴，对产能和效率提升以及国产设施提供方给予一定的事后奖励，推动上海制造向上海智造转型。

第三，发展生产性服务业，借助服务环节提升制造业的附加值。一是要通过数字技术等新技术增加制造业产品中研发设计、管理质量、品牌营销、售后服务等服务环节和产品的附加值，重塑制造业生产模式和价值链，促进制造业和服务业深度融合。二是要深挖国内外制造业需求和消费场景，培育具有创新引领性、场景融合性、价值增值性的产品、服务，以无人驾驶、低空经济为核心，推进智慧交通、智能物流、智慧城市等制造业服务业融合新场景开发，根据场景制定新产业的发展规范，让新产品、新服务在上海率先"用起来"、技术迭代"快起来"、新产业"大起来"、覆盖范围"广起来"，塑造上海独特的产品服务"首发经济"。三是完善生产性服务业市场机制，加大对现代化服务业的支撑力度，以园区为载体进行生产性服务业产业集群建设，聚焦信息技术服务、现代物流、科技金融、科技研发服务等重点领域，培育更多高水平、高质量的服务型企业。

三　以区域优势为动力，带动长三角地区一体化发展

上海应利用长三角地区"领头雁"的优势地位，在产业合作、科技成果转化、人才培养等方面进行区域协同发展的机制创新，形成制度合力，使上海充分发挥龙头带动和示范引领作用。

第一，加快推进科技、医疗、教育等领域重大基础设施和服务的共享共用。以国家重点实验室、中试验证平台、概念验证中

心等科技重大基础设施的共享使用机制创新为主体，完善长三角
地区重大基础设施的共享使用规则、成果收益分配机制，探索适
用于我国其他地区的合作机制。深化城市间发展合作，建立都市
圈、城市群的医疗、教育领域的信息共享机制，探索长三角医疗
大数据平台的建设，利用数字技术和机制创新引导医疗、教育等
公共优质资源向长三角地区中小城市扩散下沉，提升中小城市公
共资源管理水平。

第二，完善区域内土地使用协调机制，推动产业区域内合理
分工。扩大长三角生态绿色一体化发展示范区的土地政策使用范
围，探索更具有效率的城市间土地开发利用、省际调剂机制；将
土地省际调剂与产业梯度转移相结合，促进大中小城市间重点产
业协调分工，带动提升中小城市的产业抗风险能力。

第三，完善区域内人才培养机制，建设符合未来产业发展需
求的人才培养体系。要加快对区域内高校、职业院校招生专业的
调整步伐，增加集成电路、人工智能、新材料、生物医药、数学、
物理、化学等理工科学科的招生规模，聚焦产业发展关键需求，
精准引进一批领军人才、拔尖人才和紧缺人才，建设区域共享的
人才白名单、黑名单数据库。同时要创新职业院校与企业合作办
学的模式，培养不同层次、不同技能要求的人才队伍，保证区域
内产业发展的人才供给。

第 六 章
体系化推进上海国际金融中心建设

　　建设上海国际金融中心是党中央、国务院从中国改革开放和社会主义现代化建设全局高度提出的一项重大国家战略。1992 年 10 月，党的十四大报告对浦东开发开放作出"一个龙头、三个中心"的部署，首次提出把上海建成国际金融中心。三十余年来，上海始终坚持中国特色社会主义思想为指导，深入落实中央的各项决策部署，国际金融中心建设取得了重大进展，基本建成了与中国经济实力以及人民币国际地位相适应的国际金融中心，为全面进一步提升金融中心能级奠定了坚实基础。2023 年 10 月，中央金融工作会议强调要加快建设金融强国，提出要"增强上海国际金融中心的竞争力和影响力"，为上海建设国际金融中心指明了方向。充分发挥上海国际金融中心在推进中国式现代化中的龙头带动和示范引领作用，需要全面梳理国际金融中心的科学内涵和战略意义，总结上海国际金融中心建设的成效与不足，找出上海发展金融中心的优势和机遇，同时借鉴其他国际金融中心的发展经验，将上海打造成具有鲜明中国特色同时又兼具国际化的世界顶级金融中心，不断增强上海国际金融中心在全球的竞争力和影响力，为全面推进中国式现代化强国建设提供有力支撑。

第一节　体系化推进上海国际金融中心建设的科学内涵和战略意义

一　体系化推进上海国际金融中心建设的科学内涵

区域金融中心通常指能够提供便捷的融资服务、有效的支付清算系统、活跃的金融交易场所，且拥有许多高度集中的金融机构、能够有效地为全国或区域经济提供全方位金融服务的现代化大都市。而国际金融中心则是一个国家或者一个地域金融体系发展的成果，是区域金融中心发展的终极形态，同时也是全球跨境资本流动与金融资源汇聚的桥梁纽带，亦是国际金融规则制定乃至国际金融竞争的制高点，体现着一个国家金融实力的强弱[1]。在国际金融中心成因方面，集聚理论认为金融中心的形成是为了获得规模效应和聚集效应，主要体现在跨地区支付效率的提高和金融资源跨地区配置效率的提高[2]。区位理论则认为区位优势是形成国际金融中心的重要因素，国际金融中心的兴起与衰落与金融中心所在城市的商贸中心、交通枢纽、政治中

---

① 李村璞、柏琳：《国际金融中心发展演进相关文献研究及启示》，《知识经济》2018 年第 16 期。

② Kindleberge，*The Formation of Financial Centers：A Study in Comparative Economic*，Princeton：The Princeton University Press，1974.

心地位变迁高度相关①。

根据世界主要国际金融中心的特点，强大的国际金融中心一是要具有完备的金融市场和一大批国际领先的金融机构，集聚包含股票、债券、货币、期货、黄金、保险等各类重要金融交易市场和顶尖境外金融机构。二是要具有强大的国际金融资源配置能力，依托顶尖的金融基础设施及服务，为全球各类金融机构与企业客户提供大量、实时、跨境金融服务。三是要具有国际大宗商品自主定价权，进而降低境外风险输入、增强产业链供应链韧性、促进技术创新和产业升级。四是要具有重大国际金融规则制定的话语权，能够深度参与全球经济金融治理和国际金融合作，搭建国际金融体系改革的新平台。

从国际金融中心的作用来看，一是国际金融中心通过吸引全球资本，并将这些资本用于各种金融活动，进而促进经济增长和社会繁荣。二是国际金融中心可以为本国以及国际企业和居民提供全球性金融服务支持，促进国际贸易和跨国投资等业务顺利开展。三是国际金融中心可以帮助企业和投资者进行风险管理，通过期货和期权等衍生品市场，帮助企业对冲汇率风险、利率风险以及价格波动风险。四是国际金融中心也是金融信息和技术的集散地，可以为全球居民、企业以及公共部门提供及时准确的市场分析和决策支持。五是国际金融中心在保持货币稳定和进行国际政策协调方面也发挥着重要作用，对全球货币稳定和汇率管理具

---

① Kaufman, George G., "Emerging Economies and International Financial Centers" *Review of Pacific Basin Financial Markets and Policies*, vol. 4, No. 2, 2001, pp. 365-377.

有重要影响。六是，国际金融中心可以为当地和全球提供大量就业机会，同时也可以向区域金融中心或其他金融机构输出专业金融人才，推动金融高质量发展。

　　当前，上海已经基本建成与中国经济实力以及人民币国际地位相适应的国际金融中心，理应在全面建设社会主义现代化国家中发挥龙头带动和示范引领作用，需要进一步体系化推进上海国际金融中心建设。一是要进一步提升上海国际金融中心能级。将上海国际金融中心建设成有效配置全球资源的枢纽高地，增强其在全球金融市场的地位和影响力，不断推动人民币国际化进程，使中国有更多机会参与国际金融规则的制定和全球金融治理，提升中国在国际金融体系中的话语权，增强国家核心竞争力和影响力。二是要不断促进区域协同发展。服务实体经济是金融工作的出发点和着力点，上海国际金融中心要通过金融服务的辐射作用，与国内其他区域节点城市建立合作机制，形成全国金融服务网络，提升全国各区域的金融服务水平，促进区域内和区域间产业链、创新链、价值链的整合和升级，推动国民经济循环更加顺畅，加速全国经济一体化进程。三是要充分发挥上海先行探路带动作用。上海是我国改革开放的枢纽门户，一直扮演着"先行先试"的角色，上海国际金融中心要进一步先行先试金融开放和创新政策，探索出适合中国国情的金融发展路径，形成一批可复制可推广的"上海经验"，积极向全国复制和推广。四是要进一步巩固上海对内对外开放的枢纽地位，把上海打造成我国各类要素"走出去"的理想跳板和"引进来"的前沿阵地，从而为中国式现代化建设提供强有力的赋能。

二 体系化推进上海国际金融中心建设的战略意义

在党的二十大报告中，习近平总书记全面系统深入论述了中国式现代化的中国特色、本质要求、重大原则等重大问题，初步构建中国式现代化的理论体系。当前正是全面建设社会主义现代化国家开局起步的关键时期，迫切需要金融体系在中国式现代化进程中助力全方位推进经济社会高质量发展。因此，体系化推进上海国际金融中心建设对于推进中国式现代化建设具有重要的战略意义。

一方面，强大的国际金融中心是一个国家金融竞争力的重要体现，中国式社会主义现代化强国建设离不开强大金融体系的关键支撑。强大的高能级国际金融中心能够高效配置国内外资金，不断促进区域协调发展以及防范金融风险，为科技创新提供强有力的资金支持，推动科技成果转化和产业化，畅通科技、产业、金融实现高效循环，支持产业升级和技术创新，有效解决发展过程中遇到的各类金融问题，推动经济实现高质量发展。另一方面，体系化推进上海国际金融中心建设有助于不断增强中国在全球金融体系中地位和影响力，为中国在全球金融市场中发挥更大作用、提升国际地位提供坚实的支撑和广阔的空间。将上海打造成全球顶级金融中心不仅有助于扩大人民币在国际贸易结算和跨境投资中的使用，提高人民币的国际地位和接受度，增强人民币的国际流动性和稳定性，促进人民币国际化进程。还有助于促进双边和多边国际金融合作，为完善全球经济金融治理贡献中国智慧，增强中国在国际金融事务中的影响力。体系化推进上海国际金融中心建设有助于进一步服务国家"双循环"发展战略，推动加快构建新发展格局。将上海打造成全球顶级金融中心有助于提升我国金融服务水平，促进国内消费、投资和产业升级，支持国内经济的高质量发展，还有助于吸引全球各类要素进入中国市场，同时支持中国企业"走出去"，在国际市场上获得更多资源和机会，促进国内国际双循环相互促进。面向未来，我国需要将上海打造成国际金融中心的升级版，形成纽约、伦敦、上海"三足鼎立"新局面。

第二节　上海建设国际金融中心的实践成效与不足

一　上海建设国际金融中心的实践成效

1978 年改革开放之后，上海金融业迈向高速发展之路。1992年，党的十四大报告首次提出把上海建成国际金融中心，将上海金融中心建设确立为国家战略。2009 年，《国务院关于推进上海加快发展现代服务业和先进制造业建设国际金融中心和国际航运中心的意见》（国发〔2009〕19 号）提出到 2020 年基本建成与我国经济实力以及人民币国际地位相适应的国际金融中心的建设目标。自从首次提出后，经过近 30 年的努力，上海于 2020 年基本达成了国际金融中心的建设目标，取得了"里程碑"式的成就。

一是金融支持实体经济发展的力度不断增强，金融业已成为上海经济增长的重要引擎。党的十八大以来，上海金融业增加值从 2013 年的 2823.3 亿元增长至 2023 年的 8646.86 亿元，金融业增加值占GDP比重从13.06%增长至18.32%，占全国金融业增加值从6.83%增长至8.59%。从金融市场成交总额来看，上海2013年金融市场成交总额为588.87万亿元，至2023年达到2932.98万亿元，年均复合增长率高达14%。从各类金融机构数量来看，截至2023年年末，在沪持牌金融机构总数达到1771家，其中外资金融机构占比接近三分之一，较2013年增加了544家。从金融从业人员数量来看，当前上海金融从业人员近50万人，较2013年增加了近20万人，实现了快速增长①。十余年来，上海金融业发展迅猛，对推进长三角高质量一体化发展以及中国式现代化建设发挥了重要作用。

二是金融市场体系不断完善，金融市场能级显著提升。根据英国智库Z/Yen集团与中国（深圳）综合开发研究院联合发布的第35期全球金融中心指数报告，2023年上海国际金融中心总体排名位列全球第6位，较2013年提升了10个名次。目前，上海已经集聚了股票、债券、货币、外汇、期货、黄金、票据、保险、信托等各类金融要素市场，成为全球金融市场种类最齐全的城市之一。上海证券市场首发募资额、上海黄金交易所场内黄金现货交易和交割规模均位居全球第一。截至2022年10月，上海债券市场累计融资近34万亿元，成为全球最大的交易所债券市场。上海原油期货市场已成为全球第三大市场，"上海金""上海油""上海铜"等价格影响力日益扩大，为到2035年建成具有全球重

---

① 数据来源：《增强上海国际金融中心的竞争力和影响力，加快建设金融强国》，http：//www.pbc.gov.cn/redianzhuanti/118742/5358368/5378942/index.html。

要影响力的国际金融中心奠定了坚实基础。

三是金融对外开放取得重要进展，国际化程度稳步提升。当前，金砖国家新开发银行、全球清算对手方协会等总部型金融机构和组织相继落户上海，全球顶级资产管理机构均在沪开展相关业务，上海已成为外资金融机构在中国的主要集聚地。在业务层面，上海成功启动"债券通""沪港通""沪伦通""黄金国际板"等试点，先行先试取消合格境外机构投资者（QFII）和人民币合格境外机构投资者（RQFII）投资额度限制、优质企业跨境人民币结算便利化、一次性外债登记、人民币海外投贷基金、跨境ETF等试点工作，成为我国金融产品和业务种类最为丰富、最为集中的城市。上海跨境人民币结算额始终保持全国第一，与"一带一路"共建国家的跨境人民币结算额年均增长高达49.6%[①]，助力人民币国际化程度不断增强。

四是营商环境不断优化，金融发展环境持续改善。上海积极从法律服务体系、城市管理服务体系、社会信用体系、中介服务体系等方面持续打造一流的营商环境，为知识产权保护、劳动者权利保护、鼓励移民、吸引人才等提供了有力的制度保障。通过建成专业化的审判机制、国际化的仲裁和调解机制，率先设立金融法院、金融审判庭、金融检察处（科）、金融仲裁院、金融消费权益保护局、金融纠纷调解中心等金融监管机构，加快形成完善的和国际接轨的金融法治环境。通过建设完善的金融风险管理

---

① 数据来源：《党的十八大以来上海国际金融中心建设情况》，https：//www.shio. gov. cn/TrueCMS/shxwbgs/2022n_ 10y/content/1f7b25e3－2cbb－495a－a08a－e668b3 737947. html。

・151・

和压力测试体系，提高金融风险管理和压力测试水平，牢牢守住了不发生区域性、系统性金融风险的底线。通过举办"陆家嘴论坛"等国内外高层次金融论坛，有效提升了金融中心城市的全球影响力。

二 上海建设国际金融中心的不足

尽管上海建设国际金融中心取得了重要进展，但距离纽约和伦敦两个顶级国际金融中心仍有一些差距，强大的国际金融中心建设仍任重而道远。一是上海国际金融中心国际化程度和国际影响力有待进一步提高。上海证券交易所外资法人股份占比低于0.5%，而纽约和伦敦的境外上市公司比例分别为16%和32%。境外机构在中国发行债券的存量比例低于0.1%，而美国的这一比例高达10%。二是缺乏国际金融市场话语权，尤其是缺乏大宗商品的国际市场定价权。金融市场的定价权和话语权仍较弱，金融市场的价格发现、风险管理与全球资源配置功能仍需进一步提升。三是金融市场的深度和专业性仍需进一步提升。上海衍生品市场以商品期货为主，利率衍生品和外汇衍生品等金融衍生品规模与中国经济、贸易和投资在全球所占份额不匹配。四是上海金融机构体系有待进一步完善。当前，上海金融机构体系将大量资源集中于金融业的中高层，交易主体以境内银行等金融机构为主，缺乏面向社会中下层的普惠金融机构。五是金融法治和监管体系需进一步完善，需建设并形成专业化、国际化的审判、仲裁和调解机制，形成完善的、国际化的金融法治环境。

第三节　世界主要国际金融中心的建设

经验及借鉴

　　国际金融中心的成功是多种因素的有机结合，依靠单一因素不可能打造出顶级国际金融中心，体系化推进上海国际金融中心建设需要充分吸收和借鉴当前顶级国际金融中心的建设经验。从全球范围来看，国际金融中心分为三个能级，一是全球金融中心，二是国际金融中心，三是专业金融中心[①]。其中，全球金融中心通常被认为是顶级金融中心。当前，仅有伦敦、纽约、香港和新加坡是顶级国际金融中心。鉴于此，本部分重点梳理伦敦、纽约、香港和新加坡四个顶级国际金融中心的建设经验。

一　伦敦国际金融中心的建设经验

　　伦敦长期以来都是公认的国际金融中心。16 世纪起，随着英国资本主义经济的不断发展，伦敦逐渐成为当时的国际贸易和商业中心，并进一步催生出为国际贸易服务的融资需求，促使大量金融机构聚集伦敦，银行、保险等商业贸易服务业快速发展，形成了金融中心的雏形。18 世纪后半叶，第一次工业革命使得英国成为"世界工厂"，英国逐渐已经成为当时的世界第一的商业和殖民强国，其工业生产占世界总额的近三分之一，为伦敦国际金

---

　　① 袁志刚：《上海国际金融中心新一轮发展战略再定位》，《科学发展》2022 年第 11 期。

融中心建设提供了强大的经济基础①。依托连接全球几大洲、快速扩张的国际贸易，伦敦形成了典型的"资本输出型"国际金融中心，伦敦国际金融中心的运作机制更多来源于国际金融需求而不是英国国内的金融需求②。18世纪至19世纪初，欧洲常年发生战争，大量战争融资和战后经济重建客观上需要发债借钱。而各国财政状况迫使其只能靠借贷维持，伦敦逐渐发展成为国际借贷市场和境外债券发行的世界中心，至1840年前后，伦敦已经成为主导性的世界金融中心。第一次世界大战之后，伦敦在与纽约的竞争中逐渐失去优势，并在第二次世界大战之后落后于纽约，并长期保持着仅次于纽约的国际金融中心地位③。21世纪以来，伦敦借助科技与绿色金融拓展新型全球金融网络空间。一是构建世界一流的金融科技生态系统，为金融科技创始人和投资者提供大量机会，向成长阶段的金融科技公司提供额外支持，使伦敦成为科技IPO更具吸引力的地点。二是坚持发展绿色金融，把伦敦打造成唯一一个在传统金融中心和绿色金融中心排名均名列前茅的国际金融中心，增强了其国际影响力。

二 纽约国际金融中心的建设经验

纽约是当今排名第一的国际金融中心。纽约国际金融中心的

① 程静：《国际金融中心理论：基于案例的研究》，《经济问题探索》2016年第11期。

② 李显波：《从阿姆斯特丹、伦敦和纽约金融业发展看顶级国际金融中心建设一般规律》，《科学发展》2021年第11期。

③ 程静：《国际金融中心理论：基于案例的研究》，《经济问题探索》2016年第11期。

形成同样和贸易密切相关，1840 年，纽约充分利用自己的港口和内陆河优势，加强同国内外其他地方的贸易联系，奠定了其作为美国和欧洲商品进出口港的地位，发展成为美国的金融之都。但与伦敦的成长路径不同，纽约在相当长时期内的首要任务是为美国经济发展进行融资，形成了典型的"资本输入型"国际金融中心。19 世纪后半叶，欧洲的境外投资越来越关注工业发展，美国引进的外资规模飞速增长，至第一次世界大战爆发前夕已经成为当时资本流入最大的国家之一①。尽管纽约早期以资本输入为主，使其成为顶级国际金融中心的还是资本输出。第二次世界大战中，美国经济凭借远离战场以及战争贸易而一枝独秀，纽约逐渐建成了世界上最大的商业银行系统和投资银行体系，进一步强化了纽约的国际金融中心地位。第二次世界大战结束后，美国凭借强大的经济实力对战后欧洲重建提供援助，使得美国奠定了在世界金融领域的霸权地位，纽约也毫无争议地成为世界第一国际金融中心。20 世纪 70 年代以来，美元国际储备货币的确立以及离岸金融市场获批，为纽约建成为全球最具实力的国际金融中心发挥了不可磨灭的作用。同时，层出不穷的金融创新也让纽约不断迸发出新的活力。国际金融市场上包括汇率交易、基金产品、债权衍生品、股权衍生品、信用衍生品，以及二氧化碳额度买卖等绝大部分的资产工具和金融衍生品都是美国创造出来的，除产品创新外，各种交易方式的创新同样源自美国。不仅如此，纽约还重视

---

① 程静：《国际金融中心理论：基于案例的研究》，《经济问题探索》2016 年第 11 期。

金融和现代科技的结合，大力发展金融科技，已经拥有约600家金融科技企业。纽约的这些经验对于上海建设国际金融中心具有重要的借鉴意义。

三　香港国际金融中心的建设经验

香港的证券交易可以追溯到19世纪中叶，并在1891年成立了"香港股票经纪协会"。到了20世纪初，香港的进出口贸易进入黄金时代，催生了金融业的高速增长，香港成为区域性金融中心。第二次世界大战结束后，香港经济快速发展，相继成立了远东交易所、金银证券交易所、九龙证券交易所三家交易所，香港国际金融中心的地位逐步建立起来。在衍生品市场，香港相继成立期货交易所、香港中央结算有限公司、香港联合交易所期权结算所有限公司等，通过严谨的风险管理制度，让交易所参与者能够有效进行投资和对冲活动。香港目前是全球最大的离岸人民币业务枢纽，为人民币国际化提供了关键支撑，同时也进一步巩固了其国际金融中心的地位。从政府所发挥的角色来看，香港国际金融中心的发展遵循"供给引导型"发展模式，交易所在政府的引导下能够自由灵活地发展，使香港作为国际金融中心得以持续发展并保持其竞争优势[1]。得益于一直都强调自由市场、开放竞争、少干预的经济模式，与国际接轨的金融监管体系以及混业经营和分业监管的模式，香港在全球国际金融中心中处于独特地位。

---

[1]　敦志刚：《中国香港和新加坡国际金融中心比较研究及对海南自贸港的借鉴》，《海南金融》2023年第12期。

香港特区政府致力于打造自由市场环境，保障市场的公平竞争，降低市场准入门槛，推动金融市场的自由化和国际化，允许全球资金自由流动，从而吸引了大量国际投资者和金融机构。同时，香港金融体系的混业经营模式和分业监管促进了金融机构的多元化发展，确保了对金融业务的专业化、精细化监管。坚守法治和司法独立是保障香港国际金融中心繁荣的重要因素，香港具有与国际接轨的金融监管体系，始终强调依法治理、坚持执法透明、高度重视和遵循国际标准法规，为金融中心发展创建了稳定的法治环境。

四 新加坡国际金融中心的建设经验

新加坡国际金融中心的起步和发展离不开贸易中心的加持。新加坡位于马六甲海峡的咽喉地带，是国际航运物流的交汇、中转和集散地。新加坡充分利用了这一地理优势，快速发展成为世界第二繁忙港口，转口贸易发展催生了大量的授信、结算、保险和租赁交易等金融服务①。新加坡独立后，积极促进金融业发展，着手建设外汇离岸交易中心。亚洲美元市场在新加坡成立后，其成功发展和外汇交易的增长带动了新加坡银行业强劲增长，至 1997 年，新加坡成为离岸银行中心。在外汇市场，新加坡于 1973 年实行浮动汇率制，确保银行能够自由对外汇汇率进行报价，随着新加坡国际金融交易所设立，新加坡在 1992 年

---

① 刘交交、吴娜妹：《新加坡国际金融中心高质量发展的现状及经验借鉴》，《商业经济》2024 年第 7 期。

成为全球第四大外汇市场。在证券市场方面，新加坡证券交易所于 1973 年开始运营，并在 1977 年引入期权交易，使新加坡成为亚洲首个在场内有组织地进行期权交易的金融中心。新加坡国际金融中心的成功离不开新加坡政府"积极干预"的监管理念，其建设和发展很大程度上是在政府积极地引导、支持和扶持下实现的①。新加坡政府通过一系列策略和措施，有效地促进了其国际金融中心的快速成长和繁荣。政府通过金融政策为金融行业提供了税收优惠和其他激励措施，同时营造了一个稳定和亲商的制度环境，为金融业务的国际化和市场化提供了坚实的基础。此外，政府通过出台相应的法律法规，确立了金融中心运作的法律框架，确保了金融市场的透明度和公平性，进一步加速了金融中心的国际化步伐。在金融中心的发展过程中，新加坡政府还实施了有计划的经济政策干预，通过灵活调整金融监管政策，以适应不断变化的经济和金融形势，从而推动了新加坡国际金融中心的整体发展和竞争力提升。

五 世界主要国际金融中心的建设经验总结

从伦敦、纽约、香港和新加坡四个国际金融中心的建设经验来看，这些金融中心存在一些共同特点：一是本国经济规模具有超强的实力，国际经济中心的地位和实力是国际金融中心强弱的最主要的决定因素；二是强大的国际金融中心往往也是

---

① 敦志刚：《中国香港和新加坡国际金融中心比较研究及对海南自贸港的借鉴》，《海南金融》2023 年第 12 期。

强大的国际贸易和航运中心，金融中心、航运中心和贸易中心三者相互融合相互促进；三是四大国际金融中心均具有发达的金融市场和丰富的金融产品，资本、货币、保险、票据、期货、外汇、黄金和衍生金融工具市场均充分发育，金融中心的辐射深度与广度均较深；四是强大的国际金融中心均具有相当数量的超大型金融机构，在配置全球金融资源方面发挥了重要作用；五是宽松而严格的法规体系是强大的国际金融中心的重要保障，使这些中心城市成为全世界基准资产、基准价格与行业标准的发源地。在共有的特征之外，各顶级国际金融中心又各具特色，往往至少有一项绝对优势。如纽约的资产管理业务规模占全球基金管理规模的一半以上，伦敦的银行业和金融服务业在全球占据重要位置，香港是全球最大的离岸人民币市场，新加坡则是全球重要的财富管理中心。体系化推进上海国际金融中心建设要立足于我国国情和上海特有条件，打造出具有鲜明上海特色的国际金融中心。

第四节　上海建设国际金融中心的优势和机遇

一　上海建设国际金融中心的优势

（一）地理环境优势

上海地处中国东部沿海的中心位置，是连接中国与世界的重要门户，具有得天独厚的地理优势。一是背靠长三角经济圈和长江经济带，经济腹地广阔。长三角地区是中国经济发展水平高，增长潜力大的核心经济圈，拥有完整的产业链且人口规模和经济总量庞大，可以为金融中心提供丰富的业务机会、多样化的金融服务需求、庞大的客户基础和资金来源。二是拥有便利的交通运输网络。上海拥有虹桥、浦东两大国际机场以及高桥、吴淞、洋山等深水港，为对外开放进行国际贸易提供了天然的地理优势，使上海成为中国对外开放的重要窗口和国际贸易中心，这为金融中心的建设提供了便捷的物流、信息流和资金流支持，以及坚实的贸易基础和广泛的国际联系。

（二）经济发展优势

一方面，中国现在是全球第二大经济体，第一大贸易国和第二大投资国，强大经济体的鼎力支持是上海建设国际金融中心的坚强后盾。另一方面，上海是中国经济最发达的城市之一，在众多经济和金融指标上稳居国内前列，并且上海的高新技术产业、战略信息产业、电子信息产业等发展遥遥领先，彰显了雄厚的经济实力。同时，得益于长三角地区持续获得国家政策的有力支持和多重政策优惠，汇聚了众多先进技术、外资企业和顶尖人才，是中国高新技术产业的沃土，金融科技在这里蓬勃发展，渗透到各个行业，推动实体经济快速增长。此外，上海还具有多元的产业结构，具有坚实的工业基础和活跃的市场，为金融产品和服务的创新提供了源源不断的动力，有助于进一步巩固其国际金融中心的地位。

（三）金融创新优势

上海作为全球金融要素市场和基础设施的汇聚地，拥有包括股票、债券、期货、货币、票据、外汇、黄金、保险和信托等在内的各类全国性金融市场和交易平台。这些市场和基础设施的完备性，为上海的金融活动提供了坚实的基础和多样化的服务①。同时，上海也是中国金融产品最丰富、金融开放程度最高的城市之一，是金融创新的前沿城市。这里不仅拥有自由贸易账户，还推出了一系列重要的金融产品，如原油期货、"沪港通""沪伦通""债券通"、黄金国际板和国债期货等。此外，上海在跨境人民币业务、投贷联动、跨境 ETF 等方面也不断涌现新的业务模式和创新实践，展示了其在金融开放和创新方面的领先地位②。

（四）人才会聚优势

一是具有丰富的教育资源，众多高等学府致力于培养高素质人才，加之政府通过实施人才引进和落户政策不断吸引一流机构和人才，上海对全球顶尖金融人才的吸引力显著增强，已经成为国际金融人才的会聚地。二是商业环境充满吸引力，对外商投资具有极大的诱惑力，一大批国际知名金融机构陆续落户上海，许多外资企业将其中国总部乃至研发中心落户于此，为上海塑造出了成熟健康的金融生态系统，进一步增强了上海对国内外顶级金融人才的吸引力。本地培养以及从世界各地吸引来的高端人才可为上海金融业发展提供专业化人才保障，也有助于加速上海与全球金融市场的融合，为上海的金融市场化和国际化发展提供坚实的基础和动力。

（五）政策扶持优势

上海始终受到中央高度重视，是国家战略的核心承载区，并

① 申玉铭、李哲：《世界金融中心的分布与形成机理》，《地理教学》2020 年第18 期。

② 俞涵冰：《基于 SWOT 分析的上海国际金融中心建设研究》，《现代商业》2022年第 16 期。

且享有国家层面的有力支持和一系列优惠政策，建设"五个中心"战略、长三角区域一体化发展战略、自由贸易试验区提升战略、科技创新策源地战略为上海的金融集聚、人才引进、科技创新等带来新的机遇，也为上海国际金融中心建设和发展提供了坚实的政策基础和动力。此外，上海是我国金融对外开放的试验场，党中央允许上海自贸试验区金融开放创新先行先试、人民币可自由兑换先行先试，支持上海在创设自由贸易账户体系、跨境融资宏观审慎管理、自贸试验区银行业务创新监管互动机制、航运保险产品注册制等方面率先探索，给予了上海充分的信任和肯定，有利于推进金融开放，助力上海国际金融中心建设。

二 上海建设国际金融中心的机遇

自 2008 年国际金融危机爆发以来，欧美日等发达经济体的经济增长普遍乏力，特别是英国脱欧事件对伦敦作为国际金融中心的地位造成了显著冲击。同时，美国政府实施的"逆全球化"政策也给纽约的金融中心地位带来了诸多不确定性。而以中国为代表的新兴经济体正在成为全球经济增长的主要驱动力，其对全球经济的贡献日益显著。在这种背景下，随着新兴市场国家在国际金融领域的影响力逐步增强，全球金融中心的地理和影响力分布正在向有利于这些新兴经济体的方向转移和重构，为上海建成顶级国际金融中心带来了难得的历史机遇。

随着中国经济实力以及国际地位的稳步提升，人民币国际化正成为全球金融市场的重要趋势。随着人民币国际化的推进，上海金融市场可以开发更多以人民币计价的金融产品和服务，满足国内外投资者的需求。同时，人民币国际化也有助于促进中国资本市场的进一步开放，吸引更多外资进入，增加上海金融市场的国际参与度，有助于上海发展成为重要的国际贸易定价中心和人民币交易结算中心。随着中国资本不断"走出去"，并实现在全球范围内的产业链供应链布局，将不断增强上海在全球范围内的金融资源的配置能力。这一进程将为上海建设国际金融中心带来深远的影响和新的机遇。不仅如此，上海经济、贸易、航运和科创中心建设的加快推进，"一带一路"倡议的不断深化，都为上海国际金融中心建设提供了重要机遇。上海建成全球顶级国际金融中心大有可为。

第五节　体系化推进上海国际金融中心建设的政策建议

一　完善人民币跨境使用政策，提升人民币国际化水平

完善人民币跨境使用政策要从国家层面通盘考量。一是要加强内外部沟通与合作。政府部门及监管机构应加强与各货币当局的沟通与合作，扩大双边货币互换规模，争取与更多国家的货币当局建立相关合作机制。二是简化跨境人民币结算流程，简化人民币的跨境结算程序，激励商业银行开发创新服务和产品，推动实现贸易投资的便利化政策，确保企业能够更加高效地使用人民币进行跨境交易。三是优化离岸人民币清算体系，探索并建立数字人民币的国际支付基础设施，改善跨境人民币的投融资管理，构建全球性的人民币清算网络。四是培育离岸

人民币市场，激励中国的金融机构扩展海外业务，允许它们在海外市场经营离岸人民币业务，从而增强人民币的国际地位。五是提升跨境资金流动的管理能力，建立健全本外币一体化的跨境资金流动宏观审慎管理框架，有效监控和防范跨境资本流动带来的风险。

二　加快发展多层次资本市场体系，支持多元化金融市场创新发展

发展多层次资本市场体系是发挥市场配置资源决定性作用的必然要求。一是推进市场互联互通，加强不同金融市场之间的联系，促进资金的有效流动，提高市场整体的流动性和活跃度。二是要鼓励金融创新，在满足监管要求的情况下给予金融机构更多的自主权，鼓励其推出多样化的金融产品，以满足不同投资者的需求。三是优化市场准入机制，简化市场准入流程，吸引更多国内外投资者和金融机构参与市场交易，增加金融市场的竞争性。四是加强国际合作，与国际金融市场和组织建立长期合作关系，引进国际先进的市场运作经验和管理方法。五是发展支持中小企业的融资方式，通过资本市场为中小企业提供更多融资渠道，提升金融服务实体经济的能力。六是建立健全金融市场监管体系，利用科技手段提升监管效率，确保金融市场健康稳定发展。

三　扩大金融高水平开放，提升上海金融市场全球定价权和影响力

对标全球顶尖国际金融中心，上海需通过深化金融改革开放，

提升金融交易的国际影响，增强在国际主要金融资产定价的影响力和辐射力。一是提高跨境资本流动的便利性，简化跨境资本流动的审批流程，提高资本项目可兑换程度，增强金融市场的吸引力。二是促进金融人才引进和培养，加强金融人才的国际交流与合作，提升国内金融人才的国际视野。三是发挥先行先试的制度优势，以离岸金融中心建设为突破口，提升上海的国际资源配置功能和辐射功能。四是支持"上海金""上海油""上海铜""上海胶"等"上海价格"在国际金融市场中广泛使用，提升重要大宗商品价格的影响力。五是推动上海国际金融中心建设和人民币国际化建设相互促进，推动中国外汇交易中心发展成为全球人民币产品交易主平台和定价中心。

四 加强金融科技研发应用，驱动金融中心功能拓展

金融科技已经成为全球主要金融中心的竞争焦点，上海要积极主动作为，争取在金融科技领域的主导权。一是要充分利用科技创新提升传统金融服务的效率和体验，大力推进数字人民币研发和应用，将科技与金融深度融合，推动金融服务模式的转型升级。二是要发挥上海在金融和科技领域的双重优势，吸引和培育金融科技企业，形成产业集群，推动金融科技产业链的完善和优化。三是要鼓励金融科技的技术研发，推动金融科技在支付、信贷、投资等领域的创新应用，提升金融服务的质量和效率。四是要积极参与金融科技领域的国际标准制定，推动形成具有国际影响力的金融科技标准，提升上海在全球金融科技领域的话语权。五是要利用金融科技手段，结合实际应用场景，为实体经济提供

创新的金融解决方案，支持实体经济的高质量发展。六是要加强金融科技人才的培养和引进，打造金融科技人才高地，为金融科技的发展提供智力支持。

五　完善金融法治和监管，优化金融营商环境

良好的金融营商环境是建设国际金融中心的重要保障。一是要建立统一的金融监管标准，减少监管套利空间，确保不同金融行业和市场参与者受到公平一致的监管。二是要提高监管透明度，公开监管政策、标准和程序，加强金融市场信息披露，让市场参与者充分理解监管要求。三是建立健全金融消费者权益保护机制，提高金融消费者的风险识别和防范能力，确保消费者权益不受侵害。四是参考国际先进的金融监管实践，推动国内金融监管法规与国际标准接轨。五是简化行政程序，减少行政审批事项，缩短审批时间，提高金融服务效率。六是利用大数据、人工智能等技术提高监管效率，实现对金融市场的实时监控和风险预警。

六　加强区域间联系，充分发挥龙头带动和示范引领作用

一是持续深化金融改革，加强与科创中心的联动，为全国金融改革创新提供示范和引领。二是与国内其他区域节点城市建立定期沟通和协调机制，分享上海在金融创新方面的经验，共同探讨金融发展策略，实现资源共享和优势互补。三是开展人才交流项目，鼓励金融人才在不同地区之间流动，同时提供专业培训和教育，提升金融人才的专业水平。四是与国内高水平院校合作建

立研究机构，共同开展金融政策、市场发展等方面的研究，为中国金融决策提供智力支持。四是联合长江经济带金融节点城市建立金融服务网络，实现金融网络节点城市之间信息和资源共享，提升整体金融服务水平。

第 七 章

强化上海国际科技创新中心策源功能

科技现代化是实现中国式现代化的关键，科技创新是引领中国式现代化的第一动力。国际科技创新中心是我国不同层级科创中心中能级最高的一类，是推进科技现代化的重要战略支点和关键载体。2021 年"十四五"规划纲要提出，"支持北京、上海、粤港澳大湾区形成国际科技创新中心"。2022 年党的二十大报告再次提出，"要完善科技创新体系，统筹推进国际科技创新中心与区域科技创新中心建设"①。2024 年党的二十届三中全会进一步指出，要紧紧围绕推进中国式现代化进一步全面深化改革，构建支持全面创新体制机制，深化科技体制改革，推进科技创新央地协同，统筹各类科创平台建设。当前新一轮科技革命和产业变革正在重构全球创新版图，加快国际科技创新中心建设，强化关键载体和创新平台的引领作用和策源功能，是实现高水平科技自立自强、以科技现代化推进中国式现代化建设的重要举措。

---

① 习近平：《高举中国特色社会主义伟大旗帜　为全面建设社会主义现代化国家而团结奋斗——在中国共产党第二十次全国代表大会上的报告》，人民出版社 2022 年版。

上海是中国三大国际科技创新中心之一，具有金融资源富集、产业基础实力强、国际化程度高等优势，具备在中国式现代化中发挥龙头带动和示范引领作用的基础条件。站在推进中国式现代化的新起点上，分析科技现代化对上海国际科创中心提出的新要求，并结合上海的实践成效和优势潜力，提出强化国际科技创新中心策源功能的政策举措，对提升科创中心整体效能、推动上海率先实现现代化具有重要意义。

第一节　国际科技创新中心对推进科技现代化的重大意义

一　科技现代化与中国式现代化

2023 年习近平总书记在江苏考察时指出，"中国式现代化关键在科技现代化"。中国式现代化是对社会主义现代化发展道路的高度概括，既具有世界各国现代化的普遍特征，又有基于中国国情的中国特色。科技现代化是中国式现代化在科技方面的表现形式。纵观世界发达国家的现代化发展历程，国家现代化与科技现代化呈现双向互动过程，科学技术革命会引领带动工业革命和社会变革，随着新科学技术的发展与扩散应用，经济社会各个领域完成现代化进程①。科技现代化一直是中国国家现代化建设的重要内容。1979 年邓小平指出，我们要实现的"四个现代化"，

---

① 刘雷、万劲波：《科技现代化支撑引领中国式现代化：过去、现在与未来》，《财经智库》2023 年第 3 期。

包括工业现代化、农业现代化、国防现代化、科学技术现代化。从党的十八大开始，我国深入实施创新驱动发展战略，并确立了2035年基本实现社会主义现代化，进入创新型国家前列，建成世界科技强国的战略目标①。因此，实现高水平科技自立自强，推进科技现代化是实现中国式现代化的必然选择。

科技现代化能够为中国式现代化提供坚实的物质技术支撑和源源不断的内生动力。一方面，科技现代化能够为中国式现代化提供技术支撑。中国式现代化具有人口规模巨大、全体人民共同富裕、物质文明和精神文明相协调、人与自然和谐共生、走和平发展道路五大基本特征。科技是全面建设社会主义现代化国家的三大基础性、战略性支撑之一。科技现代化能够支撑我国前沿技术突破、推动经济高质量发展，促进物质文明和精神文明协调；能够促进城乡协调和区域协调，满足十四亿多人口的美好生活需求，支撑全体人民实现共同富裕；能够支撑绿色发展和美丽中国建设；能够保障国家安全，促进世界和平发展②。另一方面，科技现代化也是中国式现代化的动力源泉。党的二十大报告强调，科技是第一生产力，创新是第一动力。在中国式现代化新征程中，高质量发展是建设社会主义现代化国家的首要任务。实现高质量发展、推动经济实现量的合理增长和质的有效提升，要推动经济发展方式转向创新驱动。在推进中国式现代化的进程中，科技创新要坚持"四个面向"，面向世界科技前沿、面向经济主战场、

---

① 洪银兴：《论中国式现代化的经济学维度》，《管理世界》2022年第4期。

② 刘冬梅：《科技现代化支撑和引领中国式现代化》，《红旗文稿》2023年第21期。

面向国家重大需求和面向人民生命健康。通过科技现代化实现关键核心技术突破，推动科技创新成果转化，有利于打造现代产业体系优势，提升产业链供应链韧性和安全水平，打通科技强到产业强、经济强的通道。

二　国际科技创新中心是推进科技现代化的关键载体

推进科技现代化，要优化创新资源的空间配置，完善多层次科技创新中心体系，统筹推进国际科技创新中心、区域科技创新中心建设。在建设国际科技创新中心的过程中，将国际先进的创新发展经验与中国本土的制度文化结合起来，形成具有中国特色的科创中心发展模式，符合中国式现代化的本质要求。

理论上，作为能级最高的创新载体，国际科技创新中心具有科学基础最为雄厚、创新资源高度集聚、创新主体活跃程度高、创新人才富集、创新生态先进等引领性特征，应成为推进科技创新现代化和发展新质生产力的前沿阵地[1]。地理邻近性是影响知识溢出的重要因素，在区域范围内企业、大学和科研院所等集聚能够带来密集的信息流动和学习互动，进而形成高效的创新合作网络，加速基础科学研究突破和新业态新产业发展，形成区域创新高地。基于演化经济学视角，随着技术、资金和人才等创新要素和创新主体不断向区域集聚，科学知识传播和技术扩散进程加速，科创中心的影响范围不断扩大，区域创新高地逐渐发展为国

---

[1]　李雪松：《上海：强化创新"第一动力"功能　打造新质生产力发展高地》，《解放日报》2024年5月14日第10版。

际科技创新中心。因此，国际科技创新中心是多层次科技创新中心体系中能级最高的类型，能够引导全球创新资源配置和创新要素流动，应具有世界领先的科技创新水平和产业创新能力，引领带动全球科技创新发展①。

实践上，国际科技创新中心是以科技现代化推进中国式现代化的关键载体。国际科技创新中心的形成和发展符合世界发达国家科技现代化的普遍规律。20 世纪中叶以来，全球科技创新中心呈现多极化特征，纽约、波士顿、东京等一批具有国际影响的科技创新中心崛起，区域和城市成为创新集聚的空间尺度。国际科技创新中心的创新资源高度集聚，是"科技是第一生产力、人才是第一资源、创新是第一动力"的集中体现，是主动参与国际科技竞争、增加国家创新能力的战略选择。同时，国际科技创新中心要具有中国特色并符合中国国情。经过多年的发展，北京、上海、粤港澳大湾区三大国际科技创新中心已经积累了一定的创新优势，形成了立足本土各具特色的创新发展模式，成为创新资源汇集、科技成果领先、新兴产业发达的区域创新高地。

在实现中国式现代化的新征程中，面对推进科技现代化和发展新质生产力的新要求，国际科技创新中心建设要满足建设世界科技强国需要，强化科技策源功能，继续发挥龙头带动和示范引领作用，成为率先实现科技现代化的示范区。同时，结合中国式

---

① 张文忠：《中国不同层级科技创新中心的布局与政策建议》，《中国科学院院刊》2022 年第 12 期。

现代化的目标要求，要分阶段推进国际科技创新中心建设。根据建成社会主义现代化强国的两步走战略安排，要在 2035 年实现高水平科技自立自强，进入创新型国家前列，建成科技强国；到本世纪中叶建成社会主义现代化强国。相应地，国际科技创新中心要分阶段实现创新能级跃升，支撑创新型国家建设和现代化强国建设。

第二节　上海建设国际科技创新中心的政策与实践

一　国际科技创新中心的整体布局

建设国际科技创新中心是我国建设创新型国家、完善区域创新体系的重要内容（表 7-1）。2006 年全国科技大会发布《国家中长期科学和技术发展规划纲要（2006—2020 年）》，提出要建设各具特色和优势的区域创新体系。党的十八大以来，我国深入实施创新驱动发展战略，区域创新高地逐渐形成，布局建设了三大国际科技创新中心和四大综合性国家科学中心，形成了 "3+4" 区域创新格局。2016 年 "十三五" 规划和《国家创新驱动发展纲要》均提出，支持北京、上海等优势地区，建成全球影响力的科技创新中心。2017 年《深化粤港澳合作推进大湾区建设框架协议》，提出建设粤港澳大湾区国际科技创新中心。2021 年 "十四五" 规划正式提出支持北京、上海、粤港澳大湾区形成国际科技创新中心。2022 年党的二十大报告提出，要统筹推进国际科技创新中心与区域科技创新中心建设。

表 7-1   国际科技创新中心的整体布局

时间	文件	科技创新中心的表述
2006 年 2 月	《国家中长期科学和技术发展规划纲要（2006—2020 年）》	建设各具特色和优势的区域创新体系
2016 年 3 月	《中华人民共和国国民经济和社会发展第十三个五年规划纲要》	打造区域创新高地。支持北京、上海建设具有全球影响力的科技创新中心
2016 年 5 月	《国家创新驱动发展战略纲要》	推动北京、上海等优势地区建成具有全球影响力的科技创新中心
2016 年 8 月	《"十三五"国家科技创新规划》	支持北京上海建设具有全球影响力的科技创新中心
2021 年 3 月	《中华人民共和国国民经济和社会发展第十四个五年规划和 2035 年远景目标纲要》	支持北京、上海、粤港澳大湾区形成国际科技创新中心
2022 年 10 月	《高举中国特色社会主义伟大旗帜　为全面建设社会主义现代化国家而团结奋斗》	统筹推进国际科技创新中心与区域科技创新中心建设
三大国际科技创新中心的整体布局		
2019 年 2 月	《粤港澳大湾区发展规划纲要》	深化粤港澳创新合作，构建开放型融合发展的区域协同创新共同体，集聚国际创新资源，优化创新制度和政策环境，着力提升科技成果转化能力，建设全球科技创新高地和新兴产业重要策源地
2021 年 9 月	《上海市建设具有全球影响力的科技创新中心"十四五"规划》	到 2025 年，上海科技创新策源功能明显增强，努力成为科学新发现、技术新发明、产业新方向、发展新理念的重要策源地
2021 年 11 月	《北京市"十四五"时期国际科技创新中心建设规划》	到 2025 年，北京国际科技创新中心基本形成，建设成为世界主要科学中心和创新高地

资料来源：笔者根据公开资料整理。

围绕建设国际科技创新中心，北京、上海、粤港澳大湾区根据各自要素禀赋和创新资源，制定了不同的战略定位和政策措施（表7-1）。北京作为首都，立足政治中心、文化中心、国际交往中心、科技创新中心的"四个中心"功能，提出2025年基本形成国际科技创新中心，建设成为世界主要科学中心和创新高地。粤港澳大湾区作为世界级的城市群，具有明显的区位和国际化优势，提出要构建开放融合发展的区域协同创新共同体，建设全球科技创新高地和新兴产业重要策源地，到2035年形成以创新为主要支撑的经济体系和发展模式。上海则立足"四大功能"布局和"五个中心"定位，提出到2025年，科技创新策源功能明显增强，努力成为科学新发现、技术新发明、产业新方向、发展新理念的重要策源地。同时，科技发展要为2035年上海基本建成具有世界影响力的社会主义现代化国际大都市和充分体现中国特色、时代特征、上海特点的人民城市提供强大支撑。

二　上海建设国际科技创新中心的实践成效

　　党的十八大以来，国家高度重视上海科创中心建设。2014年习近平总书记在上海考察提出，要"加快向具有全球影响力的科技创新中心进军"，上海发展定位由"四个中心"拓展为"五个中心"（表7-2）。随后，上海出台了一系列政策措施，包括"科创22条"、《促进科技成果转化条例》、"科改25条"和《推进科技创新中心建设条例》，制定了科创中心"十四五"规划等，对科创中心的建设目标、重点举措、改革措施和法治保障等做了全面而详细的规定。同时，围绕基础研究、实验室建设、长三角一体化等具体问题，制定或修订了《上海市自然科学基金管理办法》《上海市重点实验室建设与运行管理办法》《关于上海市推进长三角国家技术创新中心建设的实施意见》等百余项具体配套政策和改革措施，形成了门类齐全、层次丰富和重点突出的政策法规体系。

表 7-2 上海建设国际科技创新中心的政策体系

时间	政策	主要内容	类型
2014 年 5 月	习近平总书记在上海考察	加快向具有全球影响力的科技创新中心进军	领导讲话
2015 年 5 月	《关于加快建设具有全球影响力的科技创新中心的意见》（"科创 22 条"）	到 2020 年，形成具有全球影响力的科技创新中心的基本框架体系；到 2030 年，着力形成具有全球影响力的科技创新中心的核心功能	实施意见
2016 年 4 月	《上海系统推进全面创新改革试验加快建设具有全球影响力科技创新中心方案》		建设方案
2017 年 4 月	《上海市促进科技成果转化条例》	促进和规范科技成果转化	地方性法规
2019 年 3 月	《关于进一步深化科技体制机制改革 增强科技创新中心 策源能力的意见》（"科改 25 条"）	到 2020 年，重点领域和关键环节的体制机制改革取得实效；到 2035 年，科技创新中心的核心功能明显增强	实施意见
2020 年 1 月	《上海市推进科技创新中心建设条例》	科创中心建设"基本法""保障法"和"促进法"	地方性法规
2021 年 9 月	《上海市建设具有全球影响力的科技创新中心"十四五"规划》	到 2025 年，科技创新策源功能明显增强	发展规划

续表

时间	政策	主要内容	类型
2023 年 12 月	习近平总书记在上海考察	以科技创新为引领……加快向具有全球影响力的科技创新中心迈进	领导讲话
2024 年 5 月	修订《上海市科学技术进步条例》	着力强化基础研究、突出企业科技创新主体地位等	地方性法规

资料来源：笔者根据公开资料整理。

2024 年是上海国际科技创新中心建设十周年。十年来，在系列政策作用下，上海国际科创中心建设取得了显著成效，已经形成了科创中心的基本框架体系，整体创新实力达到了国内领先和世界先进水平。2023 年上海全社会 R&D 经费支出占地区 GDP 比重提高到 4.4%，在国际科技创新中心指数 2023（GIHI2023）中综合排名全球第 10 位，在世界知识产权组织发布的《2023 年全球创新指数》中，上海—苏州集群排名上升至全球第 5 位。具体表现在以下方面。

一是基础研究水平不断提高。基础研究投入规模和强度逐年增加，2022 年上海基础研究投入 180.59 亿元，占 R&D 经费比重从 2013 年的 7.06% 上升至 2022 年的 9.11%。2023 年上海科学家在《自然》《科学》《细胞》发表论文 120 篇，占全国比重为 26.2%，在脑科学、纳米材料和量子计算等领域取得了一系列具有国际影响力的成果。[①] 在全国首先探索设立"基础研究特区"，推进基础研究先行区建设，制定《关于进一步深化上海市基础研

---

① 上海市科学技术委员会：《2023 年上海科技进步报告》。

究先行区建设的实施方案》，改革传统项目管理模式，给予充分的科研自主权，强化长期稳定支持（专栏1）。张江综合性国家科学中心建设加快，集中度和显示度不断提升。

专栏1：典型案例——上海全国首设"基础研究特区"

2021年上海出台《关于加快推动基础研究高质量发展的若干意见》，提出上海在全国率先试点设立"基础研究特区"。制订"基础研究特区计划"，选择具有一定基础研究优势的高校院所进行长期稳定支持。以五年为一个资助周期，在研究选题、科研组织、经费使用等方面赋予特区科研人员充分的自主权。

截至目前，上海已经设置两批基础研究特区，共6家高校院所入选。面向世界科技前沿和国家重大战略需求，各单位根据学科优势组织项目，探索新型项目管理模式，争取原创成果产出。第一批"基础研究特区"共3家，分别为复旦大学、上海交通大学、中国科学院上海分院。上海市政府每年向每个特区投入2000万元，持续5年；三家单位以不少于1：1的经费比例共同投入。特区实行"区长"负责制，复旦大学校长金力、上海交大校长丁奎岭、中科院上海分院院长胡金波分别担任三个特区的"区长"。第二批"基础研究特区"计划共3家，同济大学、华东师范大学、华东理工大学成为特区，每家单位每年将获得1000万元资助，持续5年。在此基础上，上海积极推进基础研究先行区建设，发布《关于进一步深化上海市基础研究先行区建设的实施方案》，按照"选人而非选项目"原则，强化战略科学家的充分自主权和长期稳定支持。

资料来源：笔者根据公开资料整理。

二是战略科技力量持续强化。国家实验室体系不断完善，截至 2023 年底，上海有 3 家国家实验室及基地高质量建设运行，拥有全国重点实验室 35 家、市重点实验室 184 家。"双一流"建设高校 15 所、建设学科 64 个，高水平研究型大学科研实力持续提升①。国家科研机构能级不断提高，中国科学院已部署 9 个在沪国家重大科技基础设施，新型研发机构加速布局。科技领军企业引领带动作用凸显，联合高校院所打造高能级创新联合体成效显著。企业牵头和承建 13 家在沪全国重点实验室、13 家国家工程技术研究中心等创新基地。面向国家重大战略需求研究能力不断增强。截至 2023 年年底，牵头承担国家科技重大专项累计 929 项，科技创新 2030 重大项目累计 74 项，国家重点研发计划项目累计 1385 项。

三是技术创新和产业能力不断增强。截至 2023 年底，有效专利达 91.51 万件，每万人口高价值发明专利拥有量达 50.2 件。2023 年集成电路、生物医药、人工智能三大先导产业规模达 1.6 万亿元，工业战略性新兴产业总产值占比达到 43.9%。企业科技

---

① 李雪松：《上海：强化创新"第一动力"功能 打造新质生产力发展高地》，《解放日报》2024 年 5 月 14 日第 10 版。

创新主体地位不断强化，形成了"科技型中小企业—高新技术企业—科技小巨人企业"的科技企业梯度成长体系。截至 2023 年年底，有效期内高新技术企业数突破 2.4 万家，累计扶持科技小巨人企业 2808 家。科技成果面向经济主战场转化能力不断提升，自主研发一批国际先进水平的战略产品，推动 C919 国产大飞机、国产大邮轮相继问世。

四是创新生态体系不断完善。积极推动长三角科技创新共同体建设，推动制度政策、联合攻关、实践载体、资源共享等跨区域协同。截至 2023 年年底，长三角科技资源共享平台服务机构达 3188 家，服务项目 1.57 万余项，集聚大型科学仪器 4.5 万台（套）、科技人才超 20 万人。国际科技合作交流深入开展，已累计与五大洲 20 多个国家和地区签订政府间科技合作协议，建设"一带一路"国际联合实验室 39 家，累计 561 家外资研发中心落户上海①。

三 上海国际科技创新中心的薄弱环节

面向率先实现中国式现代化的要求，与全球领先国际科技创新中心相比，当前上海科创中心仍存在以下薄弱环节：一是创新人才不足，教育科技人才协同水平仍有待提高。根据 GIHI2023 测算，上海科技人力资源得分仅为 67.78 分，远低于波士顿（100分）、纽约（90.61 分）和北京（81.46 分）。其中，分项指标中

---

① 庄芹芹、程远：《推进高水平国际科技创新中心建设研究——以上海市为例》，《发展研究》2023 年第 10 期。

每百万人活跃科研人员数量和顶级科技奖项人数均未进入全球前20名。二是基础研究投入规模和强度偏低，科学中心功能相对落后。2022年基础研究投入占比9.11%，远低于发达国家15%—25%的水平。在基础学科、基础工艺和软件等原始创新领域仍未实现全面突破。根据GIHI2023测算，上海科学中心全球排名第9位，低于北京（第2位）和粤港澳大湾区（第7位）。三是创新链与产业链的融合程度不高，新质生产力优势仍在培育。传统产业发展转型升级缓慢，新兴产业对经济的支撑作用有待增强，产业质量效应有待提高。未来产业仍处在早期布局阶段，尚未在全国形成领先发展优势。四是国际领军企业偏少，科技—产业—金融良性循环有待形成，国际金融和科技创新"双中心"互促发展格局尚未形成。五是开放创新生态仍有待优化，在全球创新网络的中心地位不稳固。对长三角和全国的引领带动作用有限，全球合作广度和深度有待拓展。

第三节　上海国际科技创新中心的优势和潜力

一　上海国际科技创新中心的优势

一是新型举国体制优势。相对于纽约、波士顿、东京等发达国家的科创中心，上海作为社会主义现代化的国际大都市，具有社会主义制度的显著优势。在推进科创中心建设进程中，上海能够发挥新型举国体制优势。党的二十大报告指出，要完善党中央对科技工作统一领导的体制，健全新型举国体制。新型举国体制是中国特色社会主义市场经济条件下的资源配置机制，能够将政府、市场和社会有机结合起来，既具有举国体制下集中力量办大事的组织优势，也强调发挥市场机制的关键作用①。通过发挥新型举国体制优势，能够克服创新活动普遍面临的市场失灵问题，通过有效市场和有为政府的有机结合，更好组织调动人才、资金和技术等创新资源开展技术攻关，实现关键核心技术突破。通过发挥新型举国体制优势，强化国家战略科技力量，能够实现国家实验室、科技领军企业、研究型大学和国家科研机构等主体有效协同，全面激发各类主体要素的创新活力，提升科技创新中心的整体效能。

二是"五个中心"联动发展优势。相对于北京、粤港澳大湾区等科技创新中心，上海具有国际经济中心、金融中心、贸易中心、航运中心、科技创新中心"五个中心"战略定位，在全国城市中具有战略独特性。上海"四个中心"建设已经取得了显著成效，2020年国际经济、金融、贸易、航运中心基本建成，为科创中心建设提供了良好支撑。2023年上海地区生产总值达4.72万亿元，稳居全球城市前列；金融市场交易总额达3300多万亿元，蝉联全球第一；口岸货物贸易总额占全球比重达3.6%，保持全球城市首位；港集装箱吞吐量达4915.8万标准箱，连续14年排名世界第一。经济中心建设能够为科技中心发展提供物质支撑和产业基础，金融中心建设能够优化创新资源配置、分散创新风险，贸易中心建设能够服务高科技产品和先进技术的进出口活动，航

---

① 周文、李吉良：《新型举国体制与中国式现代化》，《经济问题探索》2023年第6期。

运中心建设则能够通过降低运输成本等提高技术贸易的效率。随着上海城市能级和竞争力大幅提升，国际科创中心的基本框架已形成，处在向"强功能"加速迈进阶段。

三是新发展格局中内外"双向链接"优势。上海"十四五"规划提出，要主动服务新发展格局，打造国内大循环的中心节点、国内国际双循环的战略链接。上海是全国最大的经济中心，也是长三角城市群的核心城市，对内能够带动资金、技术、人才等实现国内大循环。长三角地区集聚了全国17%的人口，创造了全国近1/4的经济总量，而上海占长三角经济总量的15%，能够引领带动长三角一体化进程（陈强等，2023）[①]。同时，上海具有国际化水平高、开放发展的良好传统，能够凭借国际经济、金融和贸易中心等优势，吸纳全球优秀人才、资金和技术集聚，引导全球范围内的信息、技术和人才流动，具有国际国内"双向链接"的独特优势，是全球创新网络的重要中心节点。

二 上海国际科技创新中心的潜力

一是国际科技创新中心基本框架形成，具有功能持续跃升的内在潜力。经过多年的建设，上海科创中心的"四梁八柱"已基本形成，在基础科学、核心技术、创新人才和产业发展等方面形成了一定的领先优势。集成电路、生物医药和人工智能三大重点领域成效显著，重大项目和重大平台不断落地，战略科技力量体

---

① 陈强、敦帅、李佳弥等：《上海国际科技创新中心新一轮发展战略研究》，《科学发展》2023年第4期。

系已经基本形成，支撑条件良好。同时，科技创新和产业创新深度融合，创新经济高地发展潜力良好。研究表明，上海属于典型的创新高地型科技创新中心，是全球新兴技术和产业中心，在发明专利、创新企业和独角兽企业以及新经济行业发展上具有明显的领先优势①。但是值得注意的是，上海虽然在科研机构和高技术产业集群上具有发展优势，拥有上海交大、中科院上海有机化学研究所、复旦大学等数量最多的全球200强科研机构，以及张江高新区等产业集群，但是没有一家德文特100强企业总部，缺乏具有全球影响的龙头企业。

二是政策体系和制度环境不断完善，具有创新生态持续优化的外部潜力。上海深入推进科技体制改革，坚持科技创新和制度创新"双轮驱动"，先后推出了科创"22条"和科改"25条"等系列改革措施，形成了完善的科技创新政策体系。同时，积极探索各类制度创新，开展更大力度的先行先试，制度环境不断优化。比如，积极布局基础研究先行区，在全国超前培育"耐心资本"，推进重大科学基础设施开放共享，探索新型研发机构发展等。随着前瞻性探索性的政策制度红利不断释放，整体创新生态持续优化，将带动上海科技创新中心能级持续提升。

三是数字化转型和绿色低碳发展加快，为科技创新带来新的增长潜力。站在实现中国式现代化的新征程，上海全面推进城市数字化转型。2020年发布《关于全面推进上海城市数字化转型意

---

① 陈玲、孙君、孔文豪等：《国际科技创新中心发展模式的聚类分析与比较》，《科学学研究》2024年第7期。

见》，提出到 2025 年建成国际数字之都的基本框架，成为具有全球竞争力的金融科技中心和数字经济高地。通过大数据、人工智能、云计算等数字技术运用，能够为科创中心建设全面赋能，提升上海整体创新效能。同时，绿色低碳发展不仅是产业升级的方向，也是提升科创中心发展质量的关键环节。通过加强绿色技术创新，汇集全球绿色金融资源，吸引绿色科创机构落地，能够更好地促进金融中心和科创中心的融合发展，为城市功能整体跃升带来绿色新空间①。

第四节　强化上海国际科技创新中心策源功能的政策建议

现阶段，上海科创中心正处于"建框架"向"强功能"加速跃升的关键时期。要把握新一轮科技革命和产业变革的历史机遇，把提升整体效能作为功能跃升期的核心目标，以强化科技策源功能为主线，加快形成新质生产力发展高地，在推进中国式现代化中充分发挥龙头带动和示范引领作用。

一　统筹推进教育科技人才一体化发展，推动创新人才制度综合改革

一是积极探索教科人一体化发展的有效模式。探索教科人一

---

① 丁乙乙：《上海聚焦"五个中心"建设服务中国式现代化发展》，《上海信息化》2024 年第 1 期。

体化发展的领导机制和管理机制，由上海组织部门牵头抓总，建立常态化联席会议机制，围绕战略、规划、平台建立统筹协同工作机制。在部分大学和科研院所开展教科人"一体化"试点，探索重点领域人才培养制度，健全有效衔接机制，改革教育科技人才评价制度。二是支持高水平研究型大学打造基础研究高地，建立面向科技创新需求的学科动态调整机制，改革人才培养模式。面向前沿领域和产业发展需求，优化调整学科专业布局，"一校一案"出台具体调整方案。强化科学教育，完善基础学科拔尖创新人才培养机制，改革重点产业急需紧缺人才培养模式，强化人才精准供给。以重大科技任务为牵引，构建研究型大学与国家实验室、国家科研机构和领军企业的有效协同机制，探索开展有组织科研的模式和路径。三是要时刻牢记人才是第一资源，践行让经费为人民服务的理念。推动人才政策从"管"到"服"转变，深化人才全周期服务"一件事"改革，落实人才服务、支持和激励等方面的具体措施。

二　多渠道加大基础研究投入，完善基础研究分类激励制度

一是充分发挥政府作用，保证基础研究财政投入稳步增加。在此基础上，拓宽经费来源渠道，积极调动市场力量和社会力量，健全多元化投入机制，全面提升投入效能。通过提高税收优惠力度、健全政府采购制度等，激励企业加大应用基础研究投入。二是按照自由探索和目标导向，推动基础研究分类布局。在物理、数学等基础科学研究中鼓励自由探索，在高水平研究型大学展开

先行先试，探索项目选题、经费管理和成果评价等环节的新方法新举措。在人工智能、量子科技、脑科学等战略科技前沿强化目标导向，发挥国家实验室和科研机构的建制化组织优势，凝练关键科技问题、打破组织和学科边界、整合优势资源，开展联合技术攻关。三是开展基础研究分类统计试点。对战略导向的体系化基础研究、前沿导向的探索性基础研究和市场导向的应用性基础研究等三类基础研究，科学界定其内涵和外延，开展分类统计、管理和布局。在此基础上，根据大学、科研机构和企业等创新主体所从事基础研究类型，出台更具针对性的分类激励措施，强化制度设计和政策实施的价值驱动及战略牵引作用。

三 以科技创新驱动产业创新，加快打造新质生产力发展高地

一是着力推动传统产业高端化、智能化、绿色化转型升级。以数字技术、绿色创新模式和新业态等赋能钢铁、化工和装备等传统产业转型发展。二是打造战略性新兴产业创新高地，加快形成集成电路、生物医药和人工智能三大核心产业优势，推动电子信息、高端装备、新能源汽车等六大重点产业集群发展，提升产业链供应链安全和韧性。三是抢先布局未来产业，力争率先形成新质生产力高地。制订专门行动计划和实施方案，加速抢占数字经济、元宇宙、智能终端和绿色低碳四大新赛道，加快颠覆性技术和前沿技术领域布局，推动未来产业"六大计划"落地实施。

四 推动金融和科技"双中心"良性互促，加快培育国际科技领军企业

一是充分发挥上海国际金融中心优势，强化金融服务科技创新能力建设。培育壮大更多的长期"耐心资本"，鼓励投入早期、硬科技创业项目。完善多层次的科技金融生态，构建天使投资、股权投资、并购基金等全生命周期的股权投资链。完善国有投资平台创新容错机制，建立综合创新收益考核制度和激励相容的绩效评价制度。探索"投孵联动"机制，发挥国有投资平台的资源优势和专业技术优势，强化与高校院所的早期科研成果和创业项目对接。二是建设"科技产业金融一体化"示范区，强化金融赋能、科技创新和产业升级的良性循环。深入推进上海科创金融改革试验区建设，健全机构组织体系，加快金融产品创新，用好多层次资本市场体系，建立多渠道、全覆盖的科创金融服务体系。持续优化上海科创板的制度设计，在促进科技、产业和金融的高水平循环上发挥示范引领作用。三是积极促进技术、人才等创新要素持续向企业集聚，强化企业科技创新的主体地位，用好国际国内两个市场和两种资源，将超大规模市场优势转化为全球竞争力优势。发挥国有企业创新策源地作用，用好民营企业创新活力优势，把握外资企业创新溢出效应。完善科技型企业梯度化培育体系，优化企业创新成长环境。

五 发挥内外"双向链接"优势，构建高水平开放创新生态

一是上海作为内外双向链接的中心城市，要站在全面实现中国式现代化的新起点上，按照国际最高标准，深入推进内外双向改革开放。要推进浦东新区更大力度、更深层次和更高水平开放，在重点领域率先实现高水平制度型开放示范，将浦东新区打造成社会主义现代化建设引领区。二是发挥上海科创中心的龙头带动作用，持续推进长三角区域科技创新共同体建设。在高水平创新基地、重大科技基础设施、关键核心技术攻关方面，强化统筹布局和区域协同。构建一体化的科技创新制度体系，推动规划有效衔接、技术跨区域认定，鼓励科技创新人员自由流动和创新资源开放共享。三是瞄准世界科技前沿，持续扩大国际科技战略合作。构建具有国际影响力的开放创新平台，推动科技创新资源开放共享，引导全球人才、技术、数据等要素有序自由流动。积极牵头实施国际大科学工程和科学计划，主动参与全球科技创新治理，提高在全球创新网络中的中心地位。

第 八 章

提升上海国际文化大都市软实力

  中国共产党第二十届中央委员会第三次全体会议通过了《中共中央关于进一步全面深化改革、推进中国式现代化的决定》（以下简称《决定》），对新时期全面深化改革提出了新部署和新要求。《决定》指出，全面深化改革必须"聚焦建设社会主义文化强国……提升国家文化软实力和中华文化影响力"。上海作为我国首个推动建设的国际文化大都市，需要进一步提升文化软实力，在社会主义文化强国建设中起到重要的示范引领和龙头带动作用。

第一节　文化大都市的理论内涵和实践要求

一　文化大都市的理论渊源与内涵界定

  国际文化大都市是世界城市（或全球城市、国际化城市）的一个分支，最早起源于 18 世纪中后叶的欧洲，由帕特里克·格迪斯（Patrick Geddes）于 1915 年在《进化中的城市》（*Cities in Evolution*）一书中首次提出，他将世界城市定义为"国际商业活动高度聚集的城市"。20 世纪 70 年代全球价值链革命推动了全球化的深化,其间布雷顿森林体系的瓦解、跨国公司的崛起和国际航班的延伸使得新的国际劳动分工格局逐渐形成,城市成为非政治层面跨国流动连接的重要载体。因此当时的研究文献呈现"经济取向"的特点,主要兴趣集中于探索和推理新的世界经济版图①。

现代世界城市理论体系于 20 世纪 80 年代初步建立。1986 年,弗里德曼在《世界城市假说》一书中,将世界城市定义为"全球经济体系的节点和全球资本的汇集地",并相继提出"世界城市假设"理论和世界城市等级层次理论。丝雅奇·萨森(Saskia Sassen)于 1991 年提出世界城市是"发达的金融和商业服务中心",强调了世界城市为全球资本提供"服务"而非"管理"的本质。信息化和智能化进一步加快了全球网络的形成,世界城市的评价标准也从"自身的权力和财富的积累程度"转向为"融入各类世界网络体系的程度"。1996 年,曼纽尔·卡斯蒂尔斯(Manuel Castells)从全球网络和流动空间的角度,将世界城市定义为"全球范围内最具有直接影响力的点以及中心"。彼得·泰勒②认为全球城市在其中具有较高的中心度,与其他重要城市高度互联,是世界城市网络中的重要节点。

①　Frobel F, Heinrichs J, Kreye O, "The Tendency towards a New International Division of Labor. The Utilization of a World – Wide Labor Force Manufacturing Oriented to the World Market", *Review*, 1977, 1(1): 73-88.

②　Taylor P J, "The New Geography of Global Civil Society: NGOs in the World City Network", *Globalizations*, 2004, 1(2): 265-277.

改革开放以后，受到全球经济一体化和城市国际化的影响，我国学者也开始了对国际化城市的研究。早期，中国对于国际化城市的解读也是基于经济地位、空间规模、综合能力等存量维度。徐巨洲①指出"所谓国际性城市，即在全球范围内，起到世界或世界某一大区域的经济枢纽作用，它是世界经济活动越来越向国际化推进的产物"，并同时提出了国际性城市在一般大城市以外的五大特征，即能够形成大规模集聚效益的知识密集型产业、高度国际贸易外向型程度、高度发达和高度标准化的国际性服务、现代化基础设施以及足以吸引人才的城市环境质量。除此之外，姚士谋②、陈光庭③、文军和贺修铭④以及蒯大申⑤也都相继提出国际化城市的划分体系和评价标准。

关于国际文化大都市学术界的内涵，学术界主要存在两个观点，部分学者认为国际文化大都市的本质是"文化活跃的国际大都市"。蒯大申⑥提出"文化竞争力是城市综合竞争力的重要组成部分"。林少雄⑦指出文化大都市需能够体现现代社会文化的主流

① 徐巨洲：《对我国发展国际性城市的思考》，《城市规划》1993 年第 3 期。
② 姚士谋：《国际性城市的现代化内涵及其功能》，《城市发展研究》1995 年第 6 期。
③ 陈光庭：《试论城市现代化与国际化建设的同步性》，《城市问题》1995 年第 2 期。
④ 文军、贺修铭：《面向全球化时代的国际都市化进程》，《城市问题》1997 年第 4 期。
⑤ 蒯大申：《论国际大都市形成的文化条件》，《社会科学》2004 年第 7 期。
⑥ 蒯大申：《论国际大都市形成的文化条件》，《社会科学》2004 年第 7 期。
⑦ 林少雄：《上海国际文化大都市的内涵建设》，《上海大学学报》（社会科学版）2008 年第 3 期。

形态与中西交融的多元文化特色。黄昌勇等①同样认为"文化大都市"是"世界城市"和"国际大都市"的重要组成部分。刘怡等指出"国际文化大都市是全球城市的特殊形态，在体现全球城市普遍性特征的同时，也凸显着占据竞争优势的文化软实力"。②王冬冬和甘露顺提出国际文化大都市在普通国际大都市以外的五大特征。③

随着全球形势的变化，各个国家或地区对于软实力发展日益重视，另一种解读流派也在近年兴起，即国际文化大都市是"国际化的文化大都市"。郑时龄④将"国际文化大都市"解读为"国际化的文化大都市"而非"文化繁盛的国际化大都市"。郑崇选等在此基础上进一步指出成熟的国际文化大都市应具有以下特点：社会经济发达、人口结构多样、文化生活多元、文化环境包容、市民积极参与文化事务、文化创造力不断革新⑤。徐剑同样基于文化的国际化进行解读，并通过有形文化和无形文化两个层面提出国际文化大都市建设路径。⑥

---

① 黄昌勇、邹明、夏洁秋等：《发展杨浦文化大格局助推上海文化大都市建设》，《科学发展》2011 年第 4 期。

② 刘怡、沈郊、郑艳儒：《上海国际文化大都市治理优势与制约因素》，《上海交通大学学报》（哲学社会科学版）2020 年第 1 期。

③ 王冬冬、甘露顺：《上海推进国际文化大都市建设的全球经验借鉴及对策建议》，《科学发展》2022 年第 1 期。

④ 郑时龄：《国际文化大都市的城市空间》，《杭州（周刊）》2016 年第 11 期。

⑤ 郑崇选：《国际文化大都市的多元内涵》，上海人民出版社 2019 年版，第 229 页。

⑥ 徐剑：《国际文化大都市指标设计及评价》，《上海交通大学学报》（哲学社会科学版）2019 年第 2 期。

但无论认为文化大都市是国际化大都市的高级形态还是组成部分，国际文化大都市均需要"以文化的繁盛作为其主要的标志"。基于以上分析，本书认为，文化大都市是具备文化战略清晰、文化主体多样、文化设施健全、文化产业发达以及文化氛围活跃等特征且能够在世界范围内产生一定文化影响力的国际化大都市①。

二 提升上海国际文化大都市软实力的实践要求与现实意义

对于上海国际文化大都市建设和软实力提升的实践要求，我国进行了几个阶段的更新。2007年，中共上海市第九次党代会上，首次提出建设上海文化大都市的战略目标，指出"要建立文化要素集聚、文化事业繁荣、文化产业发达、文化创新活跃的文化大都市，不断满足人民群众多层次、多方面、多样性精神文化需求，不断增强城市软实力"。2011年，上海提出"力争到2020年，建成文化要素集聚、文化生态良好、文化事业繁荣、文化产业发达、文化创新活跃、文化英才荟萃、文化交流频繁、文化生活多彩的国际文化大都市"。上海市政府在2021年发布的《上海市社会主义国际文化大都市建设"十四五"规划》中将上海国际文化大都市的建设目标更新为"更加开放包容、更富创新活力、更显人文关怀、更具时代魅力、更有世界影响力的社会主义国际文化大都市"，从顺应全球发展格局的角度再次丰富了其实践

---

① 林少雄：《上海国际文化大都市的内涵建设》，《上海大学学报》（社会科学版）2008年第3期；郑崇选：《国际文化大都市的多元内涵》，上海人民出版社2019年版，第229页。

内涵。

　　结合文化大都市的理论和实践内涵，提升上海国际文化大都市软实力具有以下重要的现实意义：一是彰显文化自信，推动文化传播。目前全球形势越发严峻，文化软实力成为国家竞争力的重要组成部分。上海提升文化大都市软实力这一战略目标，一方面可以提升市民以及国民的文化自信和文化认同感，另一方面可以实现上海乃至中国文化面向国际的有效传播。二是完善服务体系，满足文化需求。成熟的文化大都市首先要做到满足市民多样的文化需求，提升市民居住的满足感，增加城市凝聚力。三是营造包容环境，推进文化融合。文化大都市旨在实现本土文化的融合发展并满足多样文化需求，国际文化大都市便是在这一基础上实现世界范围的吸引与包容，以实现城市文化繁盛多元，为文化产业国际化奠定基础。四是繁荣文化产业，促进结构调整。提升文化大都市软实力的重要目标是带动城市经济发展，一方面城市的经济实力强盛可以进一步促进城市的国际知名度，以争取文化对外传播的主动权，另一方面将文化与经济发展结合发展，完善的文化产业生态在民众就业、产业结构等方面会带来正向外部性。五是打造"上海样本"，强化示范引领和龙头带动作用。《上海市社会主义国际文化大都市建设"十四五"规划》中提出"发挥上海龙头带动作用，主动对接、积极协同、率先作为、互利共享，建立健全文化领域一体化推进机制，高效整合区域内文化要素资源"，并进一步"主动服务以国内大循环为主体、国内国际双循环相互促进的新发展格局，打通文化生产、分配、流通、消费各个环节，提升文化产品供给与国内外市场需求的适配性"，不断深化提升上海文化大都市软实力的重要性和紧迫性。

第二节 文化大都市软实力提升的国际经验与启示

在文化发展的道路上，国际上先进的文化大都市都在尽力实现文化的大众化、多元化以及市场化。本章节将对各个城市文化战略、文化建设主体、文化建设路径等方面的经验启示进行整理，旨在为提升上海国际文化大都市软实力提供参考。

一 纽约提升文化软实力经验

早在1975年纽约市就成立了文化事务部（DCLA），负责协调市域五区公共文化与艺术发展。纽约整体的文化发展战略是"促进和保持纽约文化的可持续发展，提高对经济活力的贡献度"，即将文化作为政治和经济的灵魂，重视文化繁荣的可持续发展。为此，纽约市建成了多元化格局的文化建设主体，不同主体相互配合，以推进纽约文化的全面发展。

为了保持文化的全面可持续发展，纽约还从城市布局、遗产保护以及基础建设等方面进行了政策引导和支撑。纽约大量的文化建筑和设施均设立在沿河、沿海地区，为更好地保护文化建筑，纽约市于1965年成立古建保护委员会，负责对纽约的历史建筑和文化遗产进行鉴定、修缮和保护。同时纽约对于文化设施的重要性认识得也较早，自20世纪90年代以来，纽约市信息技术与通信部便开始通过各类信息技术的基础建设来为纽约日后文化产业在数字化、信息化的发展打下基础，近年来更是率先向智慧化和绿色化迈进。

作为头部国际文化大都市，纽约对文化创意产业和文化氛围方面的发展越发重视。2012 年 8 月公布的《纽约市数字路线图》提出要创建"纽约制造"媒体产业中心（Made in New York Media Center），计划以政府资助、社会募捐以及企业机构投资等方式，以数字技术与网络技术为核心，融合新闻传媒、影视及印刷等传统文化产业来打造"新媒体"，并以此来刺激整个纽约市文化产业的活力。在文化氛围的营造上，纽约的文化活动和文化节非常丰富，既包括国际或全美范围的大型文化活动，也包括丰富多彩的中小型文化活动。

二 伦敦提升文化软实力经验

伦敦的文化发展战略强调多样性和创新性，总体上遵循"发展文化和创造文化多样性，巩固伦敦作为世界都市的地位"的战略目标。1999 年通过的《大伦敦市政府法》规定文化战略属于大伦敦八大发展战略之一，进而在 2003 年、2008 年以及 2010 年颁布的三份战略草案《伦敦：文化之都——发掘世界级城市的潜力》《文化大都市：伦敦市长 2009—2012 年》以及《文化大都市区——大伦敦市长的文化战略：2012 年及以后》中提出将城市文化多样性作为伦敦文化生态的重要建设单元，并给出数十条细致的建设指导。

在文化多样性发展上，伦敦兼顾传统文化遗址和新型设施建设。一方面，伦敦拥有庞大的文化资产储备，并制定了专门的文化遗产保护及规划，在过去的 20 年间一直对主要文化遗产进行修整，例如大英博物馆、国王广场以及圆屋剧场等。另一方面，伦敦拥有数量众多的艺术基础设施，伦敦的剧院、电影院、博物馆、艺术馆、画廊、图书馆等艺术基础设施占到全国的40%，大部分免费向公众开放。这些艺术基础设施吸引了大量的英国本土民众和海外游客，激发了消费力巨大的文化市场。

在文化产业发展上，伦敦将发展"创意产业"（Creative Industries）作为支撑国际大都市发展重要手段，并针对文化创意产业有着鲜明的定位，专指"源于个人创造力、技能和智能，并通过知识产权的开发生产可创造出潜在的财富和就业机会的活动"，主要从空间布局、建设主体、机构推进以及技术驱动四个方面进行支撑。对于创意产业的大力支持也令伦敦获得"世界创造力之都"的称号，2023年伦敦发起的"伦敦创造"（London Creates）活动便是针对这一成果的庆祝活动。研究表明，伦敦创意产业累计为伦敦创造了110万个就业岗位，2023年度内支持800家以上创意企业，年度经济产出占整个英国创意产业经济产出的一半以上。

三 巴黎提升文化软实力经验

巴黎依托悠久的历史积淀，形成了包容和自由的文化底蕴。巴黎在2011年确立了"活力、民主、空间"文化三大战略，"既积极参与全球竞争，又充分尊重地方的历史文化"是巴黎文化政策的要义。在发展自身文化的同时，也同时承载了引领全球文化发展的重任，努力推动联合国教科文组织发布文化多样性宣言。

2007年，法国推出"大巴黎计划"，并于2010年成立大巴黎公司，募资 325 亿欧元用于建设高速火车线和文化设施，并计划在巴黎快线延伸的重点地区和车站交汇处陆续新建 270 个文化设施，大大拓展巴黎的文化版图。巴黎市政府还积极引入社会公众参与来开展传统文化遗产的保护和传承工作，营造全民参与文化遗产保护的社会氛围。同样，巴黎政府会鼓励民众参与到城市未来风貌的构建中来，2023 年发布的"迈向巴黎 2050"倡议便通过会议、研讨会等活动帮助居民了解和参与城市建设，并鼓励民众提出面向未来的可行性方案。

巴黎将数字理念和数字技术很好地融入文化建设中，"巴黎数字城市"计划的启动推动了一系列新技术在公共服务中的运用，例如众多公共场所的免费无线网络，公共数据的开放，电影院的数字放映设备改造，图书馆的信息化，文化遗产的数字化，博物馆的数字营销和手机导览等。

四 东京提升文化软实力经验

近三十年来，历届日本政府都把发展文化作为一项基本国策。1995 年，日本文化政策推进会议发表重要报告《新文化立国：关于振兴文化的几个重要策略》，提出了 21 世纪"文化立国"的战略方针。东京也是国际上较早进行文化建设的城市，并且现今文化产业体系已经相当完善。东京于 2006 年颁布的《10 年改造东京计划》中提出要将东京建设成为"世界各国向往的魅力都市和具有活力与风格的世界都市"。

东京依靠旅游业进行文化传播的基础是城市存有大量的传统文化形式，包括古代神社和庙宇、能剧和歌舞伎以及落语表演等。

为响应日本政府的 U-Japan 政策，东京推进自己的"泛在网络"（Ubiquitous）计划，将信息通信技术与文化艺术、旅游观光、商业零售等产业相融合，目标是打造快捷、高效、舒适的都市生活，使市民以及游客都能享受到便利的服务。2021 年提出的"未来的东京"战略中指出，要大力深化 SusHi Tech Tokyo 的影响力，利用全息投影向世界展现东京魅力。

日本的文化产业已较为完整，设计的文化产业涵盖文学艺术、广播影视、新闻出版、动画动漫，也涵盖休闲娱乐、体育、教育、旅游乃至科技、宗教、社会科学等领域。东京于 2011 年启动"酷日本"文化产业战略，举全国之力将时装、设计、漫画和电影等文化商品推广至全世界。同时东京也注重文化活动和文化氛围的建设，2008 年启动东京文化创造工程，包括东京艺术节、六本木艺术之夜、惠比寿美术节、国际视觉艺术节等一大批艺术节庆，同时争办国际文化活动，充分营造了平等、互动和宽容的东京文化。

五　提升文化软实力的经验总结与启示

总体来说，上述先进城市国际文化大都市建设起步明显早于上海，具有较强的文化软实力，也积累了一些行之有效的经验做法，为提升上海国际文化大都市软实力提供了启示。

一是明确整体定位，辅以相应措施。国家或城市层面的政府设计决定了城市文化的总体定位和实践战略，但城市的文化规划并不是独立的，应在纵向上将文化规划与城市长远发展规划深度结合，横向上将文化与城市经济产业、生态环境等规划进行结合，逐层分解文化目标，构建多层级、多部门统一衔接的文化规划框架，以文化引领城市改造与可持续发展。在明确总体战略后还需要辅以后续的其他政策支撑，包括资金投入和整体推进等。在资金投入方面，通过预算体系化、主体丰富化、政策优惠化进行支撑。在后续政策跟进方面，则需要将总体战略、城市自然环境、民生环境、空间存量等各个维度进行协同。

二是合理规划城市布局，发展公共文化服务体系。无论是纽约还是伦敦都是依托河流发展出了繁荣文化，因此两者的城市空间规划也都将文化设施集中在港口或河边。除此以外，"纽伦巴东"的文化空间规划整体上都是呈现网络状的，越繁华的地区文化设施越丰富，并且传统古迹和现代设施错落交替。这对多种文化交融的上海是一种启发，即空间上注重便民近民的同时实现多种文化设施的交互。先进的国际文化大都市在公共文化服务体系投入较大且体系较为成熟，其中比较重要的包括基础设施建设（交通、网络、通信等）和文化设施建设（艺术馆、博物馆、音乐厅、景点等）。

三是培育文化产业，促进产业融合。各大国际文化大都市同样以文化发展定位为导向，以科创为抓手发展文化产业，一方面基于成熟的数字和信息通信等技术将已有的文化设施进行升级，另一方面将创新和文化结合，直接实现产业园内的文化建设。此外，气候恶化一直是全球问题，一个好的、有辐射带动效应的国际城市应该更加注重绿色化转型。纽伦巴东近年开始逐步推出绿色文化规划，利用智能化、数字化技术对传统生产方式和老旧公共设施进行改革优化，以对抗极端天气并保持可持续发展，这为上海乃至全国的文化绿色融合提供了思路。

四是保护文化多样性，激发城市文化活力。依照学术界的部分观点，一个城市在国际文化网络中的中心度和包容度是衡量其作为国际文化大都市表现的指标。纽约、伦敦和巴黎由于城市内部人口结构丰富，因此有发展文化多样性的天然基础，再加上其城市内部对于世界各地文化的包容与接纳，使得整体呈现出的文化氛围是多元而有活力的。东京虽然人口结构以亚洲人为主，但力争承办各类国际文化活动，例如东京国际电影节、东京国际动画展销会等。

第三节　提升上海国际文化大都市软实力的进展和潜力

上海作为中国的一座国际大都市，在全力推进经济、科技等领域走在前列的同时，也在文化领域不断发力，致力于提升国际文化大都市软实力，并在各方面取得一定成效，为文化大都市软实力提升奠定坚实基础。

一　文化都市规划日趋完善

2011 年 1 月，在上海市人民政府提出的《上海市国民经济和社会发展第十二个五年规划纲要》中，首次提出了将上海建设成国际文化大都市的构想。近年来，上海不断强化顶层设计，立足上海发展需要，围绕文化大都市建设和软实力提升，通过出台一系列政策文件来指导和推动文化事业和文化产业的发展。

强化总体规划引领。2021 年 1 月，《上海市国民经济和社会发展第十四个五年规划和二〇三五年远景目标纲要》中指出，深化上海文化发展改革，打响"上海文化"品牌，加快建设具有世界影响力的社会主义国际文化大都市。同年 7 月和 9 月，分别印发《全力打响"上海文化"品牌　深化建设社会主义国际文化大都市三年行动计划（2021—2023 年）》和《上海市社会主义国际文化大都市建设"十四五"规划》，进一步明确社会主义国际文化大都市的建设目标和路径。2024 年上海市政府工作报告中提出，进一步推进国际文化大都市建设，提升城市文化软实力。

文化产业新发展动能。上海市及各区相继出台一系列政策，持续促进"上海文化"品牌建设向纵深发展，依托文化创意、科技创新、产业融合等催生文化产业新发展动能。例如，通过夯实文化领域"六重点"、聚焦发展格局"五关键"、构筑文化体系"四链条"，积极化危为机，重新进行谋篇布局。上海在文化产业创新生态体系的构建方面也出台了一系列政策。例如，通过出台"上海文创 50 条"和"电竞产业 20 条"等政策措施，来强化文化创意产业的支柱地位。

二　"上海文化"品牌不断提升

上海发挥多元文化优势，切实把"红色文化""海派文化""江南文化"三大文化资源转化成为品牌建设源动力，着力塑造多元文化融合的社会主义国际文化大都市，提升整体文化软实力。

一是文化引领力不断提升。着力打造习近平新时代中国特色社会主义思想的学习园地、研究高地、传播基地，理论研究成果的数量和质量均居全国前列；推进党的创新理论大众化传播，市委讲师团和基层宣讲团队开展宣讲 3.8 万余场，听众超 500 万人次。中共一大纪念馆建成开放，中共一大、二大、四大纪念馆升级为国家 5A 级旅游景区，"中共中央在上海 12 年"历史资料深度挖掘，构建起大联动、多维度、立体式的红色文化弘扬新格局。

二是文化创造力日益增强。创作《永不消逝的电波》《战上海》《千里江山图》等一批叫好又叫座的文艺精品；打造《百姓话思想》《老外讲故事》《这就是中国》等广受关注的融媒体产品，让国际社会更加了解中国。"演艺大世界"在环人民广场 1.5 平方千米范围内建成专业剧场、演艺新空间 31 个，成为国内密度最大、集聚效应最强的剧场群，原创剧本、原创音乐、原创舞蹈、原创戏曲纷纷涌现，首演、首秀、首发重镇地位基本确立。

三是文化影响力日渐凸显。文博展示精彩纷呈，品牌活动影响力持续提升，上海国际电影节、上海书展、中国国际数码互动娱乐展览会等已经成为享誉海内外的现象级 IP；上海天文馆、上海图书馆东馆、上海博物馆东馆等一批重大文化设施陆续建成；众多国内外知名游戏电竞公司和世界前 100 位电竞俱乐部落地上海，助上海跻身全球电竞之都前列。重大文化节展活动影响力持续提升，发起成立的世界首个艺术节联盟（丝绸之路国际艺术节联盟），已有 49 个国家和地区的 180 家艺术机构加盟，成为全球规模最大的跨境、跨国、跨洲的综合性艺术节合作平台。

三　文化相关产业不断繁荣

上海将培育和发展文化创意产业作为提升国际文化大都市软

实力的重要支撑，通过深入推进体制机制改革，激发文化创意活力，产出一系列具有影响力的高质量文化产品，文化创意和文化旅游产业也呈现出一片繁荣景象。

国有文艺院团改革深入推进，"一团一策"实施成效明显，极大激发了文化创意活力。"五年百部精品创作工程"提前完成，舞台艺术精品剧目年均出品 3 部以上，影视精品年均出品数量较"十二五"期末增长 132%。

重大主题创作成效显著，电影《攀登者》、电视剧《大江大河》、舞剧《永不消逝的电波》、图书《布罗镇的邮递员》《战上海》等 11 部作品入选第十四届、第十五届"五个一工程"奖，社会反响良好。国家级出版奖项获得数量名列全国前茅，重大主题出版、专业学术出版继续保持全国优势地位。

文化创意产业发展迅速，集聚 7000 余家影视企业，成为全国举办各类艺术博览会数量最多、影响力最大的城市之一。2023 年，上海文化创意产业规模达 2.34 万亿元，增速 7%，支柱地位不断夯实，呈现回升向好态势。旅游行业实现快速增长，2023 年实现旅游产业增加值 1771.24 亿元，比上年增长 98.5%。至年末，上海市共有星级宾馆 154 家，旅行社 1942 家，A 级旅游景区 144 个，红色旅游基地 34 个。全年接待来沪入境旅游者 364.46 万人次，比上年增长 476.84%。2023 年上海市广播电视和网络视听行业总收入 2357.73 亿元，实际创收 2200.05 亿元。中国（上海）网络视听产业基地有入驻机构数量 2858 个，其中广播电视网络视听机构 2010 个。

四 文化服务体系初步形成

现代化文化服务体系是文化大都市软实力提升的重要内容，上海市围绕市民文化服务体系建设、文旅场所服务提升、文化服务基础设施等内容，持续发力，不断推动文化服务水平提升，现代化文化服务体系的雏形逐步建立。

一是现代公共文化服务体系基本建成。基本公共文化服务标准化、均等化全面推进，中心城区10分钟、郊区15分钟公共文化服务圈不断完善。截至2023年年底，全市共有公共图书馆239家、文化馆19家、社区文化活动中心220家、分中心69家，居村综合文化活动室6608个，形成相对完备的"市、区、街镇、居村"四级公共文化基础设施网络，保障人民群众享受免费或优惠、便利又可及的公共文化服务。全市常住人口人均公共文化设施建筑面积由"十三五"时期末的0.2平方米增加到0.21平方米，增幅5%。

二是持续优化文旅场所开放服务，为市民游客提供更便捷的出游体验。上海市文旅局会同各区文旅部门，对全市各类文旅场所开放服务再梳理、再优化。自2024年端午起，除上海博物馆、上海少年儿童图书馆等8家场所仍需实名预约，上海东方明珠广播电视塔、上海天文馆、上海自然博物馆等21家场所仍需实名购票外市内其他A级旅游景区及美术馆、博物馆、图书馆、文化馆、社区文化活动中心等3000余家文旅场所，将继续全面落实入馆参观、入园游览免预约等举措，努力为市民游客提供更加便捷优质的文旅服务。

三是文化数字服务和基础设施不断完善。2016 年"文化上海云"正式上线，成为全国第一个实现省级区域覆盖的文化数字化服务平台。之后，上海图书馆推出"享借"服务，上海少年儿童图书馆推出"蜜宝云书房"图书网借服务。2023 年年末，上海市有线广播电视传输干线长度 10.52 万千米，广播、电视综合人口覆盖率均达到 100%，广电 5G 用户 135.20 万户。

五　提升上海国际文化大都市软实力的潜力

　　在上海市政府和各区政府的共同努力下，上海国际文化大都市建设已经取得了一系列成就，文化软实力持续提升，在文化传承和影响方面走在全国前列，并逐渐成为外国人了解和认同中国文化的重要窗口。同时，对标纽约、伦敦、巴黎等国际文化大都市来看，上海在文化大都市软实力提升方面依然存在一些潜力和不足。一是上海国际文化大都市建设尚处于初级阶段。上海国际文化大都市建设主要以文化设施建设、国家文化活动承办等为主，文化软实力仍有待提升；对文化传承的挖掘、多元文化有机融合不够，缺少以知识为基础的文化创意发展战略；对文化资源的全球化、专业化和均等化配置能力相对较低。二是文化软实力提升以政府主导为主，市民参与有待提升。上海国际文化大都市软实力提升主要依靠政府力量推动，通过各种规划、政策以及基础设施建设，推动文化大都市建设和软实力提升，市民对国际文化大都市建设和软实力提升中的自主参与意识不足。三是全球范围的文化影响力尚且不足。上海拥有众多近代海派文化资源，但缺乏世界性的文化设施与文化地标配置。上海至今没有一个世界级的文化品牌，这阻碍了其在全球范围内的文化传播。文化创意产业方面，上海文化创意产业比重高，内容生产为主，但创意性服务业偏弱，出口效应不强。四是在全国的龙头带动和示范引领作用尚未显现。上海国际文化大都市建设以来，主要聚焦自身基础设施建设、文化传承、软实力提升、国际传播等方面发展，着力打造"上海样板"，而如何带动全国文化繁荣发展和中国文化的全球传播方面，仍有待加强。在长三角一体化背景下，也缺少对文化一体发展的战略发展规划。

第四节　提升上海国际文化大都市软实力与发挥龙头带动与示范引领作用的对策建议

上海需要深入落实党的二十届三中全会精神，遵循《决定》相关要求和部署，以深化文化体制机制改革为主线，增强文化自信，发展社会主义先进文化，持续提升上海国际文化大都市软实力，打造文化大都市的"上海样本"。在此基础上充分发挥文化大都市的龙头带动和示范引领，带动长三角地区，乃至全国范围内的城市文化提升，强化中国文化自信，为推动中国式现代化奠定坚实基础。

一　强化顶层设计引领，打造上海样板示范

顶层设计是指导上海全面推进文化大都市建设、提升文化软实力的关键，通过出台高水平规划文化和实施细则，进一步提升上海国际文化大都市软实力，打造成为国际文化大都市的样板

示范。

一是制定并实施文化发展规划。根据自身的历史背景、文化资源和发展实际，借鉴"纽伦巴东"等国际大都市文化软实力提升经验，立足上海发展实际，面向中国式现代化的实践要求，不断提升国际文化大都市软实力，提出打造"上海样板"，引领带动全国文化发展的战略目标。在此基础上，制定长远和短期相结合的文化发展规划，确保各项文化政策和发展措施具有前瞻性和连续性。

二是推动相关体制机制创新。深刻把握提升上海国际大都市软实力战略目标，把制度建设和治理能力建设摆到更加突出的位置，继续深化各领域各方面体制机制改革。研究出台一系列体制机制改革措施和实施方案，破除阻碍文化大都市软实力提升的藩篱。加快推进文化体制机制改革试点工作，探索出台国际文化大都市软实力提升的负面清单，鼓励试点地区进行体制机制变革。探索文化大都市软实力提升的市场化改革，推动有为政府与有效市场的充分融合，引导社会力量加入提升上海国际文化大都市软实力中，营造良好的全民参与氛围。

三是总结并推广上海经验。积极组织研究力量对上海提升国际文化大都市软实力的经验进行总结和提炼，形成文化软实力提升的"上海经验"，并对外发布。凝练上海提升国际文化大都市软实力中的可推广和可复制的经验和做法，进一步将其提升为"中国方案"，在北京、深圳、杭州等地区进行推广。在此基础上，将部分经验做法和体制机制创新上升为国家层面的政策文件，引领其他城市开展文化软实力提升，强化上海国际文化大都市软实力提升的示范引领和龙头带动作用。

二　厚植城市文化底蕴，助力文化强国建设

城市文化是城市发展的灵魂，是提升城市竞争力和吸引力的关键因素。提升上海国际化大都市软实力，一方面能够强化城市自身深厚底蕴和多元参与体系的构建，另一方面能够将深厚的文化底蕴辐射全国范围，为文化强国建设奠定基础。

一是引导全民参与。健全社会力量参与公共文化服务机制，增强全民参与意识，将全民参与文化建设、享受公共文化建设成果作为提升国际文化大都市软实力的重要宗旨，通过教育、媒体等渠道，提高市民对城市文化重要性的认识，激发市民的文化自觉。举办各类文化节庆、展览、演出等文化活动，为市民提供丰富的文化体验和参与机会，增强市民对本土文化的认同感和归属感。

二是保护和利用文化遗产。建立文化遗产保护传承工作协调机构，健全文化遗产保护督察制度，推动文化遗产系统性保护和统一监管。加强历史文化街区保护，对具有历史价值的街区进行保护性开发，保留城市历史风貌。创新文化遗产利用方式，探索文化遗产与现代生活的结合点，如将老厂房改造为文化创意园区，让文化遗产焕发新的活力。鼓励和支持全国性文化合作项目，打造跨区域文化遗产交流平台和合作园区等，共同推动全国文化遗产保护和传承。

三是增强文化自信。积极推动多元文化融合，尊重不同文化和价值观，营造包容和谐的文化氛围，积极组织全国性文化活动，

打造多元文化融合的交流平台，增强中国文化的凝聚力和向心力。开展传统文化教育和体验活动，将书法、国画、戏曲等传统艺术纳入课程或课后兴趣小组，培养青年一代对自身文化的自豪感和自信心。设置面向公众的文化体验活动，如京剧脸谱绘画、茶艺体验、中医草药认知课等，亲身感受中国文化的魅力。

三　持续发展文化产业，提升全国产业能级

文化产业作为现代经济体系的重要组成部分，上海在提升国际文化大都市软实力过程中，探索文化产业多元化发展模式，持续繁荣文化产业发展，在提升自身的文化软实力的同时，引领带动全国的文化产业向高端化、高质量方向发展。

一是培育上海文化品牌。文化品牌是文化产业竞争力的重要体现，对于提升城市文化影响力和竞争力具有重要作用。挖掘上海本土资源文化，依托上海丰富的历史文化底蕴，充分发挥上海多元文化并存优势，打造具有地方特色的文化品牌。强化文化产品和服务创新，鼓励文化企业进行产品创新，开发符合现代消费者需求的文化产品和服务，并通过多种渠道提升文化品牌知名度。政府设立文化产业引导基金，解决文化产业融资难的问题，鼓励和支持文化产品推广。

二是强化科技创新对文化的赋能。将科技创新作为推动文化产业转型升级的重要动力，充分利用新一代信息技术，加快上海文化产业发展。利用科技提升文化体验，运用现代科技手段，如虚拟现实（VR）、增强现实（AR）、人工智能（AI）等，增强文化产品的互动性和体验性。加快发展数字文化产业，推动数字出

版、数字音乐、网络游戏等数字文化产业的发展，拓宽文化产品的传播渠道和市场空间。强化文化产业的科技创新平台建设，规划建立文化科技创新实验室、技术研发中心等，为文化与科技的融合提供技术支撑和创新环境。

三是促进文化产业融合。探索文化和科技融合的有效机制，加快发展新型文化业态。实施"文化+"发展策略，积极推进文化产业与其他产业的融合发展，促进文化与旅游融合，开发文化旅游产品，提升旅游产业的文化附加值；促进文化与金融融合，探索文化金融创新模式，为文化产业提供资金支持和金融服务；促进文化与教育融合，将文化教育纳入学校教育体系，培养文化产业人才，同时开发教育文化产品，满足公众的学习需求。

四是构建文化产业市场化机制。通过市场机制，激发文化创意产业的活力，促进文化产品和服务的创新与多样化，保障文化产业持续健康发展。建立和完善文化市场体系，包括文化产品市场、文化服务市场、文化产权市场等，促进文化资源的合理配置和有效流动。优化文化市场环境，通过政策引导和市场监管，营造公平竞争、规范有序的文化市场环境，激发文化产业的创新活力和市场潜力。加强文化市场监管，建立健全文化市场监管机制，确保文化市场的健康发展，保护消费者权益，维护文化市场秩序。

四 提升国际影响能力，推动中国文化"出海"

上海作为中国对外开放的重要窗口，其文化大都市软实力不仅要着眼本土，更要放眼全球。通过推动文化品牌建设、地标建筑建设、承办国际会议、加强对外宣传等方式，不断通过提升上海国际影响力，推动中国文化"出海"，构建更有效力的国际传播体系。

一是推动具有全球影响力的品牌建设。培育本土文化品牌，挖掘和培育具有上海特色和国际影响力的文化品牌，如上海电影节、上海博物馆等，借此展示上海的文化魅力和创新能力。提升品牌国际知名度，通过精心策划的国际营销策略和有效的品牌推广活动，依托国际文化交流和合作等途径，提升上海文化品牌的国际知名度和美誉度。加强文化品牌的知识产权保护，通过多渠道推广，增强品牌的市场竞争力，包括在国际市场上注册商标、版权等，同时加强国际媒体和社交平台上的品牌宣传。

二是推进国际知名的地标建筑建设。打造一批具有国际影响力的文化地标，如上海大剧院、上海当代艺术博物馆等。这些地标不仅能够成为城市的文化象征，也能够吸引国际游客，增强国外游客对中国文化的认同感。提升地标文化内涵和设计能力，在地标建筑设计和运营中融入中国文化元素，提升其文化内涵和艺术价值，强化其对中国文化的传播载体功能。在此基础上，通过举办高质量的文化活动和展览，使地标建筑成为文化传播的重要场所。加强地标建筑的国际宣传，通过国际媒体和文化交流活动，加强对上海地标建筑的国际宣传，提升上海的国际形象，吸引更多的国际关注和访问。

三是积极承办国际会议。提升上海在会议策划、组织、服务等方面的国际竞争力，通过提供优质的会议服务和设施，吸引国际组织和重要会议在上海举办。培育和发展具有国际影响力的会议品牌，如上海国际艺术节、上海国际文学周等，借此展示上海的文化实力和国际影响力。通过会议主题的设置、文化活动的安排等方式，在国际会议中融入中国和上海文化元素，展示中国的文化魅力。四是加强文化国际宣传。建立和完善国际传播渠道，依托海外媒体合作、国际文化交流平台等，传播上海的文化信息和文化成就。利用数字媒体和社交平台，扩大上海文化的国际传播范围和影响力，建立多语种的官方网站、利用社交媒体进行互动宣传等。

五　推进跨区文化协同，促进文化全面提升

推进跨区文化协同是提升上海国际文化大都市软实力的重要方面，它涉及多个区域之间的合作与协调，以实现文化资源的共享、文化活动的联动和文化影响的扩大。通过跨区域文化协同发展，不仅能够优化文化资源配置，提升上海国际文化大都市软实力，而且对于发挥上海国际文化大都市的龙头带动作用，促进全国文化事业发展具有重要意义。

一是主导制定跨区域联合规划。由市级文化管理部门主导，联合各区域文化部门共同参与，成立跨区域文化发展协调委员会，负责制定统一的文化发展规划和政策，确保各区域文化发展的协同性和一致性。围绕上海国际文化大都市软实力提升，由协调委员会进行统一谋划，整合各区域的文化资源，形成多点协同、多元融合的文化发展格局，实现资源的最优配置和利用。

二是构建跨区域文化协同平台。建立跨区域文化交流信息平台，定期发布不同文化活动和相关信息，促进文化信息的共享和交流。依托文化交流平台，建立文化资源数据库，包括图书、档

案、艺术品、非物质文化遗产等，推动跨区域文化资源共享与开发。探索建立稳定的跨区域文化交流合作机制，包括定期的文化论坛、研讨会等，促进文化思想的碰撞和融合。持续推动以社保卡为载体的"一卡通"，实现文旅产业同城化发展。

三是促进文化要素跨区域流动。鼓励文化人才在不同区域之间流动，通过人才交流项目、文化志愿者计划等方式，促进文化知识和技能的传播。设立专项资金，支持跨区域文化项目的发展，为文化要素的流动提供资金保障。建立文化政策互认机制，鼓励和支持文化企业、文化机构等在跨区域的文化合作和交流中发挥积极作用。利用市场机制，促进文化产品和服务的跨区域流通，提高文化市场的活力和竞争力。

第四篇

在推进人与自然和谐共生的现代化中发挥龙头带动和示范引领作用

中国式现代化是人与自然和谐共生的现代化，尊重自然、顺应自然、保护自然是全面建设社会主义现代化国家的内在要求。生态环境问题归根结底是发展方式和生活方式问题。习近平总书记深刻指出，要加快推动发展方式绿色低碳转型，坚持把绿色低碳发展作为解决生态环境问题的治本之策，加快形成绿色生产方式和生活方式，厚植高质量发展的绿色底色。党的二十届三中全会进一步提出完善生态文明基础体制、健全生态环境治理体系以及健全绿色低碳发展机制等改革要求。未来一段时期，聚焦人与自然和谐共生的中国式现代化建设目标，上海市要持续深化生态文明体制机制改革，持续深入推进污染防治，积极稳妥推进碳达峰碳中和，加快形成绿色低碳生活方式，并在推进人与自然和谐共生的现代化中更好发挥龙头带动和示范引领作用。

第 九 章

持续深入推进污染防治

良好生态环境是最公平的公共产品，是最普惠的民生福祉①。党的二十届三中全会公报中指出，"完善生态文明基础体制，健全生态环境治理体系"是未来深化改革的重大任务之一。污染是当前全球面临的三大危机之一②。持续深入推进污染防治，是建设美丽上海的必然要求。宜人的优良环境既是建成具有世界影响力的社会主义现代化国际大都市的一项具体目标，也是总书记对上海的明确要求。持续深入推进环境污染防治不仅促进上海在构建中国式现代化中发挥龙头带动和示范引领作用，也为中国积极引领全球治理提供中国经验。

第一节　持续深入推进污染防治的科学内涵与重大意义

新时代以来，我国生态文明建设从理论到实践都发生了历史

---

① 任平：《最公平的公共产品　最普惠的民生福祉——新时代生态文明建设观察》，《人民日报》2024 年 7 月 16 日。

② UNEP：《与自然和平相处（Making Peace with Nature）》，2021 年 2 月 23 日，https：//wedocs. unep. org/xmlui/bitstream/handle/20. 500. 11822/35114/MPNKM_CH. pdf。

性、转折性、全局性变化。① "当前，我国经济社会发展已进入加快绿色化、低碳化的高质量发展阶段，生态文明建设仍处于压力叠加、负重前行的关键期。……新征程上，必须把美丽中国建设摆在强国建设、民族复兴的突出位置，……建设天蓝、地绿、水清的美好家园。"② 2018 年《中共中央　国务院关于全面加强生态环境保护坚决打好污染防治攻坚战的意见》发布，提出坚决打赢蓝天保卫战，着力打好碧水保卫战，扎实推进净土保卫战，并确定了到 2020 年三大保卫战具体指标。到 2020 年，"十三五"规划纲要确定的生态环境领域 9 项约束性指标和污染防治攻坚战阶段性目标任务超额完成。根据"十四五"新任务新要求，2021 年《中共中央　国务院关于深入打好污染防治攻坚战的意见》（简称《意见》）发布，《意见》提出以更高标准打好蓝天、碧水、净土保卫战。2024 年全国生态环境保护工作会议提出的工作要求也指出，要持之以恒打好污染防治攻坚战。以更高标准打好蓝天、碧水、净土保卫战，加强固体废物和新污染物治理。

一　持续深入推进污染防治的重大意义

这是实现美丽中国建设目标的必然选择。紧盯污染防治重点领域和关键环节，促进生态环境质量持续改善，有利于推动生态

---

① 刘华军、吴倩敏：《新时代十年中国绿色发展之路》，《中国人口·资源与环境》2024 年第 3 期。

② 《中共中央　国务院关于全面推进美丽中国建设的意见》（2023 年 12 月 27 日），2024 年 1 月 11 日发布。

文明建设实现新进步，朝着美丽中国建设目标奋力前行。

这是解决当前生态环境领域突出问题的迫切需要。能够加快解决影响人民群众生产生活的污染问题，提供更多优质生态产品，不断增强人民群众生态环境获得感、幸福感、安全感。

这是推动高质量发展的有力抓手。有利于发挥生态环境保护的引导、优化、倒逼作用，加快推动经济结构优化升级，促进生态经济良性循环，增添绿色发展动能，助力构建新发展格局，实现更高质量、更有效率、更加公平、更可持续、更为安全的发展。

这是推动构建人与自然和谐共生现代化的重要途径。这不仅是解决当前环境问题的手段，更是推动实现人与自然和谐共生现代化的重要途径。对于提升人民群众生活质量、助力构建人类文明新形态具有重大而深远的意义。

二　持续深入推进污染防治的科学内涵

服务于建设美丽中国的目标，持续深入推进污染防治具有以下几个方面的科学内涵：

第一，系统治理，精准治污。深入打好污染防治攻坚战，要求紧盯污染防治重点领域和关键环节，集中力量攻克老百姓身边的突出生态环境问题，强化多污染物协同控制和区域协同治理，统筹水资源、水环境、水生态治理，推进土壤污染防治，加强固体废物和新污染物治理，推动污染防治在重点区域、重要领域、关键指标上实现新突破。同时，要从生态系统整体性出发，注重综合治理、系统治理、源头治理，构建起减污降碳一体谋划、一体部署、一体推进、一体考核的制度机制。

第二，以更高标准打好蓝天、碧水、净土保卫战。污染防治攻坚战从"十三五"时期的"坚决打好"到"十四五"时期的"深入打好"，意味着将触及的矛盾和问题层次更深、领域更广，对生态环境质量改善的要求也更高。当前污染防治还存在着不少短板和不足，诸如人们的思想认识还不够深，污染治理能力还不够强，环境质量改善水平还不够高，工作成效还不够稳，污染治理范围还不够宽等。以更高标准打好蓝天、碧水、净土保卫战是为了持续推动环境质量向更高水平提升，应对日益增长的公众期望和新出现的环境污染挑战。

第三，完善污染治理科技体制机制，构建问题导向、市场导向的绿色技术创新体系。把降碳减污、多污染物协同减排、新污染物治理等作为基础研究和科技创新的重点领域，加强先进核心技术攻关。建立科技成果转化、技术产权交易等机制。加快建立现代化生态环境监测体系，实现降碳、减污、扩绿协同监测全覆盖。

第四，以绿色低碳转型推动高质量发展。"十四五"时期，我国生态文明建设进入了以促进经济社会发展全面绿色转型、实现生态环境质量改善由量变到质变转变的关键时期。要加快推动发展方式绿色低碳转型，坚持把绿色低碳发展作为解决生态环境问题的治本之策，加快形成绿色生产方式和生活方式，厚植高质量发展的绿色底色。在源头上减少污染，构建一个资源节约、环境友好、生态平衡的高质量发展新格局。

第二节　上海推进污染防治成效以及
存在的薄弱环节

2023 年是全面贯彻党的二十大精神的开局之年，也预示着美丽中国建设进入重要时期。同年 7 月，党中央召开第九次全国生态环境保护大会，习近平总书记出席会议并发表重要讲话，为我们在新时代新征程继续推进生态文明建设提供了行动纲领和科学指南。同年 9 月，上海市召开生态环境保护大会，提出高标准谋划、高水平推进美丽上海建设，加快打造人与自然和谐共生的社会主义现代化国际大都市。

一　现阶段推进污染防治重点措施以及取得的成效

2023 年，上海市环境空气质量指数（AQI）优良天数为 320 天，较 2022 年增加 2 天，AQI 优良率为 87.7%，较 2022 年上升 0.6 个百分点，细颗粒物（PM2.5）年均浓度为 28 微克/立方米，重污染天数比例为 0.3%；273 个地表水断面优Ⅲ类占比为 97.8%，其中 40 个国控断面优Ⅲ类占比为 97.5%，无Ⅴ类和劣Ⅴ类断面；主要污染物重点工程减排量完成国家下达的年度目标任务；受污染耕地和重点建设用地安全利用率持续保持 100%；高标准推进全域"无废城市"建设；全年未发生较大及以上突发环境事件；在党中央对各省份污染防治攻坚战成效年度考核中，上海市名列全国第一①。

（一）污染防治力度、深度、广度持续推进

第一，深入打好蓝天保卫战。启动实施新一轮清洁空气行动计划及臭氧、柴油货车攻坚 2 个专项行动。固定源方面，全面推广低 VOCs 含量物料和减量技术，完成 46 家简易 VOCs 治理设施精细化管理试点。移动源方面，大力推动"公转铁""公转水"，强化本地生产货车、非道路移动机械环保达标监管，加快推动机动车、非道路移动机械新能源化发展，淘汰国三柴油车约 1.1 万辆，累计 12 批次共 2.73 万辆柴油车享受安装远程在线监控免于排放检验政策。社会源方面，加强渣土车辆违法违规行为联合执法和日常监管，持续加大餐饮、汽修等社会生活面源精细管控力度。同时，聚焦重点时段分别制定针对性举措，夏季重点防控臭氧、秋冬季预防雾霾，精准实施大气污染过程应对，编制新版重污染天气应急预案，更新应急减排清单。②

第二，深入打好碧水保卫战。推进三水统筹、系统治理，落实碧水保卫战重点工作。水环境方面，全面开展入河入海排污口排查整治，全市累计排查河湖、海湾岸线长度约 2.3 万千米，发现各类排污口数量约 70 万个，并完成 1467 个长江入河排污口整

① 上海市生态环境局：《2023 上海市生态环境状况公报》，2023 年 6 月 5 日，https：//sthj. sh. gov. cn/hbzhywpt1143/hbzhywpt1144/20240605/；上海市政府：《上海深入开展污染防治攻坚战 去年生态环境各项任务全面完成 加速推进公共领域用车全面电动化》，访问日期 2024 年 6 月 4 日，https：//www. shanghai. gov. cn/nw4411/20240327/01d44716f9e747358b945b070350d776. html。

② 王立刚、张希、李瑞：《我国大气污染治理考核制度有效性及治理效率研究》，《系统工程理论与实践》2023 年第 8 期。

治销号；落实长江大保护战略，印发实施《上海市深入打好长江保护修复攻坚战实施方案（2023—2025 年）》，持续推进杭州湾—金山段"美丽海湾"建设。水资源方面，持续推进饮用水水源地规范化建设，加强对水源地标志牌和界桩的规范化、精细化管理，启动《上海市饮用水水源保护缓冲区管理办法》修订，确保饮用水源环境安全。水生态方面，深入实施自然岸线生态修复，推进生态清洁小流域建设；逐步建立全市水生态分区分类监测与评估体系，逐步完善全市水生态监测网络，提升水生态保护和监管能力。

第三，深入打好净土保卫战。扎实推进土壤污染防治工作，深入打好净土保卫战。出台《上海市土壤污染防治条例》，健全土壤污染防治法律法规"四梁八柱"，为土壤污染防治提供强有力的法治保障。受污染耕地和重点建设用地安全利用率持续保持两个 100%，有效保障了人民群众"吃得放心，住得安心"。稳步推进土壤污染防治先行区建设，土壤污染防治综合监管平台投入试运行，提高了信息化数字化监管水平。完成宝武碳业、群力化工 2 个源头管控重大工程试点项目，发挥重大项目示范引领作用，推动全市在产企业开展绿色化改造工作。聚焦 5 个典型行业开展企业用地及周边土壤污染状况调查，摸清典型行业周边土壤污染特征。

（二）持之以恒推进生态环境治理体系现代化

第一，领导责任体系持续完善。成立市生态文明建设领导小组，强化对全市生态文明建设和生态环境保护工作的统筹领导。印发《关于加快构建现代环境治理体系的实施意见》，全面启动现代环境治理体系建设工作。全力推动第二轮中央生态环境保护督察反馈问题整改，巩固交办案件整治成效。与生态环境部签署共同推进人民城市生态环境治理战略合作框架协议，共同推进生态环境保护合作，健全合作机制、强化试点示范、深化改革创新，推动上海和长三角的高水平保护，持续探索高质量发展"上海路径"。

第二，法规政策体系更加完备。推动出台《上海市土壤污染防治条例》，为推进本市土壤污染治理体系和治理能力现代化提供坚实的法治保障。完成《上海市无废城市建设条例》草案起草工作。成立上海市生态环境保护标准化技术委员会。发布《水产养殖尾水排放标准》和《扬尘在线监测技术规范》2项地方标准和《固定污染源废气氯气的测定离子色谱法》《环境空气气态污染物（SO_2、NO_2、NO、O_3、CO）传感器法自动监测系统技术要求及检测方法》《工业园区挥发性有机物传感器法网格化监测技术规范》3项长三角区域统一标准。制定发布《长三角生态环境保护标准一体化建设规划（2020—2035）》。长三角一体化标准《制药工业大气污染物排放标准》获得首届上海市地方标准"十佳案例"称号。

第三，监督管理体系逐渐完备。推进现代化生态环境智慧监测体系建设。实施长三角区域空气质量预测预报系统升级改造项目，强化业务联动融合、数据智慧应用、精准溯源及预测预警；提升饮用水源地预警监测和污染溯源能力，试点开展以生物多样性为核心的生态样地地面监测；开发新污染物监测技术，实现2023年版上海市重点管控新污染物清单水环境领域能力全覆盖；

持续推进碳监测评估试点，基本完成大气温室气体监测网络规范化建设并实现业务化运行。开展上海市区级环境监测站"十四五"特色站（第一批）建设工作，切实提升环境监测系统的核心竞争力。2023年，青浦区环境监测站、金山区环境监测站分别成功创建"生物多样性监测和饮用水源地环境预警监测特色站"和"有机特色监测和化工园区特征因子预警监控特色站"。

第四，全民行动体系不断健全。创新发展新闻媒体宣传，为全市生态文明建设营造良好舆论氛围。全年在主流媒体及新媒体累计发布和网络转载相关上海环境新闻近40万篇次。发挥"两微"新媒体矩阵功能，市区两级官微新媒体矩阵联动发声，全年推送"上海环境"微信1476条、微博6443条，阅读总数近3850万次，"双微"常列全国生态环境系统政务新媒体月度十强。不断拓展社会宣传影响力。市区联动、部门协力，举办国际生物多样性日、六五环境日、全国低碳日、首届生态环保艺术节等主题宣传活动。开展首届中国碳市场大会和迪拜COP28气候大会上海边会宣传报道，向世界生动讲好上海"碳"故事。集中展示上海近年来的生态环境保护成果并广泛动员社会各界共同参与生态文明建设、践行绿色低碳的生产生活方式。结合新形势下普法工作需要修订普法责任清单，制定《上海市生态环境局"谁执法谁普法"普法责任清单》。结合"我为群众办实事"实践活动，组织围绕排污许可、餐饮油烟和噪声污染防治等领域开展线上执法普法培训，总观看达4万人次。

（三）持续提升生态环境治理能力

第一，监测能力持续增强。实施长三角区域空气质量预测预报系统升级改造项目，强化业务联动融合、数据智慧应用、精准溯源及预测预警；提升饮用水源地预警监测和污染溯源能力，试点开展以生物多样性为核心的生态样地地面监测；开发新污染物监测技术，实现2023年上海市重点管控新污染物清单水环境领域能力全覆盖；持续推进碳监测评估试点，基本完成大气温室气体监测网络规范化建设并实现业务化运行。

第二，科技支撑能力进一步加强。聚焦应对气候变化和"双碳"目标、污染防治攻坚战等生态环境保护重大战略和重点任务，组织实施"第九轮环保三年行动计划重大问题研究""'十四五'减污降碳协同评价与治理路径优化研究"等45项科研项目；围绕基层环境治理问题，开展20项青年科研项目研究。国家环境保护新型污染物环境健康影响评价重点实验室通过生态环境部验收。积极推动绿色低碳技术创新和成果转化，指导推进上海绿色低碳创新服务基地建设，组织开展首届上海绿色低碳技术创新大赛。

第三，监管执法效能不断提高。持续组织开展执法大练兵，完善"区域包干+市级督导"执法监督帮扶工作机制，全面开展执法履职评估和环境执法稽查，推动19家执法机构规范化建设全部基本达标，年度大练兵成绩排名全国前列。对4.5万家排污单位开展环境信用评价，将328家企业纳入监督执法正面清单，实施分级分类执法，减少对企业不必要的打扰。牵头出台长三角区域生态环境免罚清单，不断助力优化营商环境。推进智慧执法平台建设，构筑"人防+技防"的监管执法模式，加快推动形成超大城市生态环境数字化智慧执法监管新体系。

二 上海推进污染防治的典型案例

（一）以科技创新和多源协同服务"无废城市"建设：宝武集团环境资源科技有限公司

宝武集团环境资源科技有限公司以强化科技创新和多源协同为重点，探索形成"城市矿山"产业的现代环境治理模式。企业形成的"固废不出厂"模式每年资源化利用宝武集团各类固危废 5000 余万吨，城市固危废协同处置模式近三年协同处置各类固危废达 16 万吨。多源固废协同治理模式既能为产业链上游解决固废处置问题，也能为下游提供低成本的绿色原料。企业探索的多种模式创新对服务"无废城市"建设，推进"无废细胞"创建具有重要意义。企业环境治理模式具有以下三大"招数"：一是优化技术创新体系，实施"一体化"研发管理；联合高校和科研机构共建研发平台，聚焦关键技术开展联合攻关。二是构建智慧制造体系，着力打通"管""入""出"的数据流+信息流+资源流"三流合一"，实现"产生—转移—处置"全流程一张网管理。三是深化"固废不出厂"模式，协同中国宝武各钢铁基地策划"固废不出厂"方案；实施"嵌入式危废管理"；支撑中国宝武编制"无废集团"建设指标体系，逐步构建区域性危废共享处置中心，助力企业间危废"点对点"定向利用。四是强化多源协同治理理念，率先实现利用冶金炉窑规模化处理城市废油（漆）桶，依托钢厂含铁基料实现污泥、底泥等的无害化处理和资源化利用。

（二）首家托底型"全品类两网融合集散中心"：上海环境物流有限公司一分公司（徐浦基地）

上海环境物流有限公司一分公司（徐浦基地）保障上海市南片城区的城市生活垃圾中端转运以及徐汇区两网融合资源回收中端智能分拣、打包、仓储任务。该基地作为上海市区生活垃圾内河集装化转运系统的一部分，采用信息化管控模式对生活垃圾收集、压缩，将生活垃圾分类装进环卫专用的、符合国际通用20英尺货运外形的密封式集装箱内，中转至码头，利用黄浦江、大治河、清运河等内河航道网络优势，经LNG新能源船舶水运至末端老港处置。同时为促进资源循环体系发展，打造再生资源智能分拣线和仓储中心，实现了杂塑、废、旧泡沫三大品类智能化分拣作业及采用AGV无人理货、无人仓储系统。

（三）"一网统管"和精细化管理的环境治理新模式：闵行区新虹街道

新虹街道依托"一网统管"和精细化管理制度打造基层环境治理新模式。一是建立多部门联合"微网格"巡查体系，将环保巡查纳入综合巡查工作；建立精细化管理实训基地，制作"负面清单""可视化模型教学""标准化操作手册"，提升治理能力。二是搭建"智慧环保数字中心"，融合环保巡查结果、整改情况、物联网预警、PM2.5、TVOC等环保大数据场景应用信息，并探索开发油烟监控预警分析等模型。三是制定实施《新虹街道生态环境治理条块结合、联防联动制度》以及餐饮业、汽修行业和小微医疗机构等领域的精细化管理制度，探索建立楼宇物业企业生态环境治理"红黑榜"。四是打造新虹新能源产业品牌，建立

"质惠"新能源产业联盟。新虹街道探索形成的环保巡查纳入综合巡查工作、环保智慧平台"一网统管"、水绿环境协同治理等经验，有力提升了基层多领域协同治理能力。通过智慧平台和精细化管理体系，大幅提升环保监管效能，有效应对餐饮油烟等市民"家门口"的突出污染问题。以优美生态环境保障历届进博会，实现了生态价值向商务、会展、旅游等经济价值的转化。

三　污染防治工作目前仍存在的薄弱环节

生态环境质量与目标定位还有差距。以 PM2.5 和臭氧为代表的复合型、区域性污染特征明显，大气主要污染物因子处于临界超标水平。部分河道在雨季还存在局部性、间歇性水质反复，河湖水生态系统较为脆弱，消黑除劣后水体富营养化问题仍然存在。对于超大城市在生态资源不足的条件下，城市和自然生态系统的服务功能亟须提升。

环境基础设施建设管理存在短板。污水处理能力尚未匹配初期雨水治理要求，排水管网老化、地下水渗漏现象较为普遍，部分农村生活污水尚未有效处理，通沟污泥、河道疏浚底泥等处置能力有待提升。生活垃圾、危险废物、医疗废物、一般工业固废等仍将持续增长，资源综合利用产业的统一规划与布局尚未形成。环境治理体系和治理能力亟须加强。上海有关部门和一些地方对大气污染防治工作的长期性、艰巨性、复杂性认识不足，推动工作落实不够，日常监管不到位，对环境违法问题执法不严、治理不力。

生态环境保护责任体系需进一步夯实。政府主导、企业主体、社会组织和公众共同参与的多元环境治理体系有待加快构建完善。需要进一步探索符合超大城市特点和规律的现代环境治理新路子，构建现代化环境治理体系。

第三节　污染防治工作的国内比较与借鉴

超大型城市的污染防治工作需要综合考虑经济、社会、环境等多方面因素，本报告选取北京、深圳、成都作为比较和借鉴对象，为上海建设成为创新之城、人文之城、生态之城，卓越的全球城市和社会主义现代化国际大都市提供启示①。

一　北京的蓝天保卫行动

相较上海以滚动实施环保三年行动计划，北京自 2021 年起每年都出台污染防治攻坚的行动计划，分阶段解决工业化、城市化和现代化进程中的突出环境问题。先后出台《北京市深入打好污染防治攻坚战 2021 年行动计划》《北京市深入打好污染防治攻坚战 2022 年行动计划》《北京市深入打好污染防治攻坚战 2023 年行动计划》《推进美丽北京建设持续深入打好污染防治攻坚战 2024 年行动计划》。随着环境治理工作的深入，每年都有新的挑战和需求出现，年度行动计划能够确保政策和措施持续更新，以应对新情况。同时年度行动计划允许对前一年度的执行情况进行评估，根据绩效结果调整后续计划，确保环境治理工作的有效性。上海

---

① 《美丽中国建设迈出新步伐》，《人民日报》2024 年 8 月 4 日。

应定期审查和更新其环境保护政策，确保政策与当前的环境挑战和科技进展保持同步。

从实施行动的效果看，北京的污染防治攻坚，蓝天保卫战是重中之重，在减少 PM2.5 浓度方面取得了显著成效。从 2021 年至 2023 年，北京市 PM2.5 实现了连续 3 年稳定达标。2024 年，北京持续深化"一微克"行动，加快实施工程减排，聚焦工业、交通、生活等领域，开展挥发性有机物治理攻坚，稳步推进结构减排。截至 2024 年前半年，北京 PM2.5 浓度为 34 微克/立方米，同比下降 8.1%，空气质量优良天数同比增加 3 天。同时，2024 年的行动计划更加突出了京津冀协同发展，在加强污染联防联治基础上，进一步深化区域绿色能源合作、加强生态系统联合保护，并从持续改善空气质量、深化气候投融资试点等方面加快推动城市副中心国家绿色发展示范区建设。在长三角一体化发展的框架下，上海也应加强与周边城市的环境治理合作，充分发挥龙头作用，实现区域环境质量的整体提升。

二　深圳的水污染治理新路径

深圳的污染防治工作以实现生态环境高水平保护推动国际一流美丽湾区建设为目标。2023 年发布《关于全市持续深入打好污染防治攻坚战的命令》，明确了空气质量、地表水水质、近岸海域水质等主要目标，并制定了 10 项重点任务，包括实施"深圳蓝"可持续行动、水环境治理、"无废城市"建设等。深圳作为国家"无废城市"试点，顺利完成国家"无废城市"建设试点任务。在水污染治理方面，深圳直面过去水污染治理主体多元化、

"重末端、轻源头"等问题，以创新为抓手，推进系统治理、科学治理和源头治理。一是创新实施"全流域治理、大兵团作战"模式。高峰时期，全市治水战线共有参建人员6万多名，设备1.3万台，茅洲河流域最高单日、单周敷设管网长度创全国纪录。上海可以借鉴这种集中力量对水环境进行系统性治理的模式，对长江、黄浦江等重要水体进行全流域的综合治理。

二是提出"物业管理进河道"的创新模式。推行全市域排水管渠进小区，推动原特区外各区成立国有排水公司，全面接管2万多个建筑小区共用排水设施，实行排水设施全链条精细化管养。此外，深圳还创新流域管理体制机制，成立茅洲河等4个流域管理中心，破解流域治理职责不清、调度不畅等问题；创新"全要素管理"模式，定性定量污水处理厂、管网、泵站等涉水要素的目标数据，实行联调联控；创新推行"物业管理进河道"，借鉴物业管理理念，以市场化科技化手段对河流进行精细化养护；创新涉水面污染长效治理机制，将涉水面源污染分成13类，分类制定整治标准，全面规范排水行为。未来上海治水要从"水污染防治为主"向"水污染防治、水生态修复并重"转变；借鉴深圳"物业管理进河道"的创新模式，将物业管理理念应用于河流养护，提高养护效率和质量。

三　成都的净土实施方案

为深入打好污染防治攻坚战，促进土壤生态环境质量持续改善，成都制定并出台了《成都市2024年土壤污染防治工作实施方案》，并提出要确保2024年全市受污染耕地安全利用率达到94%

以上[①]。成都织牢土壤安全防护网，持续推进土壤污染重点监管单位监管，动态调整土壤污染风险源管控清单，强化污染地块管控治理和受污染耕地保护修复，同时推进"无废城市"试点建设，提升全市固体废物减量化、资源化、无害化治理水平，从源头上减少土壤污染隐患。2024年上半年，成都土壤环境质量总体保持稳定。其中采取的新举措主要包括签订责任书开展隐患排查、未达标地块不得开工建设等；还将持续开展化学物质环境信息统计调查和新污染物川渝联合调查，有效防范新污染物环境与健康风险；深入推进有害垃圾全过程管理，同时规范运行小微诊所医疗废物智能化集中收集点，提升"平急"两用能力，有效降低医疗废物带来的环境风险，确保医疗废物安全处置。

《上海市城市总体规划（2017—2035年）》提出，至2035年，上海污染地块安全利用率100%；实现原生垃圾零填埋，实现固废分类收集全覆盖。借鉴成都的净土方案，结合工业用地减量化和城市更新，上海因地制宜开展土壤污染治理修复，严格环境准入，强化新建项目土壤环境影响评价。

第四节　发挥上海龙头带动和示范引领作用的优势和潜力

上海在生态文明建设和生态环境保护工作取得显著成效，走在全国前列。作为中国的经济中心之一，上海拥有强大的经济实

---

① 《成都2024年"净土"目标来了》，《成都商报》2024年5月13日。

力和财政支持能力，为深入推进污染防治发挥龙头和示范引领作用提供了坚实的物质基础，并具备良好的优势和潜力。

一　形成良好的生态环境保护氛围

上海的民众生态文明意识不断增强，"绿水青山就是金山银山"理念深入人心，公众参与环保活动的积极性高，为实现人与自然和谐共生提供了良好的社会氛围。作为国际金融枢纽，上海通过发展绿色金融，积极支持环保项目和绿色产业发展；同时，上海积极参与全球和区域环境治理合作，引进先进的环保理念和技术，以宜居韧性智慧城市作为建设目标。

二　逐步构建全社会大环保格局

上海以滚动实施环保三年行动计划为抓手，坚持高位推动、制度先行，逐步构建全社会大环保格局，分阶段解决工业化、城市化和现代化进程中的突出环境问题，成效显著。特别是党的十八大以来，市委、市政府将生态文明建设放在经济社会发展全局的突出位置，成立上海市生态文明建设领导小组，全面加强对生态文明建设和生态环境保护工作的统筹领导。印发《上海市生态环境保护工作责任清单》和《上海市生态环境保护督察工作规定》，开展各区污染防治攻坚战成效考核，生态环境保护党政同责、一岗双责体系不断健全，全社会大环保格局基本形成。

三　政策与机遇叠加

上海牢牢把握长三角一体化上升为国家战略的重大契机，紧扣"一体化"和"高质量"两个关键词，建立健全全方位的长三角区域生态环境保护协作机制，推动长三角污染防治协作往深里做、实里落。推进落实《长江三角洲区域生态环境共同保护规划》，牵头推动区域重污染天气预警应急联动、柴油货车污染协同治理、重点跨界水体联保共治、建立固废危废利用处置"白名单"机制。打破行政壁垒，在一体化示范区先行先试，推动区域生态环境保护标准、监测、执法"三统一"制度创新①，基本实现区域重点城市空气质量监测、预报预警信息常态化共享。

第五节　发挥上海龙头带动和示范引领作用的对策建议

一　持续健全生态环境治理体系

坚持目标导向、问题导向、效果导向，更加突出精准治污、科学治污、依法治污，持续提升环境治理的针对性和有效性，做到精准发力、科学施治、依法推动。通过加强法治保障、完善经济政策、完善投入机制、补齐环境基础设施短板、提升监管执法效能、完善监测体系、构建科技创新体系等具体举措，推进环境治理体系与治理能力现代化，奋力推动新时代环境污染治理工作迈上新台阶，为社会主义现代化国际大都市乃至国家环境治理体系现代化建设探索新路、积累经验、提供借鉴，

---

① 用一套标准规范生态环境保护、"一张网"统一生态环境科学监测和评估、"一把尺"实施生态环境有效监管。

为世界超大城市环境污染治理提供上海样本、中国经验、中国方案作出贡献。

二 加快培育绿色新质生产力

要深刻认识新质生产力与绿色生产力的内在联系,大力培育发展绿色新质生产力,以高水平保护支撑高质量发展,建设人与自然和谐共生的美丽中国①。发展绿色生产力就是要着力推进发展方式创新,从根本上缓解经济发展与资源环境之间的矛盾。绿色生产力既包括以新能源、新材料等减污降碳新兴产业为代表的新制造,以数字化、智能化、绿色化与传统产业相融合为代表的新业态,也包括以绿色环保产业和绿色消费为代表的新服务。上海拥有先进的科技资源和丰富的人才资源优势,在持续推进污染防治中,新质生产力发展迸发出勃勃生机。

三 进一步强化系统协同和区域协作

上海坚持降碳减污协同增效,区域协作、联保共治,共建绿色美丽长三角。加强生态环境政策与能源等产业政策协同,盘活排污权指标、绿电证书、碳减排量、碳标签等环境要素资源,将环境指标作为招商引资的优惠条件,吸引投资发展新能源产业链。以长三角城市群为重点,深化长三角污染防治协作,上海牵头落实重点时段大气污染防治,推进跨界重点水体共保联治和饮用水

① 孙金龙、黄润秋:《培育发展绿色生产力 全面推进美丽中国建设》,《求是》2024年第12期。

源协同保护，统筹规划和建设资源跨行政区域的循环利用产业基地。

四 加强政策整合，提高新污染物管控水平

近年来，以电子废弃物、退役动力电池为代表的新污染物得到越来越多的关注。新污染问题分别在 2022 年、2024 年两次入选当年我国十大前沿科学问题①，在众多生态环境问题中绝无仅有，反映出新污染物治理迫切需要科技支撑。2023 年我国退役动力电池总量超过 58 万吨，预计到 2025 年将达 82 万吨。退役动力电池处理不当，会变成污染源，但如果其得到科学回收，就能变废为宝实现资源的循环利用②。上海是中国新能源汽车产业发展最重要的城市之一，2023 年新能源汽车保有量达到 128.8 万辆，排名全球城市第一。但是上海本地的锂电池制造和回收企业较少。截至 2023 年 11 月 20 日，工信部共在官网上公布了五批符合《新能源汽车废旧动力蓄电池综合利用行业规范条件》企业名单，共计 156 家单位，其中仅有 6 家上海企业上榜，占比不足 4%，这与上海的新能源汽车增速存在严重位差。迫切需要上海加大对包括退役动力废旧电池在内的新污染物回收处理等的投入，创新政策整合，使上海环境治理产业链更加完整，在长三角乃至全国起到龙头带动和示范引领作用。

---

① 中国环境网：《新污染物问题再次入选 2024 年十大前沿科学问题》，2024 年 7 月 2 日，http://epaper.cenews.com.cn/html/2024-07/11/content_98316.htm。

② 刘佳佳：《我国动力电池回收利用的重要意义、政策进展及发展建议》，《中国经贸导刊》2024 年第 4 期。

第 十 章

积极稳妥推进碳达峰碳中和

当前，中国经济由高速增长阶段转向高质量发展阶段，生态文明建设处于压力叠加、负重前行的关键期，推进碳达峰碳中和（以下简称"双碳"）工作是破解资源环境约束突出问题、实现可持续发展的迫切需要，是顺应技术进步趋势、推动经济结构转型升级的迫切需要，是满足人民群众对优美生态环境的向往、促进人与自然和谐共生的迫切需要，是主动担当大国责任、推动构建人类命运共同体的迫切需要。党的二十届三中全会《中共中央关于进一步全面深化改革　推进中国式现代化的决定》强调，要健全绿色低碳发展机制，发展绿色低碳产业，健全煤炭清洁高效利用机制，建立能耗双控向碳排放双控全面转型新机制。通过制定重点领域碳排放政策，借鉴发达国家"双碳"目标实施政策和方法，构建碳排放统计核算体系，健全碳市场交易制度、温室气体自愿减排交易制度，能够推动经济社会的低碳转型和高质量发展，强化保障能源安全，提升产业链供应链安全水平，积极稳妥推进碳达峰碳中和。积极稳妥推进"双碳"工作，就是要坚持系统观念，处理好发展和减排、整体和局部、长远目标和短期目标、政府和市场之间的关系①。以系统观念和辩证思维统筹考虑"双碳"目标，根据地区经济发展程度、技术水平、产业结构、资源禀赋和功能定位的差异，实现区域间协同降碳②。

第一节 "双碳"目标的科学内涵和重大意义

2020年9月中国提出力争于2030年前碳达峰，到2060年实现碳中和的战略目标。"双碳"目标的提出是中国积极应对气候的庄严承诺，彰显了中国参与全球治理、构建人类命运共同体的大国责任和担当。"双碳"目标的推进涉及经济社会、能源发展、工业交通、居民生活等方方面面，因地制宜、积极稳妥推进碳达峰碳中和，关系到中国经济社会发展、居民收入、能源转型和能源产业链供应链安全水平，具有重要的战略意义。

一 "双碳"目标的科学内涵

"碳达峰"是指中国承诺在2030年前二氧化碳排放量不再增长，到达峰值后逐渐下降，是碳排放量由增加向减少转变的历史拐点，标志着经济发展与碳排放脱钩③。"碳中和"是指企业、团体或个人在一定时间内直接或间接产生的温室气体排放总量，然后通过植物造树造林、节能减排等形式，抵消自身产生的二氧化

① 黄茂兴：《"双碳"战略下中国区域发展》，《经济研究参考》2023年第3期。
② 张友国：《积极稳妥推进碳达峰碳中和》，《中国产经》2024年第4期。
③ 曾莹、王雪萌、唐昊等：《碳达峰碳中和战略科学内涵、实现路径及挑战》，《现代化工》2022年第10期。

碳排放量，实现二氧化碳排放量和人为清除量"收支相抵"。狭义的"碳中和"是指二氧化碳的净零排放，广义上指所有温室气体，包括甲烷、氢氟碳化物、氧化亚氮、三氟化氮、六氟化硫和全氟化碳 6 种温室气体的净零排放。

马克思主义生态观是社会主义生态文明的理论基础，运用唯物史观阐述了生态与政治的内在关系，强调人与自然相统一的辩证思维，思考经济增长、社会发展及环境保护三者之间的关系。推进"双碳"目标建设是以习近平同志为核心的党中央，在马克思主义生态观的指导下做出的关乎国计民生的重大战略决策，是促进中华民族永续发展的长计远虑，是构建人类命运共同体的大国担当。

二 上海推进"双碳"目标的重大意义

近年来，中国陆续发布重点领域、行业碳达峰实施方案和一系列支撑保障措施，构建碳达峰碳中和"1+N"政策体系，支持发展中国绿色能源和低碳产业。上海是全国唯一提出碳达峰目标早于国家目标的省份，为达成这一目标，上海各级政府投入万亿元财政资金，出台多项实施意见和指导方案，明确了碳达峰碳中和工作的顶层设计和总体部署，体现了上海在实现"双碳"目标的决心和行动。上海市推进"双碳"目标的重大意义在于立足新发展阶段、贯彻新发展理念、构建新发展格局、推动高质量发展，在中国实现"双碳"目标，推进中国式现代化的进程中，发挥龙头带动和示范引领的作用。

此外，上海还通过出台一系列政策，比如以绿色创新和技术突破为抓手，推进产业绿色转型，提高企业数字化水平，健全绿色制造体系等，实现清洁能源的高效替代，旨在提升产能和资源利用率，实现降碳增效协同发展。通过这些举措，上海不仅为实现"双碳"目标提供了路径方法，也为全国提供了宝贵的经验和借鉴，展现了上海作为国际大都市在推动绿色创新和可持续发展方面的引领作用。上海推进"双碳"目标是城市规划建设的新战略、新使命和新要求，是推动经济社会发展的深刻变革，是加快发展新质生产力，构建新型生产关系的关键所在，是加快推进中国式现代化的必然选择。

第二节　上海推进"双碳"目标的实践成效

上海作为全国改革开放的排头兵和先行者，在高水平推进"双碳"工作方面，既肩负责无旁贷的使命担当，又具有重要的现实意义。上海作为经济大市、产业大市、人口大市，同时也是空间小市、资源小市、环境容量小市，实现"双碳"目标是破解资源环境约束问题、实现可持续发展的迫切需要，是顺应技术进步，推动经济结构转型升级，实现能源产业链供应链安全可控的重要抓手，是建成具有世界影响力国际化大都市的必由之路。

一　上海推进"双碳"目标的重点政策

上海低碳发展自"十五"计划以来，经过"十一五""十二五"规划持续推进，低碳城市建设已形成体系。2008 年上海成为"低碳城市"试点之一，2011 年启动虹桥商务区等首批 8 个低碳发展实践区试点，2011 年上海碳排放总量达到阶段性峰值 2.2 亿吨，实现了碳排放和 GDP 脱钩（谢湘雅和张翀，2023）①。2017 年发布《上海市城市总体规划（2017—2035 年）》（以下简称"上海 2035"规划），将绿色低碳理念融入城市总体规划，全面推动上海市低碳城市发展和绿色转型。"上海 2035"提出，建设"更可持续的韧性生态之城"目标，纳入碳排放相关指标，强调国土空间规划是实现"双碳"战略的关键途径。

2021 年上海率先提出，至 2025 年实现碳排放总量与人均碳排放量达峰，至 2035 年碳排放总量较峰值减少 5%。同年，上海成立由龚正市长担任组长的市碳达峰碳中和工作领导小组，构建碳达峰碳中和"1+1+8+13"政策体系②，推进上海市"双碳"工作的"一套政策、十大行动和四项支撑"，加强对"双碳"工作的统筹指导。2023 年习近平总书记考察上海期间对"五个中心"建设提出了新要求，要求上海在推进中国式现代化中发挥龙头带动和示范引领作用。龚正市长在上海市第十六届人民代表大会第二次会议的政府工作报告中强调，上海要将积极稳妥推进碳达峰碳中和作为主要任务。《上海市 2024 年碳达峰碳中和及节能减排重点工作安排》③ 提出，要加快推进实施"碳达峰十大行动"，加

① 谢湘雅、张翀：《"双碳"战略下上海市规划管控策略探索——基于国际经验的分析研究》，《上海城市规划》2023 年第 3 期。

② 上海人大：《关于实现碳达峰、碳中和目标工作推进情况的报告》，2023 年 3 月 17 日，http://www.shrd.gov.cn/n8347/n8407/n9530/u1ai254375.html。

③ 上海市人民政府：《关于印发〈上海市 2024 年碳达峰碳中和及节能减排重点工作安排〉的通知》，2024 年 3 月 29 日，https://shanghai.gov.cn/gwk/search/content/d81028c1f7c54dc3bae93762e0bba7a7。

强绿证和能耗双控政策衔接，促进非化石能源消费，持续控制煤炭消费总量，严格实施重点用能单位能耗总量控制。此外，上海先后出台《上海市节约能源条例》《上海市建筑节能条例》《上海市生活垃圾管理条例》《上海市浦东新区绿色金融发展若干规定》等文件，为"双碳"工作提供了有力支撑。总体来看，上海政府始终高度重视低碳节能工作，能源绿色低碳转型持续推进，全市节能降碳增效和绿色低碳发展初具成效。

二 上海推进"双碳"目标的典型案例及成功经验

上海第十二次党代会报告明确指出，要牢固树立生态优先、绿色低碳的发展导向，让低碳成为生态之城的鲜明标识。上海连续三个"五年"圆满完成国家下达的各项约束性指标，树立了多个推进"双碳"目标的典型事迹，对提炼上海发挥龙头带动和示范引领作用具有重要意义，为上海推动全社会绿色低碳转型提供了有益探索。

第一，按照"条块结合，权责一致"原则落实分解节能指标，持续调整产业结构和能源结构。上海扎实推进节能政策和低碳转型得益于较为完备的制度建设和精细化管理方案。首先，在节能指标的分解上，上海将全市指标合理分解至各区和重点行业部门，层层落实到重点用能企业，配合专项减排资金和200多项能源管理标准指南，建立了完善的用能节能考评体系。其次，在产业结构调整方面，上海大力发展现代服务业和先进制造业，综合运用差别电价、环保、质量、安全等多项措施推动落后产能退出，坚决遏制"两高一低"项目盲目发展，自2017年以来每年实施产业结构调整 1000 多项，每年完成低效建设用地减量 15 平方千米。最后，在优化能源结构调整方面，上海一方面严格控制煤炭消费，全面完成中小燃煤锅炉和集中供热燃煤锅炉清洁能源替代；另一方面大力引入外来绿电，2023 年上海新增光伏装机 94.6 万千瓦，并组织开展新一轮海上风电竞争配置，加快近海风电建设，预计 2024 年上海非化石能源占一次能源比重将提高到 18.9% 左右。

第二，创新开展"能效领跑者"和"百一行动"方案，推进重点用能企业单位降碳增效。2015 年上海发改委联合九部门制定了《上海能效对标及能效"领跑者"制度实施方案》，鼓励工业领域年耗 5000 吨标准煤及其他领域年耗 2000 吨标准煤的用能单位、能效水平达到国标 1 级能效以上终端用能产品和年耗 1000 吨标准煤公共机构自愿参与，评选出上海能效"领跑者"金银铜牌三个级别，作为行业标杆，宣传经典经验，发挥示范辐射作用，营造用能单位形成"比、学、赶、超"的降耗氛围。截至 2024 年 6 月，上海已开展七批能效"领跑者"评选工作，拓展了申报对象至百货购物中心、大型综合超市等商贸流通企业场所，形成了较为完善的评选制度，强化了商业企业节能意识，发挥了节能低碳推广效应。"百一行动"发起于 2022 年，由上海市经信委和市发改委联合发布《上海市工业和通信业节能降碳"百一行动"计划（2022—2025）》，力争每年节约 1% 的工业用能，同时签署《上海市工业绿色低碳发展金融合作备忘录》，总融资意向额度达 800 亿元。"百一行动"计划明确，到 2025 年工业和通信企业可利用建筑屋顶光伏安装比例达 50% 以上，实现年综合能耗 2000—

5000 吨标准煤以上企业节能诊断全覆盖，年综合能耗 1 万吨标准煤以上重点用能企业能管中心建设全覆盖，创建零碳工程 30 个，零碳园区 5 个，零碳数据中心 5 家，构建以"零碳驱动"为目标的绿色制造体系。通过开展"能效领跑者"和"百一行动"两项工作，上海实现了以重点产业领域绿色增长为引领，零碳驱动为目标的绿色制造体系，综合施策、奖惩并重，加快重点企业单位节能降碳改造，有效推动"双碳"工作顺利完成。

第三，绿色交通能源体系加速实现，智能网联汽车产业发展迎"风口"。上海绿色低碳发展得益于绿色交通和新能源汽车产业的快速发展。从地铁运营线路看，2023 年年底，上海成为中国地铁运营里程最长的城市，达到 795.37 千米，占全国的 9.31%。上海通过深化"一网通办""一码通行"，整合地铁、公交、轮渡、市域铁路等公共交通，促进绿色交通出行快速发展。此外，上海个人新增购置车辆中纯电动汽车占比超 50%，公共汽车、出租车、公务车、邮政用车等全面使用新能源汽车，网约出租车新能源汽车占比超 50%。上海致力于加快本市新能源汽车绿色化、智能化发展，制定《上海市加快新能源汽车产业发展实施计划（2021—2025 年）》，2023 年上海新能源汽车保有量达到 128.8 万辆，排名全球城市第一；新能源汽车年产量超过 120 万辆，出口量居领先地位。通过加强新能源汽车集成技术创新，实现智能汽车联网化规模发展。此外，上海计划到 2025 年，上海氢燃料电池汽车应用总量突破 1 万辆，建成投入使用各类加氢站超过 70 座。

第四，完成全国碳排放权交易系统建设，开展绿色低碳发展试点示范。碳排放权交易市场（以下简称"碳市场"）是实现"双碳"目标的核心政策工具之一。自2013年正式启动上海市碳排放权交易试点以来，上海碳市场形成了系列完善的规章制度和政策文件，碳排放配额企业连续八年100%完成履约。上海环境能源交易所作为全国碳排放权交易系统账户开立和运行维护的具体承担单位，在支持全国碳市场的安全有序稳定运行方面，积累了丰富的经验。截至2023年年底，上海碳市场已吸引1860多家单位开户交易，现货品种累计成交量达2.4亿吨，累计成交额42.22亿元，国家自愿核证减排量（CCER）成交量稳居全国第一。从全国碳市场来看，截至2024年4月，碳排放配额累计成交量4.53亿吨，累计成交额258.48亿元，已纳入钢铁、化工、建筑、航空、水运等28个行业300余家企业和1000余家投资机构。除了碳排放权交易市场，低碳发展实践区是上海市探索低碳发展的另一重要途径。2011年上海市发改委公布上海市首批8个低碳发展实践区名单（见表10-1），并于2015年启动第二批低碳发展实践区创建工作，推进上海市区域绿色低碳发展试点示范。

表10-1　　　　　　　　上海首批低碳发展实践区建设经验

序号	实践区域	区域优势	重点示范领域	建设目标/完成情况
1	长宁虹桥地区	绿色金融、低碳发展专项资金、低碳补贴政策、世行赠款贷款支持	绿色建筑、分布式供能、绿色交通、低碳社区	国内外特大城市示范区。已超过150幢建筑实现在线监测

续表

序号	实践区域	区域优势	重点示范领域	建设目标/完成情况
2	黄浦外滩滨江地区	服务经济比重高，引领中心城区低碳发展，低碳管理和绿色建筑位于全市前列	绿色建筑、绿色金融、绿色交通、生态宜居、社区低碳管理	推进 7 幢新建建筑获得绿色建筑认证，完成既有建筑节能改造
3	徐汇滨江地区	土地出让、区域建设	绿色建筑、绿色交通、	开展"西岸传媒港"低碳实践。实现能源梯级利用和回收储能技术有机结合
4	奉贤南桥新城	"上海之鱼"、产城融合、中央生态林地	绿色建筑、新能源示范应用、生态绿地、碳汇	新建绿色建筑共约330 万平方米，其中三星级标准约 20 万平方米
5	崇明区	休闲观光农业	低碳农业、低碳社区、低碳旅游、生态碳汇、低碳能源、绿色建筑	促进崇明本岛低碳乃至净零排放。推进1600 亩低碳农业示范核心区建设
6	虹桥商务区	土地出让、区域建设	能源优化、绿色建筑、节水优化、绿色交通、绿色碳汇、绿色照明、低碳运行监测	满足核心区内约 345 万平方米建筑的供冷供热需求。绿色建筑总面积超过 90 万平方米
7	临港地区	节能减排专项资金、低碳新城建设	绿色建筑、绿色交通、可再生能源推广、常规能源高效利用	到 2020 年，二氧化碳排放水平比上海地区碳减排目标降低 50%
8	金桥出口加工区	生态工业园区建设	低碳制造、低碳产业体系、低碳技术、低碳社区	世界一流的低碳制造示范区，现代工业低碳文明的样板区。13家企业开展碳审计

资料来源：笔者搜集整理。

从区域建设类型看，上海首批低碳发展实践区包括上海总体规划重点发展建设的新建区域，也包括经济发展较为成熟的既有区域。从区域产业类型看，既涵盖了以制造业为主的工业园区，也包括以服务业为主、建筑能耗为辅的商务服务区①。总体来看，首批实践区立足自身资源禀赋，探索低碳发展机制，体现了上海在推进绿色低碳发展中"立足实际""因地制宜"的发展策略。实践区在政策机制设置、低碳技术推广、优化产业结构等方面充分发挥了"龙头带动、示范引领"的积极作用，成为上海率先发展绿色低碳转型的典型示范。

具体来看，上海长宁虹桥地区充分利用世界银行赠款等国际资金和绿色金融融资体系，积极探索既有节能建筑低碳改造融资模式。徐汇滨江地区和虹桥商务区以土地出让为抓手，探索城市规划和区域建设的低碳发展。奉贤南桥新城和临港地区探索产业、生态和生活方式的融合发展，形成了产城融合、"三生融合"② 的发展模式。金桥出口加工区引导支持企业从先进制造的后端低端环节向前端高端环节提升，实现从"金桥加工"到"金桥制造"再到"金桥智造""金桥创造"的转变。

为了进一步推进上海区域绿色低碳发展试点示范，上海节能减排中心吸收首批实践区的建设经验，组织创建了第二批低碳发展实践区，在绿色能源、绿色交通、绿色建筑、资源利用、推进生物多样性等方面颇具特色（见表10-2）。

---

① 陈华晋：《上海市低碳发展实践区建设情况分析及建议》，《上海节能》2015年第1期。

② "三生融合"具体指生产、生态和生活融合的发展模式。

表 10-2   上海第二批低碳发展实践区建设经验

序号	实践区域	区域优势	重点示范领域	建设目标/完成情况
1	上海世博园区	园区内城市最佳实践区通过 LEED - ND 铂金级认证,为欧美地区以外首个项目	绿色建筑、建筑节能、绿色交通、低碳运行监测	国内领先的海绵城市示范区。2020 年区域碳减排率达到 30%
2	上海国际旅游度假区	天然气分布式能源站	绿色能源供给、绿色交通、绿色建筑和照明、低碳智慧运营、"碳梦之旅"	2020 年区域单位GDP 二氧化碳排放量小于 0.3 吨/万元
3	上海前滩国际商务区	绿色建筑规模化,天然气分布式供能	低碳空间、绿色建筑、绿色交通、低碳管理	2020 年区域单位建筑面积二氧化碳排放减少 21%—25%
4	真如城市副中心	绿色交通枢纽,能源环境监测发布平台	绿色交通、绿色建筑、低碳产业、低碳文化	2020 年区域碳排放强度下降 35%
5	杨浦滨江南段区域	科教人才资源、政策资金支持	城市再生、绿色能源、绿色建筑、绿色交通、绿色市政、低碳文化	2020 年区域碳排放在 2015 年基础上实现零增长

资料来源:笔者搜集整理。部分资料参考何淑英《上海市第二批低碳发展实践区创建情况分析与建议》,《上海节能》2017 年第 10 期。

从重点推进的示范项目看,上海世博园区以推进高星级绿色建筑集群示范为主要方向,在浦东园区获得绿色建筑标识的项目中,三星级绿色建筑比例达到 61%。上海国际旅游度假区共有植物 1000 余种,星愿湖公园鸟类 120 余种,生物多样性保护加快推进。上海前滩国际商务区实现了区域电力负荷需求响应调度平衡,前滩能源中心实际供能建筑面积达 129 万平方米,比两个上海中心面积还多。

总而言之，上海两批低碳发展实践区建设均以绿色建筑、绿色交通、绿色能源、低碳文化为抓手，在能源、产业、交通、建筑四大领域持续发力，根据地区资源禀赋和先天优势，差异化发展生态碳汇、低碳农业、低碳产业和低碳技术，实现了区域可再生能源推广和能源的高效利用，具有一定的示范引领意义。

第五，深化电力市场化改革，构建以新型电力系统为依托的新型能源体系。"双碳"目标下，构建新型电力系统是建设新型能源体系的关键内容和重要载体。《上海市碳达峰实施方案》中七次提到加快建设新型电力系统，在打造国际领先、城乡适应的城市配电网，保障电力系统安全平稳运行等方面具有示范作用。上海作为典型的能源输入型城市，高度依赖外部资源供应。上海作为全国第二批电力现货试点地区，充分引导储能、分布式能源、新能源汽车、虚拟电厂、新能源综合体等新型市场主体参与现货市场，激发和释放"用户侧"调节能力。首先，加快分布式发电绿电市场化交易，推动绿电消费试点城市建设。2024年5月上海市发改委会同市经信委、市商务委和市生态局发布《上海市促进绿色电力消费加快能源低碳转型实施意见》，提出建立绿电绿证交易"15分钟互动圈"，利用人工智能、大数据等新技术，探索分布式绿电交易，提升绿电消费能力，加强绿证对产品碳足迹管理的支撑保障，实现绿电供给和消费多元化发展。上海绿电交易通过引入风电、光伏、生物质等多品种绿电，针对分布式可再生能源多点接入、分散布局的特点，推动可再生能源参与市场交易。计划到2030年建成绿电消费标杆城市，绿电交易规模达到300亿

千瓦时。其次，在临港新片区、金山区等地打造源网荷储和虚拟
电厂示范项目。2016年上海在黄浦区开展商业建筑虚拟电厂示
范，是国内最先开展虚拟电厂示范的城市之一。目前上海虚拟电
厂接入可调资源总量超过73万千瓦，最大相应容量达46万千瓦。
《中国（上海）自由贸易试验区临港新片区虚拟电厂精准响应实
施方案（试行）》提出，将上海临港新片区打造成世界一流城市
电网，实行削峰和填谷精准响应，平抑可再生能源波动，推进电
化学储能、水蓄冷（热），"光伏+"应用。最后，在临港新片区、
金山区等地开展分布式光伏就近交易试点。《上海市分布式可再
生能源就近交易试点工作方案》提出，要找到适合上海实际情况
的分布式可再生能源就近交易路径，释放分布式可再生能源绿色
环境价值，激发上海地区分布式可再生能源发展潜力，满足电力
用户绿电消费需求。初期以分布式光伏为重点，在临港新区等地
开展试点，形成可复制可推广的经验。

三 上海推进"双碳"目标的薄弱环节

根据国家总体部署和上海实际情况，上海成立由龚正市长
亲自担任组长的市碳达峰碳中和工作领导小组，有力促进了上
海"双碳"工作的协调推进，形成了上海碳达峰碳中和"1+1+
8+13"政策体系，先后出台了《上海市节约能源条例》《上海市
建筑节约条例》《上海市浦东新区绿色金融发展若干规定》等文
件，为"双碳"工作提供了有力支撑。但与此同时，上海未来实
现"双碳"目标也面临法律法规标准核算体系不完善，碳市场活
跃度有待提升，能源消费需求较大，重化工产业调整较难，可再

迈向中国式现代化的上海示范

生能源资源较少等现实挑战。

第一，法律法规标准体系、碳排放统计核算体系有待完善。上海仍需加强开展碳中和、循环经济和节约能源等地方性法规制定修订的前期立法，提出全市碳相关标准体系总体框架。此外，上海尚未制定发布覆盖全市各领域、各行业、各行政区、重点区域和重点企业统一规范的碳排放统计核算体系方案，统计基础和数据质量有待提升。

第二，碳市场活跃度有待提升，碳市场建设有待深化。《2023 年中国碳市场年报》显示，2023 年全国碳市场活跃度有待提升，上海碳市场全国成交量最低。此外，上海在碳市场行业覆盖范围、交易品种和交易方式方面，仍需探索和深化。

第三，绿色金融市场、碳金融业务尚未形成先发优势。上海仍需加大金融产品创新力度，扩大绿色信贷、债券、保险、基金等建设规模，支持浦东新区开展国家气候投融资试点创新，进一步激发绿色金融市场活力。此外，全国碳市场参与主体仍为重点排放单位，尚未开放金融、投资机构参与，上海碳价格指数金融产品尚待开发。

第三节　国内外推进"双碳"目标的比较与借鉴

经济合作与发展组织（OECD）统计数据表明，截至 2023 年，全球已有 57 个国家实现碳达峰，其中包括美国、俄罗斯、日本、韩国、加拿大、巴西、英国、德国、法国等碳排放大国均已达到碳排放峰值。目前，全球已有 136 个国家和地区宣布了碳中和目标，其中大部分国家计划在 2050 年实现这一目标，包括美国、欧盟、英国、加拿大、日本、韩国等。

一 全球主要发达经济体实现碳达峰时的特点

对于全球主要发达国家实现碳达峰时呈现的经济社会基本特点和特征指标表现如表 10-3 所示。其中，能源消费强度采用单位 GDP 能源消费量，煤炭在能源消费中的占比计算公式为煤炭消费总量除以能源消费总量。

从经济社会发展水平看，达到碳达峰的国家都经历了经济的高速增长，人均 GDP 在 1 万美元以上，一半以上国家人均 GDP 达到 3 万美元[①]。但由于大多数国家碳达峰是受到政策驱动，因此通常在实现碳达峰后经济增速会明显下降，比如美国在实现碳达峰后 10 年的平均 GDP 增长率下降近两个百分点，而欧盟和日本在碳达峰后经济增速也均有明显下降。从产业结构看，碳达峰前后各国均出现第二产业占比下降，第三产业尤其是服务业逐步上升，在碳达峰时大多数国家经历了工业化向后工业化过渡，第三产业占比超过 60%。从城市化水平看，碳达峰国家均基本完成城镇化进程，城市化率集中在 60%—80%，一些城市在城镇化率突破 80% 后，碳减排效果更为明显。从能源结构看，多数国家在碳达峰时化石燃料能源消耗占比仍然较高，比如欧盟、美国和日本在碳达峰时化石燃料能源消费占比分别为 80.88%、85.62% 和

---

① 郑军、刘婷：《主要发达国家碳达峰碳中和的实践经验及对中国的启示》，《中国环境管理》2023 年第 4 期。

表 10-3 　　　　　全球主要发达经济体碳达峰时经济社会发展特点

国家或地区	碳达峰年份	人均GDP（万美元）	第三产业占比（%）	城市化率（%）	能源消费强度（吨/万美元）	煤炭在能源消费中的占比（%）
欧盟	1990	1.55	—	69.4	—	38
美国	2007	4.81	70	80.3	1.6	33
日本	2013	4.09	70	91.2	2.1	
德国	1990	2.23	—	73.1	2.0	50
英国	1991	1.99	—	78.1	1.9	15
法国	1991	2.17	68	74.2	1.9	45
中国（2023年）	—	1.27	54.6	66.16	3.1	55.3
中国上海（2023年）	—	2.7	75.2	88.6	1.7	36.2
全球均值	—	>1	>60%	60%—80%	1~4.7	<40%

注：美国、日本碳达峰时第三产业占比为估计值。中国能源消费强度为2022年数据，汇率按照2022年均值计算，中国其他数据均为2023年数据，上海能源消费强度是2022年数据，上海煤炭在能源消费中的占比为2019年数据。

资料来源：能源消费总量数据来源于世界能源组织、英国BP、美国能源信息署EIA；城市化率数据来源于世界经济发展数据库；能源消费强度数据来源于国际货币基金组织、中国国家统计局和经济合作与发展组织。中国能源消费强度数据来源于2023年《中国统计年鉴》；2019年和2022年的上海能源消费总量和上海生产总值GDP来源于2023年《上海市统计年鉴》，2019年上海煤炭消费总量来自中国研究数据服务平台（CNRDS）。

94.63%[1]，但煤炭在能源消费中的比重大多低于40%。此外，这些国家的能源利用效率有所提升，其中欧盟和日本在碳达峰时能源利用效率均高于世界平均水平，能源消费强度在1.0万—4.7万吨标准煤/万美元之间。

从中国现阶段的经济发展状况看，与1990年的欧盟较为相似，城镇化率均为65%以上，但2023年中国煤炭消费产比远高于欧盟1990年的38%达到55%，与1990年的德国较为接近。当年德国的煤炭和石油消费量相当，随后煤炭消费量大幅减少，到1990年煤炭消费量已降至1990年的一半，这为德国2025年实现碳中和打下坚实基础。对比发达经济体碳达峰时的有关指标，中国的能源结构已与碳达峰典型国家相似，经济发展速度和城镇化水平高于典型国家，但在人均GDP、能源利用效率上仍有待提升，产业结构有待进一步调整。

对于上海而言，2023年上海经济发展水平和城市化率已高于1990年德国的发展水平（见表10-3），同时远高于全国的平均水平。上海第三产业占比高于全国平均水平20.6个百分点，说明上海在推进"双碳"目标，尤其是实现碳达峰目标上，高于全国平均水平，具有全国领先和示范意义。从能源结构看，上海煤炭消费在能源消费中的占比远低于全国平均水平，但与美国和日本相比，仍有提升的空间。总体来看，上海在人均GDP、城市化率、能源消费强度及煤炭在能源消费中的占比均优于德国1990年的水

---

① 张梦楠、曹楠楠、朱雪莲：《典型国家"双碳"目标实现路径解析及中国借鉴》，《河北地质大学学报》2024年第1期。

平。因此，上海在推进"双碳"目标进程中，在经济社会发展的主要指标上具有示范引领的意义，同时可以继续优化能源结构，推动经济社会的绿色低碳转型。

二 全球部分经济体实现碳中和的政策取向

全球部分经济体基于不同的经济发展阶段、资源禀赋、技术水平和产业基础的差异，从目标设定、减排部门等角度制定了各有侧重的碳中和政策体系①，可为中国碳中和政策工具制定提供参考。根据不同经济体的战略和政策取向，碳中和战略政策取向可分为引领型、增长型、跟随型和摇摆型四类（见表10-4）。

表10-4 全球部分经济体实现碳中和政策取向

类型	政策取向	经济体代表	立法进度	主要举措	重点领域
引领型	以碳中和引领经济社会转型	欧盟	已立法	降低生产水泥、钢铁、合成氨、化工等行业的碳排放；公路交通、航空、船舶、铁路产生的碳排放；粮食生产和加工分销的碳排放	工业生产、交通运输、农业
		英国	已立法	启用新核电站、部署海上风能、氢能、太阳能，采用碳捕获技术实现电力脱碳。使用下一代电池技术电气化。重工业、航运、储能等行业优先示范氢和氨	电力脱碳、供热制冷、碳捕集封存、氢氨应用、国际合作

---

① 王建芳、苏利阳、谭显春等：《主要经济体碳中和战略取向、政策举措及启示》，《中国科学院院刊》2022年第4期。

续表

类型	政策取向	经济体代表	立法进度	主要举措	重点领域
		法国	已立法	加速核能、储能创新；汽车、工业和农业脱碳；氢能、木材行业技术创新；低排放交通计划、推广远程工作、拼车、新能源汽车出行	能源创新、行业脱碳、氢能、木材行业、交通运输
		德国	已立法	碳排放定价、建筑节能改造、农业和林业碳储存；风能、太阳能电池发展计划	能源、交通、建筑、农业
增长型	将碳中和视为经济增长的机会	中国	政策宣示	风电光伏发电；建筑节能减排；减少水泥、钢铁、合成氨、化工等工业领域排放；推广新能源汽车；改进耕作方式、减少化肥使用	电力、建筑、工业生产、交通运输、农业
		中国上海	政策宣示	发展新能源和清洁能源，"光伏+"开发利用、海上风电、市外清洁电力输送、新型储能、氢能；低碳城市交通、绿色智慧航运；超低能耗建筑	能源、产业、交通、建筑
		日本	政策宣示	海上风电、氨燃料、氢能、核能、电动汽车和蓄电池、半导体和通信、船舶工业、食品农林和水产、碳回收、资源循环等	能源、交通、工业转型
		韩国	政策宣示	清洁燃料发电、燃料电池、太阳能、风能、储能、绿氢、产业园区建筑、碳捕集利用封存	能源、建筑、产业
摇摆型	政治驱动政策摇摆	美国	政策宣示	清洁能源、储能技术、碳捕集利用、电动汽车、可再生能源发电、可持续化学品和原料、核能、聚变能、节能技术、碳管理技术等	能源、交通、产业

续表

类型	政策取向	经济体代表	立法进度	主要举措	重点领域
跟随型	平稳推进碳达峰碳中和	印度	政策宣示	发展太阳能、风能等可再生能源和农林业	能源、农业、林业
		印度尼西亚	政策宣示	开发太阳能、风能、生物质能、地热能、水电、海洋能、氢气、储能等新能源；减少化石能源的利用；开发地热能	能源

资料来源：笔者整理。

　　全球经济体普遍通过能源、工业、交通、建筑、农业等领域，采取针对性举措，推动关键领域减碳，实现碳中和目标。在碳中和技术中，目前各国认可的减碳技术主要包括核能、太阳能、风能、生物质能等可再生能源，但从用能成本看，核能最高，光伏次之，风能和水能较小。各国由于碳排放结构和资源禀赋的差异，碳减排重点领域各有不同。比如日本因资源不足，太阳能和陆上风能发电受限，更注重储能、核能和节碳技术[1]。而碳捕获利用封存（CCUS）技术由于绿色溢价高、开发难度大，目前只有美国等少数发达国家推广应用。欧盟作为全球气候变化的领先者和倡导者，长期致力于低碳发展，在碳中和立法、调整能源结构和新技术开发使用方面，具有引领示范意义。中国在落实碳中和目标层面多措并举，几乎涵盖了全球主要经济体的所有重点降碳领域，在风电、光伏发电和新能源汽车推广方面，具有领先优势。

---

　　① 张莹、黄颖利：《碳中和实践的国际经验与中国路径》，《西南金融》2022 年第 9 期。

上海在城市宏观层面和能源、产业、交通、建筑等若干领域都采取积极行动，2017 年"上海 2035"将绿色低碳理念融入城市总体规划，全面推动低碳城市发展。总体来看，上海在落实"双碳"目标中，几乎在所有领域均涉及宏观管控和总体规划，但在规划细则落实上，仍存在进一步提升的空间（见表 10-5）。

表 10-5　　　　　上海"双碳"目标宏观管控和规划细则情况

领域	要素	宏观管控	规划细则	领域	要素	宏观管控	规划细则
能源	能源结构	√	—	交通	对外交通	√	√
	分布式能源	√	—		货运交通	√	—
	基础设施	√	—	建筑	建设用地规模	√	—
产业	碳排放量	√	—		公共中心体系	√	—
	碳排放强度	√	—		绿色建筑	√	—
	碳环境影响	—	—	生态	林地	√	—
交通	绿色交通	√	—		湿地	√	—
	公共交通	√	√		公园绿色	√	√
	轨道交通	√	√		耕地	√	—
	道路交通	√	√		设施农用地	√	√

资料来源：谢湘雅、张翀：《"双碳"战略下上海市规划管控策略探索——基于国际经验的分析研究》，《上海城市规划》2023 年第 3 期。

三　全球主要发达经济体"双碳"目标经验做法

总体来看，发达国家和主要经济体在积极响应"双碳"目标号召的同时，在战略、目标和政策体系方面采取诸多措施，制定基于自身经济发展水平、技术特征和资源禀赋条件下，各有侧重的发展政策，主要有以下经验做法。

第一，制定符合自身发展基础的战略取向，建立较为完善的碳排放统计核算体系。由于各国自身发展基础不同，对待"双碳"目标的态度和战略取向存在较大差异。完善的政策体系是推动"双碳"目标实现的重要保障。目前，欧盟、英国、德国等发达经济体率先将碳中和的目标付诸立法。一般而言，设定碳达峰时间越晚，实现碳中和的窗口期也相对较短。对于引领型经济体通常通过立法制定严格的减排目标，而其他经济体通过实现行业增长目标或者弱化减排目标来应对"双碳"约束。此外，主要发达经济体都建立了较为完善的碳排放统计核算体系，并根据目标完成情况跟踪评估，动态调整。

第二，形成关键领域减排路径，调整能源结构是实现"双碳"目标的重要抓手。全球主要发达经济体均在能源、工业、建筑、交通等关键领域加强部署，形成鲜明的减排措施和减排路径，有效推动温室气体的减排。在多种减排路径和方案中，调整能源结构是实现"双碳"目标的牛鼻子。其中，欧盟通过提高数字化和电气化程度，提高建筑、运输、制造等领域的能源标准，并计划建立欧洲氢生态系统。日本也致力于打造氢能社会。2019年日本氢燃料汽车保有量居全球第四，加氢站数量全球第一。美国通过《美国清洁能源与安全法案》和"清洁电力计划"限制燃煤电厂，推动天然气、氢气、核能等清洁能源创新。德国大力实施"压煤弃核增氢"战略，通过煤炭退出，关闭核电站，提高氢能和可再生能源使用提高能效。

第三，低碳技术是应对气候变化的根本手段，降低成本是促进社会低碳转型的根本保障。实现"双碳"目标的重要抓手在于调整能源结构，而调整能源结构的根本遵循在于实现低碳技术的跨越发展。目前，欧盟、英国、美国、韩国等发达经济体均在可再生能源、CCUS、核能等领域加大技术投资力度，鼓励关键技术的研发和创新。欧盟计划在2021—2027年投入1000亿欧元加大创新资金支持力度，其中35%的资金将用于气候变化技术研发。美国《清洁能源革命和环境公正计划》提出将低碳交通、储能、核能、可再生能源发电作为重点研发方向，加速新能源技术研发。长期以来，日本通过投入巨资支持发展低碳技术，如太阳能综合利用、隔热材料、环保住宅等多项技术位居世界前列。发达经济体在加大低碳技术研发和投入的同时，也注重从政策层面推动新能源技术的市场化和商业化，从需求侧倒逼产业降低成本，保障社会低碳转型。

第四，具有较为成熟的碳排放权交易市场和碳定价机制，财税制度相对完善。发达经济体的碳市场大多运行多年，在目标制定、配额分配、价格发现方面具有较为丰富的经验。欧盟碳市场是全球首个和最成熟的碳市场，通过一级市场发行配额总量，二级市场买卖配额实现碳配额的市场定价。美国作为全球第二大碳市场，在跨区域交易、减排合作、交易模式等方面经验丰富。韩国碳市场体量在全球碳市场中位居第二，仅次于欧盟碳市场，通过"做市商"举措吸引卖家进入碳市场①。相比较而言，发达经济体的财税制度更为成熟，在出台低碳项目和绿色产品大规模投融资计划时，具有更为丰富的资金来源，更有利于推动经济、社会、产业沿低碳路径持续发展。

第四节　建立具有龙头带动和示范引领 "双碳"目标的上海路径

实现"双碳"目标，是以习近平同志为核心的党中央统筹国内外两个大局做出的重大战略部署，是推动社会低碳转型，实现经济高质量发展的重要举措。上海市在积极稳妥推进"双碳"目标的过程中，政府部门始终高度重视降碳工作，制定了高于全国平均水平的减排战略和低碳目标，取得了较好的实践成效，形成了诸如包括上海市部署的节能降碳改造、深远海上风电建设、电动汽车公共充电桩及虚拟电池建设、公共建筑节能改造、碳达峰十大行动、举办碳市场大会、上海国际碳博会等典型事例，在推动全国"双碳"目标实现的过程中，发挥了龙头带动和示范引领作用，对进一步提炼"面向上海，辐射全国"的建设经验和推进路径具有重要的借鉴意义。

---

① 陈星星：《全球成熟碳排放权交易市场运行机制的经验启示》，《江汉学术》2022年第6期。

一 碳达峰碳中和"1+1+8+13"政策体系顶层设计，对形成统一的法律框架和明确的责任划分具有辐射带动作用和示范引领意义

中国式现代化是人与自然和谐共生的现代化，要求中国坚持将生态文明放在"五位一体"总体布局中，践行绿色发展理念，建设美丽中国。"双碳"目标政策体系是"双碳"工作的时间表、路线图、施工图，不仅要明确碳达峰碳中和的具体目标，还要细化到实施方案、责任划分和督查考核。从上海的建设经验看，两份顶层设计文件《中共上海市委上海市人民政府关于完整准确全面贯彻新发展理念做好碳达峰碳中和工作的实施意见》和《上海市碳达峰实施方案》是上海市贯彻绿色发展理念，实现"双碳"目标最重要的两份纲领性文件，有效解决了地方政府管辖范围内各级主体缺乏法律供给导致的执行碳减排难以形成合力，碳管理难以"凝心聚力"。此外，顶层文件中一些定量目标的提法超过国家整体水平，比如到2030年单位生产总值二氧化碳排放比2005年下降75%，超出国家文件要求的65%水平，体现了上海在推进"双碳"目标时的精准规划和科学测算。从对长三角一体化和其他省份的辐射带动作用看，在制定"双碳"目标时，首先要对照国家文件要求，参照上海的示范经验，形成适合区域发展条件和资源禀赋的战略图和实施图，明确重点领域和区域达峰实施方案，协调各项保障方案，包括科技支撑、绿色金融、财税政策、督查考核等。在实施方案推进的过程中，参考全球主要发达经济体实现碳达峰的发展方式，重点对标上海或者主要发达经济体碳达峰时经济社会发展主要指标，找出地区经济发展的薄弱环节，

制定符合自身发展基础的战略取向,并持续跟踪和动态调整。

二 建设具有全球影响力的绿色技术创新中心,对绿色低碳技术创新和应用推广,形成更多创新成果具有龙头带动和示范引领意义

加快能源领域技术研发和成果转化,对推动能源结构转型升级,助力低碳领域高水平科技自立自强具有重要意义。上海在推进重组、优化完善10个碳中和相关领域重点实验室和建设具有全球影响力的科技创新中心中,推动形成了更多创新成果,具有较强的龙头带动和示范引领意义。其中,上海设立了碳达峰碳中和市级科技专项,启动科技支撑碳达峰碳中和项目布局,重点支持二氧化碳捕集利用与封存、新型能源、工业产业低碳零碳、深远海上风电、储能、新型电力系统、绿氢、零碳炼钢等关键技术,这些前沿领域培育的最新成果和高端人才,可以在国家层面统筹协调,实现区域间技术溢出和人才交流,带动长三角一体化乃至全国其他省份加快低碳领域科技创新和产业转型。与此同时,在国家层面协同布局、优化发展风能、太阳能、水能、核能、生物质能、氢能、储能等新能源,完善新能源消纳政策措施,构建区域间新能源产业产学研一体化平台,可以推进区域间技术溢出,加快要素资本流动,提高长三角一体化新能源领域上下游产业链供应链匹配程度和韧性安全水平,助力上海发挥龙头带动和示范引领的作用。对于地方的传统行业,要特别注意不能简单当成"低端产业"一退了之、一关了之,更要仿效上海在推动能源转型的发展经验,在工艺、技术、装备上实现升级,推动煤、油、气同新能源联动融合、多能互补，真正实现区域创新和能源革命。

三 上海十大碳达峰行动，对明确重点发力领域和探索主要减排路径具有示范引领意义

上海十大碳达峰行动几乎涵盖了世界主要发达经济体实现碳达峰、推进碳中和的主要举措和重点领域，包括能源转型、节能增效、工业降碳、城乡建设、绿色交通、循环经济、低碳科技、生态碳汇、市民行动和区域行动十个方面。可以说，上海这一"自我约束、自我加压、全面转型"的发展模式，是全国"双碳"转型的"样板间"，极具龙头带动和示范引领意义。其他省份可以根据自身实际发展情况，有选择性地对标上海在十大领域的建设方案、未来目标和实施成效，比如在建设方案方面，借鉴上海推进落后燃煤机组高效替代和清洁化改造，健全煤炭清洁高效利用机制，加快规划建设新型能源体系，提升电网对可再生能源的消纳调控能力；滚动编制《上海市产业结构调整指导目录（限制和淘汰类）》；新建建筑至少使用一种可再生能源；鼓励支持钢铁、能源等重点领域企业制定并实施碳达峰碳中和方案，支持重点区域打造各具特色的碳达峰碳中和试点样本等。在未来目标方面，参考上海制定到 2025 年全市非化石能源消费占比提升至20%，绿色低碳产业规模突破 5000 亿元，氢能产业链产业规模突破 1000 亿元；公共机构、工业厂房建筑屋顶光伏覆盖率达到 50%以上；中心城区绿色交通出行比例提高到 75%。到 2025 年，公交车、巡游出租车新增或更新车辆原则上全部使用新能源汽车；千座公园计划和"1+5+2"重点生态走廊建设，新增公园 600 座左

右，新增森林面积 5 万亩。在实施成效方面，借鉴上海重点用能企业 "能效领跑者" 行动和 "百一行动" 计划，每年实现节能量30 万吨标准煤以上，推行合同能源管理项目 50 个以上；在上海化学工业区推进 "园中园" 建设，坚决遏制 "两高一低" 项目盲目发展；举办上海国际碳中和技术、产品和成果博览会（上海碳博会），打造具有国际顶尖影响力的标杆性碳中和主题展会等。

四　作为全国碳市场的交易中心，对支持碳市场稳定运行和低碳市场化体系建设具有示范引领意义

　　碳市场是实现 "双碳" 目标的核心工具之一。上海环境能源交易所作为全国碳排放权交易系统账户开立和运行维护的具体承担单位，深度参与了中国碳市场从试点探索到全面建设的各个阶段，在交易机制、市场运行、交易主体、排放核算等方面积累了丰富的经验，在支持其他省份碳市场建设和运行，助力试点碳市场对接全国统一碳市场，具有较强的示范意义。对于其他省份，在交易机制方面，可以借鉴上海市全国碳市场或者欧盟碳交易体系的先进经验，健全碳排放权交易市场制度，初期采用免费配额的方式降低企业碳排放成本，随着碳交易市场的逐渐成熟，逐渐降低免费配额比例直至停止免费配额发放；在市场运行方面，可以借鉴上海环交所举办的首届全国碳市场模拟交易大赛，吸引发电、化工、建材、石化、钢铁、有色、造纸、民航等行业高碳排放企业参与，积累市场运行、技术支持和规模扩容等方面的经验；在交易主体方面，可以仿照全国碳市场的发展模式，初期主要覆盖火力发电企业，分阶段有步骤推进更多成熟行业，比如将钢铁、建材等纳入地方碳市场，并进一步纳入八个重点排放行业；在排放核算方面，可以借鉴上海市在碳排放统计核算领域的探索，制定本省份各区域、各行业、各行政区、重点区域和重点企业统一规范的碳排放统计核算体系实施方案，提升数据质量。

第 十 一 章

加快形成绿色低碳生活方式

中国式现代化是人与自然和谐共生的现代化。党的二十届三中全会指出，聚焦建设美丽中国，加快经济社会发展全面绿色转型。加快形成绿色低碳生活方式，是促进经济社会发展全面绿色转型的内在要求，是实现人与自然和谐共生的现代化必由之路。上海市在推动形成绿色低碳生活方式领域，既具有显著的经济、社会以及技术"支撑优势"，也具有龙头带动与示范引领的经验"扩散优势"。推动上海加快形成绿色低碳生活方式，有助于通过发挥龙头带动与示范引领作用，为全国其他城市加快形成绿色低碳生活方式提供经验借鉴。未来持续充分发挥上海示范引领作用，关键在于建立政府引导、企业主导、公众参与的"三位一体"长效共治机制，构建上海绿色低碳生活方式全国带动与示范路径。

第一节 加快形成绿色低碳生活方式的
科学内涵与现实意义

一 加快形成绿色低碳生活方式的科学内涵

生活方式的变革实质上是人的发展①。碳达峰碳中和背景下，加快发展方式绿色转型是实现"双碳"目标以及经济社会发展全面绿色转型的必由之路，绿色低碳生产方式与生活方式作为绿色发展方式的有机构成，具有相辅相成、相互促进的动态适配关系，绿色生产方式转变引领生活方式绿色变革，而绿色生活方式需求倒逼生产方式绿色转型。注重人与自然共生的平衡关系、保护生物多样性、提倡环保、简约适度、绿色低碳、节约集约循环利用资源等是绿色生活方式的基本特征，充分反映了现代文明的科学价值理念和文明生活态度②。绿色低碳生活不仅涉及物质消费层面的绿色化，还涵盖了精神追求的绿色变革，体现了物质与精神层面绿色理念的有机统一。

一方面，绿色产品消费是加快形成绿色低碳生活方式的实践抓手。绿色消费方式是指社会个体通过价值选择和自我认同所构建的兼顾消费目标达成与减少环境破坏的消费方式，尽管生产方式和消费方式都是历史唯物主义的基本范畴，但消费方式具有更

---

① 张三元：《绿色生活方式的构建与人的全面发展》，《中国特色社会主义研究》2017 年第 5 期。

② 方世南：《践行人与自然和谐共生平衡的绿色生活方式》，《毛泽东邓小平理论研究》2020 年第 1 期。

加本体的地位，是人的社会存在的基本形式，是生活方式的主要呈现方面，因此绿色消费方式是形成绿色生活方式的关键[①]。消费者代表供应链终端需求，绿色消费模式以及消费偏好是解决非可持续性产业循环的一个重要突破点[②]。绿色低碳生活倡导对绿色低碳产品如节能灯具、节水器具、低能耗家电等绿色家电的选择与消费，还表现对绿色农产品以及减少包装、选择可循环材料制成产品的消费等，相关产品在设计、制造、使用及废弃处理过程中都力求减少碳排放和环境污染。

另一方面，绿色价值追求是加快形成绿色低碳生活方式的精神动力。这一价值追求表现为人与自然和谐共生理念带来的精神满足，在现实中表现为多个维度：通过参与生态系统修复、维护生物多样性、深度融入大自然以及体验生态旅游等活动，不断享受大自然带来的心灵释放与美学享受等；通过骑行、步行、公共交通以及电动汽车使用等绿色出行方式，促进形成身心健康的生活习惯。绿色居住融合了物质与精神双层面的概念，是指在居住环境中使用节能产品以及采取一系列措施和实践，包括使用环保建材、实施节能设计、安装节能设备、建立雨水收集和废水循环系统、创建绿色屋顶和立体绿化等，以减少对环境的影响，提高居住的能源效率，保障居住环境的健康和安全。总之，绿色低碳生活方式体现了物质消费与精神追求的双重绿色变革，它不仅是

---

① 陈凯、高歌：《绿色生活方式内涵及其促进机制研究》，《中国特色社会主义研究》2019 年第 6 期。

② 盛馥来、诸大建：《绿色经济：联合国视野中的理论、方法与案例》，中国财政经济出版社 2015 年版。

一场针对消费模式和生活习惯的根本性调整，也是一次深刻的社会意识觉醒，个体不再单纯追求物质财富的积累，而是将目光投向更为长远的生态平衡与代际公平，力图在满足当前生活需求的同时，实现生态资源永续利用以及生态环境质量持续改善。

二　加快形成绿色低碳生活方式的现实意义

一是加快形成绿色低碳生活方式是实现"双碳"目标，促进人与自然和谐共生的必由之路。实现"双碳"目标是一个系统工程，涉及生产生活的方方面面，在推动生产端节能减排的同时，生活端的需求牵引作用同样重要。居民生活碳排放包括能源消耗碳排放以及生活消费、购买服务造成的间接碳排放。据有关数据，我国居民生活碳排放占全部碳排放的40%左右，发达国家居民生活碳排放占比为60%—80%（中金公司研究部、中金研究院，2021)[1]。据中金公司对五个典型生活场景的测算数据，绿色低碳生活对实现"双碳"目标意义重大。具体的，节约用电方面，综合考虑家电标准提升、清洁能源占比提升，与基准情况相比，2030年居民用电量下降21%、碳排放下降4.94亿吨；光盘行动与杜绝浪费方面，2030年减少对应浪费食物所产生的碳排放量2691万吨；饮食结构方面，假设10%的人口由杂食食谱转为蛋奶素食食谱，中国将在2030年减少相对应碳排放量6621万吨；快递包装回收利用方面，随着快递包装回收利用体系的不断健全，2025年快递包装碳排放量将减少32.2%（对应碳排放量495万

---

① 中金公司研究部、中金研究院：《碳中和经济学》，中信出版社2021年版。

吨);共享充电宝利用方面,预计未来十年每年因共享充电宝节省充电宝消费 1 亿台左右,每年平均减少约 70 万吨碳排放。此外,绿色低碳生活也是降低环境污染,减少对自然资源的过度开采,促进生态系统的自然恢复和生物多样性保护的必由之路,对于实现人与自然和谐共生有重要意义。

二是加快形成绿色低碳生活方式将倒逼经济社会发展深度绿色转型,促进形成绿色低碳发展新格局。构建绿色低碳的生活方式,将通过其物质产品消费以及精神需求满足的特殊终端地位,对生产领域产生综合需求牵引效应,倒逼企业能源结构转型以及推动绿色低碳科技创新取得新突破[1],促进企业扩大绿色产品市场供给,催化形成更具韧性和市场竞争力的绿色产业链供应链等。这一系列互动构成了一种供需双方动态适配、优化调整的新模式,消费者对绿色低碳产品的需求成为拉动供给侧结构性改革的关键力量,而供给侧改革又将进一步丰富并深化绿色低碳消费的选择,共同塑造绿色低碳经济发展的新格局。

三是加快形成绿色低碳生活方式是培育绿色低碳生活新风尚,促进实现共同富裕的内在要求。共同富裕作为全面建设社会主义现代化国家的重要目标,其内涵超越了单纯的物质财富积累,而涵盖了精神文化层面的充实与和谐。绿色低碳生活方式的推广与实践,正是这一理念在生态文明建设领域的具体体现,标志着向生态共同富裕迈进的重要一步。个体绿色低碳意识的增强,不仅

① 孙博文:《加快发展方式绿色转型:内在逻辑、任务要求与政策取向》,《改革》2023 年第 10 期。

意味着对生态环境保护的重视，展现了人民群众对高质量生活状态的向往，体现了马斯洛需求层次理论中的更高层级需求——自我实现与自我超越，反映出社会进步与文明发展的新高度。从哲学视角看，绿色低碳生活理念也与我国传统文化中的"天人合一"思想不谋而合，强调人与自然的和谐共生，要求尊重自然、顺应自然、保护自然，体现了深厚的文化自信与历史传承，是对传统优秀文化精髓的现代诠释与实践。总之，加快形成绿色低碳生活方式，既遵循经济社会发展规律，又符合生态文明建设要求，且植根于中华优秀传统文化土壤，将为实现共同富裕提供了强大精神动力与文化支撑。

四是对于上海而言，加快形成绿色低碳生活方式，体现了超大型城市绿色转型发展的内在要求，有助于发挥龙头带动与示范引领作用，为其他城市绿色低碳生活治理提供经验借鉴，为全球生态文明建设贡献"中国智慧"和"上海方案"。

一方面，上海绿色低碳生活方式的形成，与未来城市发展高级形态的要求高度契合。2018 年，习近平总书记首次提出"公园城市"理念，是基于对人类社会发展规律、人与自然关系演进规律、城市文明发展规律的科学把握和深邃洞见。公园城市绿色低碳生活的目标高度一致，倡导尊重自然、保护环境、低碳高效的生活方式，不仅是一个物理空间概念，更是一种新的城市文明形态。公园城市强调城市规划和建设应充分考虑生态效益，将自然生态系统作为城市结构的重要组成部分，不仅要求城市空间布局的绿色化、生态化，还蕴含了绿色低碳生活方式的推广与普及，推动实现人与自然和谐共生。因此，加快推动上海形成绿色低碳生活方式是超大城市绿色转型的重要方向，也是未来城市朝向公园城市这一高级城市形态发展的内在要求。

另一方面，上海推动形成绿色低碳生活方式，既具有显著的经济、社会以及技术"支撑优势"，也具有龙头带动与示范引领的经验"扩散优势"，有助于为其他地区现代化发展提供可复制、可推广的经验。上海以其独有的经济实力、社会条件和技术优势，对于引导全国范围内形成绿色低碳生活方式，实现经济社会发展全面绿色转型，具有龙头带动与示范引领作用。在支撑形成绿色生活方式的优势方面，作为中国经济的领头羊，上海的经济总量连续多年位居全国首位，其产业结构的优化升级，尤其是服务业与高新技术产业的蓬勃发展，为绿色低碳生活方式形成奠定经济基础；上海市民的整体素质较高，人们在物质生活达到一定水平后开始追求更高层次的精神满足，绿色低碳生活的健康和时尚属性则恰好符合这一心理需求，为形成绿色低碳生活方式提供良好社会氛围①；数字技术应用也进一步加速了上海绿色低碳转型的步伐，借助数字化平台的共享单车和电动汽车，显著降低城市碳排放，上海已成为数字技术促进绿色低碳生活的典范。另外，在示范引领与经验扩散优势方面，作为改革开放的排头兵，上海一举一动都备受瞩目，其成功的实践案例能够迅速传播并激励全国各地学习效仿。例如，上海的垃圾分类制度已经在全国多个城市

---

① 2016年，上海城市发展目标公众调查结果显示，"开放、绿色、关怀"是市民对于上海未来畅想的三个核心关键词，市民越来越强调对宜居环境的追求，越来越关注城市人文魅力的提升，越来越追求上海民生建设带来的获得感，对打造"环境友好、低碳出行的绿色城市"认同率排名首位为17%。

得到推广，成为推动全社会环保意识提升的有效手段①。此外，上海的绿色金融体系、绿色建筑标准等创新模式，也为其他地区提供了可复制、可推广的经验。未来，随着上海经验的不断深化和扩散，生活方式绿色转型深入推进，势必为全球生态文明建设贡献更多"中国智慧"和"上海方案"。

第二节　加快形成绿色低碳生活方式的上海实践与薄弱环节

一　上海在加快形成绿色低碳生活方式方面的政策进展

党的十九大以来，上海在培育绿色低碳生活方式方面采取了一系列措施。早在《上海市城市总体规划（2017—2035年)》中，便提出提高公共交通服务水平、推进绿色建筑和生态网络建设的要求，2019年上海实施《上海市生活垃圾管理条例》，系全国首次以法治化手段推动垃圾分类的城市，近些年取得了突出的实践成效。2023年，习近平总书记在视察上海时的讲话中，进一步强调了经济社会发展全面绿色转型的必要性。2023年5月21日，习近平总书记给虹口区嘉兴路街道垃圾分类志愿者回信，对推动垃圾分类成为低碳生活新时尚提出殷切期望。

随着碳达峰、碳中和战略的深入推进，上海深入推进经济社会发展全面绿色转型，陆续出台《上海市碳达峰实施方案》《关

---

① 澎湃研究所：《垃圾分类的全球经验与上海实践》，同济大学出版社2020年版。

于加快推进环城生态公园带规划建设的实施意见》《关于加快建立健全绿色低碳循环发展经济体系的实施方案》《关于深入打好污染防治攻坚战迈向建设美丽上海新征程的实施意见》《关于我市进一步促进和扩大消费的若干措施》《关于深入践行人民城市重要理念建设更高水平公交都市示范城市的三年行动方案（2021—2023 年）》《关于推进上海市公园城市建设的指导意见》以及《关于"十四五"期间全面推进"15 分钟社区生活圈"行动的指导意见》等政策措施（见表 11-1），大力推动绿色低碳出行，发展绿色建筑，强化生活垃圾分类执行，拓展绿色消费市场，营造绿色生态空间以及"15 分钟生活圈"等举措促进打造绿色低碳社会，促进绿色低碳生活方式加快形成。

表 11-1　　　　上海加快形成绿色低碳生活方式的政策进展

时间	重要法律及政策文件	主要内容
2017-12-15	《上海市城市总体规划（2017—2035 年）》	一是要求提高公共交通服务水平。中心城确立公共交通在机动化出行中的主导地位，至 2035 年，公共交通占全方式出行的比例达到 50% 以上，绿色交通出行比例达到 85%。二是依托绿色生态城区推进绿色建筑规模化、高星级发展，全面推广绿色建筑，推广装配式建筑与市政基础设施的技术应用，加强现有建筑的节能改造，至 2035 年，符合条件实施装配式建筑覆盖率 100%，新建民用建筑绿色建筑达标率达到 100%。三是营造绿色开放的生态网络。加强生态区域、公园绿地的建设。至 2035 年，生态用地（含绿化广场用地）占陆域面积的比例不低于 60%，森林覆盖率达到 23% 左右，人均公园绿地面积力争达到 13 平方米以上

续表

时间	重要法律及政策文件	主要内容
2019-7-1	《上海市生活垃圾管理条例》	对垃圾分类标准、垃圾分类投放要求、垃圾分类责任与处罚、管理与监督机制以及促进措施进行了详细的部署
2020-11-12	习近平总书记在浦东开发开放30周年庆祝大会上的讲话	要求构建和谐优美生态环境，把城市建设成为人与人、人与自然和谐共生的美丽家园
2021-5-20	《关于加快推进环城生态公园带规划建设的实施意见》	提出到2025年，"一大环+五小环"环城生态公园带体系基本形成，"一江、一河、一带"公共空间格局初步形成；到2035年，以外环绿带为骨架，向内连接10片楔形绿地，向外连接17条生态间隔带，与"五个新城"环新城森林生态公园带密切衔接的宜居宜业宜游大生态圈基本建成
2021-6-30	《关于推进上海市公园城市建设的指导意见》	加快构建覆盖全域的城乡公园体系，为市民创造更多、更方便的绿色空间。打造公园城市，推动公园与体育、文化、旅游等各类功能有机融合。增加一批家门口的公园，满足市民休闲、健身、亲子互动等需求。以"公园功能拓展"推动全面功能融合，提升城市品质。"十四五"时期，在新建改建的公园中融入体育、文化等元素，创建各类主题公园
2021-8-21	《关于深入践行人民城市重要理念建设更高水平公交都市示范城市的三年行动方案（2021—2023年）》	积极贯彻交通强国建设要求，对标国际一流，引领长三角世界级城市群发展，加大战略性、基础性、先导性公共交通设施建设力度
2021-9-16	《关于"十四五"期间全面推进"15分钟社区生活圈"行动的指导意见》	该指导意见旨在践行人民城市理念，围绕"宜居、宜业、宜游、宜学、宜养"目标愿景，全面推进、加快实施"15分钟社区生活圈"行动，推动社区功能不断完善、品质不断提升、环境不断改善

时间	重要法律及政策文件	主要内容
2021-9-29	《上海市关于加快建立健全绿色低碳循环发展经济体系的实施方案》	一是加强再生资源回收利用。推进垃圾分类与再生资源回收"两网融合",完善"点站场"三级回收体系,鼓励主体企业建设区域性再生资源交易中心,畅通低价值可回收物回收利用体系。二是促进绿色产品消费。政府投资的基础设施、公共民生设施项目要优先采购利用绿色技术及产品,将绿色采购制度逐步扩展至国有企事业单位。积极引导企业和居民采购绿色产品,试点餐饮行业绿色账户积分激励机制。三是倡导绿色低碳生活方式。坚决遏制餐饮浪费行为,大力推行适度点餐取餐,全面推行"光盘行动"。深入推进绿色家庭、绿色社区、绿色商场、绿色出行和绿色建筑等创建行动。依托"15分钟生活圈"建设,打造品质宜人的慢行空间,提升交通系统智能化水平
2022-7-8	《上海市碳达峰实施方案》	积极引导市民绿色低碳出行,进一步提升城市公共交通和慢行系统的出行环境和服务水平。建设循环型社会。全面巩固生活垃圾分类实效,完善生活垃圾全程分类体系和转运设施建设,构建常态长效管理机制,打造全国垃圾分类示范城市。加快推动快递包装绿色转型。围绕"衣、食、住、行、用"等日常行为,引导市民全面深入践行绿色消费理念和绿色生活方式。坚决遏制奢侈浪费和不合理消费,全面推行光盘行动,坚决制止餐饮浪费。在全社会倡导节约用能,开展各类绿色低碳示范创建,深入推进绿色生活创建行动。引导激励市民积极参与绿色消费、低碳出行、可回收物分类等绿色低碳行动。鼓励发展二手交易市场。建立健全推广使用制度,提升绿色产品政府采购比例
2022-10-11	《关于深入打好污染防治攻坚战迈向建设美丽上海新征程的实施意见》	推行绿色产品政府采购制度,推广节能环保低碳产品。加强塑料污染治理,推进快递包装绿色转型。开展绿色生活创建行动。建立绿色消费激励机制,推进绿色产品认证体系建设

续表

时间	重要法律及政策文件	主要内容
2023-3-23	《关于我市进一步促进和扩大消费的若干措施》	扩大绿色低碳消费产品有效供给，支持大型商场创建国家绿色商场，培育一批商贸流通绿色主体。打造一批绿色餐厅。继续实施绿色智能家电消费补贴，对消费者购买绿色智能家电等个人消费给予支付额 10%、最高 1000 元的一次性补贴
2023-12-1	习近平总书记在视察上海时的讲话	要全面践行人民城市理念，充分发挥党的领导和社会主义制度的显著优势，充分调动人民群众积极性主动性创造性，在城市规划和执行上坚持一张蓝图绘到底，加快城市数字化转型，积极推动经济社会发展全面绿色转型
2024-1-1	《上海市发展方式绿色转型促进条例》	在总则"第六条本市营造推动发展方式绿色转型的良好社会氛围"指出：单位和个人应当增强绿色低碳意识，依法落实绿色转型的有关要求，践行绿色低碳的生产生活方式。本市机关、事业单位应当率先贯彻绿色低碳理念、厉行节约、反对浪费，推进无纸化绿色办公，采用绿色低碳产品，加快数字化转型，发挥绿色转型示范引领作用。企业应当加大绿色技术和产品的创新研发和推广应用，推进生产经营活动数字化和绿色化，减少能源资源消耗、污染物排放和温室气体排放，承担绿色转型相关社会责任。个人应当积极参与绿色消费、绿色出行、生活垃圾分类、光盘行动等绿色低碳活动，自觉履行节约资源、保护环境的义务
2024-5-1	《上海市促进长三角生态绿色一体化发展示范区高质量发展条例》	示范区范围包括上海市青浦区、江苏省苏州市吴江区、浙江省嘉兴市嘉善县。示范区建设应当践行新发展理念，坚持创新引领，因地制宜发展新质生产力，率先将生态优势转化为经济社会发展优势，率先探索从区域项目协同走向区域一体化制度创新，不破行政隶属、打破行政边界，探索生态友好型发展模式，实现绿色经济、高品质生活、可持续发展的有机统一

资料来源：笔者整理。

二 上海在加快形成绿色低碳生活方式方面的实践成效

作为中国经济中心和国际大都市，上海持续致力于打造绿色、低碳、可持续的城市发展模式。在"衣、食、住、行、用"等日常生活的各个方面，上海市民正全面深入地践行绿色消费理念和绿色生活方式，并取得突出成效，为全国乃至全球城市绿色转型提供有益经验启示。

一是绿色交通出行方面。上海不断加大公共交通投入，地铁网络快速发展，为市民提供了便捷、高效的公共交通服务，减少了私家车的使用。通过大力推广共享单车和电动车，鼓励市民选择绿色出行方式。截至2023年年底，上海已建成轨道交通线路20条（含磁浮线），全网络运营里程达831千米，运营里程位居世界第一。据统计，每天有数百万人次选择共享单车出行，减少了大量的碳排放。上海新能源汽车保有量达到128.8万辆，排名全球城市第一，上海的新能源公交车占比已超过60%，预计到2025年，这一比例将达到100%。同时，上海还大力发展智能交通系统，通过大数据、云计算等技术手段，提高交通管理的智能化水平，为市民提供更加便捷、安全的出行服务。

二是绿色建筑方面。上海高度重视绿色建筑的发展，制定了严格的标准和规范。近年来，越来越多的新建建筑采用了太阳能光伏发电、地源热泵、雨水回收利用等节能环保设计和技术。同时，上海还鼓励建筑采用太阳能、风能等可再生能源，大力推进既有建筑的节能改造，通过更换节能门窗、加装保温材料等措施，提高建筑的能源利用效率。根据《上海绿色建筑发展报告2022》，截至 2022 年年底，累计落实超低能耗建筑项目 127 个，建筑面积达到 1030 万平方米，发展规模位居全国第一。上海已建成绿色建筑超过 1 亿平方米，占新建建筑的比重超过 70%。随着城市更新推进，存量建筑也加入了绿色化进程。据统计，截至 2022 年年底，上海已经落实了存量公共建筑节能改造 440 万平方米，居住建筑节能改造 887 万平方米。

三是生活垃圾分类方面。自 2019 年 7 月 1 日起，上海正式实施《上海市生活垃圾管理条例》，成为全国首个全面实施垃圾分类的城市。通过广泛的宣传教育和严格的执法监管，上海市民的垃圾分类意识和参与度不断提高。在转运设施建设方面，上海已建成多个大型垃圾转运站，实现了垃圾分类的高效转运和处理。另外，上海还积极探索构建常态长效管理机制，通过加强宣传教育、加大执法力度等措施，确保垃圾分类工作持续推进、落地见效。全面推行垃圾分类 5 年来，生活垃圾全程分类体系基本建成，市民分类习惯逐步养成，居住小区和单位垃圾分类达标率保持在 95% 以上，在住房和城乡建设部对全国 46 个重点城市和超特大城市生活垃圾分类评估中，上海始终保持全国第一。对比《上海市生活垃圾管理条例》实施前，上海干垃圾日清运量减少 15.6%，可回收物、有害垃圾、湿垃圾日分出量分别增加 1.9 倍、14.3 倍、0.7 倍。另外，据上海市绿化和市容管理局统计，截至 2023 年，全市居住区和单位分类达标率双双达到 95%，垃圾回收利用率超过 60%，上海生活垃圾资源化利用率已达到 40% 以上。

四是绿色消费方面。上海积极倡导绿色消费理念，鼓励市民选择环保、低碳的产品和服务。此外，上海还举办各类绿色消费宣传活动，如"地球一小时""无车日"等，提升公众环保意识，引导市民形成绿色消费习惯。通过举办绿色产品展销会、开展绿色消费宣传等活动，上海市民的绿色消费意识不断增强。据统计，《中国消费市场绿色低碳可持续趋势调查报告（2023）》指出，北上广深等一线城市对绿色低碳产品的认可度为92%，远超其他城市。

五是绿色生态与慢行空间营造方面。上海致力于打造公园城市，提升城市绿化水平。截至2023年，上海现有的832座公园中，包括有城市公园477座、口袋公园265座、乡村公园89座、主题公园1座，人均公园绿地面积接近9平方米。此外，上海还大力推进城市绿道建设，构建了覆盖全市的绿道网络，为市民提供了丰富的绿色休闲空间。上海正在大力推进"15分钟社区生活圈"建设，即市民在15分钟步行范围内能够享受到购物、休闲、教育、医疗等基本生活服务。这一模式的推广，有助于减少市民的出行距离和时间，降低交通拥堵和污染。截至2023年，上海已有超过90%的社区具备了"15分钟社区生活圈"的服务能力①。

三 上海在加快形成绿色低碳生活方式方面的薄弱环节

尽管上海在推动绿色低碳生活方式上取得了显著成就，但仍面临一些挑战与问题。在绿色交通出行方面，虽然公共交通网络发达、新能源汽车普及率高，但城市交通拥堵问题在高峰期仍然严峻，尤其是非机动车道不足和混行安全问题，影响了绿色出行

---

① 数据来源：上海市发展和改革委员会。

的安全性和吸引力。绿色建筑领域，尽管政策支持与标准严格，但改造成本高和技术应用难度大限制了既有建筑的快速绿色化，且超低能耗建筑的推广仍有较大提升空间。生活垃圾分类虽已形成良好机制，但如何进一步提高分类精准度和扩大后端处理能力，以及维持居民长期分类积极性，是当前面临的突出问题。绿色消费领域，虽然公众意识提升，但绿色产品市场仍需丰富多样性与提高性价比，以满足更广泛消费者需求。至于绿色生态空间与慢行空间，虽然公园绿地与绿道建设成果显著，但如何均衡分布，尤其是在人口密集的老城区提供更多可达性强的绿色空间，以及如何有效整合"15分钟生活圈"内的绿色资源，促进健康慢行生活方式，仍是待解议题。

四　典型案例：生活垃圾分类"上海模式"

通过借鉴世界各国在垃圾分类和资源回收方面的先进经验和成功案例，比如德国的严格分类体系、日本的细致分类与高度回收利用率，以及北欧国家在循环经济和零废弃目标上的努力等①，结合中国经济社会发展转型的具体现实，上海形成了全球领先的生活垃圾分类"上海模式"。

自2019年实施《上海市生活垃圾管理条例》以来，上海生活垃圾全程分类体系基本建成，生活垃圾分类取得了显著成效，以生活垃圾全程分类体系为核心的"上海模式"逐步成型，不仅有效提升了垃圾资源化利用率，减轻了环境压力，还促进了城市

---

① 澎湃研究所：《垃圾分类的全球经验与上海实践》，同济大学出版社2020年版。

精细化管理，成为国内乃至国际上推广垃圾分类的典范。

这一模式的关键在于建立全链条、高效率、精细化的垃圾分类与处理体系，以强化全程管控为核心，增强处置能力为关键，落实源头分类为基础，旨在实现生活垃圾的"减量化、资源化、无害化"。一是通过立法手段，确保了垃圾分类的法治化、规范化。《上海市生活垃圾管理条例》施行，明确了分类标准、投放要求、收运处理规范以及相应的法律责任，为垃圾分类提供了坚实的法律基础。[①] 二是实施严格垃圾制度以及全流程封闭管理。将生活垃圾分为可回收物、湿垃圾（厨余垃圾）、干垃圾（其他垃圾）和有害垃圾四大类，每个类别对应不同颜色的垃圾桶（可回收物—蓝色、湿垃圾—棕色或灰色、干垃圾—黑色、有害垃圾—红色），便于居民识别和投放。从源头分类投放、中端分类收运到末端分类处理，实现垃圾处理的全链条闭环管理，确保分类好的垃圾不被混装混运，提高了分类时效性。三是注重生活垃圾的资源化循环利用。通过提升末端处理设施的技术水平，如建设大型生活垃圾焚烧厂和厨余垃圾处理设施，将可燃的干垃圾用于焚烧发电，厨余垃圾进行生物处理转化为肥料或生物能源，同时加强对可回收物的分拣和再利用，有害垃圾则进行安全无害化处理。这一系列措施极大提高了垃圾的资源回收率，减少了对原生资源的依赖，推动了循环经济的发展。四是强化智慧管理。运用大数据、物联网等现代信息技术，建立垃圾分类管理信息系统，实时监控垃圾产生、分类、收运、处理情况，提升了分类管理的

---

① 上海市人民代表大会：《上海市生活垃圾管理条例》，2019年1月31日。

智能化水平。运用智能垃圾桶、App 及小程序实现便利查询与投放，通过构建大数据平台实现垃圾分类数据的实时监测、分析与优化决策，利用物联网技术监控收运流程、防止混装，以及通过数字化平台促进公众互动与精准宣教等。五是推动建立多元共治格局。政府、企业、社会组织和公众共同参与垃圾分类治理。鼓励社会资本投入垃圾分类设施建设与运营，支持社会组织和志愿者开展分类指导和服务，构建全社会参与的垃圾分类治理体系。通过广泛的宣传教育活动，提升市民对垃圾分类重要性的认识，将垃圾分类知识纳入学校教育体系，形成全社会共同参与的良好氛围。利用媒体、社交平台、社区宣传等多种渠道，持续普及分类知识，增强居民的分类意识和准确率。通过经济手段如垃圾分类计费制度，对正确分类的居民给予奖励或优惠，对未按规定分类的行为实施处罚，形成正向激励与反向约束并重的机制。

第三节　上海绿色低碳生活方式全国示范引领的优势和潜力

一　社会公众绿色低碳生活意识强

上海作为国际大都会，其居民普遍接受过良好教育，对绿色低碳理念有着较高的认知水平。这种内在驱动性的绿色低碳意识，不仅体现在对环保政策的积极响应上，更融入了日常生活的细微选择之中。例如，消费者偏爱低碳足迹的商品，家庭倾向于使用节能电器，以及在饮食上追求本地、有机、少包装等环保原则。此外，社交媒体和公共活动成为传播绿色理念的重要平台，绿色公益组织和志愿者团体活跃，通过举办绿色骑行、零废弃挑战等公众参与活动，进一步增强了社会的绿色文化氛围。上海市政府和社会各界的共同努力，使得绿色低碳生活成为一种时尚潮流，体现了市民对高质量生活环境的共同追求。

二　绿色产业与绿色技术辐射作用大

上海在绿色发展方面展现出了强大的带动辐射效应，尤其在新能源汽车、环保产业等战略性新兴产业以及绿色低碳技术领域。政府不仅积极扩大绿色投资力度，还通过财政补贴、税收优惠等政策措施，吸引大量高新技术企业和科研机构聚集，形成了完整的绿色低碳产业链条，不仅支撑了本地绿色交通出行以及为绿色产品供给提供重要保障，而且还通过发挥龙头企业带动长三角乃至全国。其中，新能源汽车产业不仅在产量上领先，更在电池技术、智能网联等关键环节取得突破，促进了电动汽车的普及以及绿色交通的发展。绿色技术方面，上海在绿色生产技术、绿色交通技术、绿色建筑技术、数字碳中和技术等方面具有引领性，企业积极探索废水处理、固废资源化利用等领域的创新解决方案，为全国乃至全球的环境治理提供了"上海方案"。同时，依托数字技术，上海在碳排放监测、碳交易市场建设等方面走在前列，利用大数据、人工智能优化资源配置，推动经济社会向低碳转型。

三　城市规划绿色理念深度嵌入、超前引领

上海的城市规划深刻体现了绿色生态和可持续发展的理念，注重人与自然和谐共存，构建起以"15分钟生活圈"为核心的城

市空间布局。这一理念不仅缩短了居民通勤距离，减少了交通碳排放，还促进了社区内商业、文化、休闲设施的综合配置，提高了生活质量。在绿地系统规划上，上海强调生物多样性保护和城市绿肺功能，通过建设城市绿道、口袋公园、屋顶花园等，增加城市绿化覆盖率，改善城市微气候。此外，上海在海绵城市建设方面也处于领先地位，通过增强雨水吸纳、净化、利用能力，有效缓解了城市内涝问题，提升了城市的生态韧性。

四 绿色生活支撑政策体系化、制度化

上海市政府在推动绿色低碳生活方式方面建立了完善的政策框架，涵盖法律法规、财政激励、行业标准等多个层面，形成了"自上而下"的政策驱动力。一系列政策文件和行动计划的出台，如《关于"十四五"期间全面推进"15分钟社区生活圈"行动的指导意见》《关于我市进一步促进和扩大消费的若干措施》《上海市发展方式绿色转型促进条例》等，明确了绿色低碳生活转型的具体路径和目标，为企业和社会提供了明确的行为指引和政策支持。政府还通过建立绿色信贷、绿色债券市场，引导金融资本流向绿色产业，同时加大对绿色技术研发和应用的支持，为绿色低碳生活方式的普及营造了良好的外部政策环境。

五 生活垃圾分类法治化优势突出

上海在生活垃圾分类管理上的法治化探索，为全国树立了标杆。《上海市生活垃圾管理条例》的实施，标志着上海在垃圾分类管理上迈入了法治化轨道。这一条例不仅详细规定了垃圾的分

类标准和投放要求，还明确了收运、处理流程及各参与方的责任，通过严格的法律约束力确保了分类制度的有效执行。上海的经验表明，垃圾分类的成功不仅依赖于公众意识的提升，还需要有完善的法规体系作保障，以及有效的监管和执法机制。这一做法不仅提升了垃圾处理效率，促进了资源循环利用，也为其他城市提供了可复制、可推广的垃圾分类法治化模式。

第四节　发挥上海龙头带动和示范引领作用的对策建议

一　构建上海绿色低碳生活"三位一体"长效共治机制

充分发挥上海龙头示范带动作用，关键在于构建政府引导、企业主导、公众参与"三位一体"长效共治机制，驱动上海绿色低碳生活全面转型。政府要以《上海市城市总体规划（2017—2035年）》为纲领，强化绿色基础设施，推广绿色消费与建筑，提升公共交通，构建"15分钟社区生活圈"，并通过法治化与激励政策普及绿色文化。企业端，要求进一步深化绿色供应链，采用绿色采购与包装，推动技术创新以及优化物流，并运用绿色营销策略，激励公众绿色消费。社会公众参与也很关键，要从饮食、居住到出行全面绿色化，通过社区活动增强生态意识，形成全民参与的绿色生活新风尚。

（一）强化政府引领，完善绿色低碳生活机制和政策

一是打造绿色公共交通体系。鉴于超大城市面临的人口密度高与流动性强的特点，政府应持续提升对公共交通领域的资金注

入，特别是增强地铁、公交等主要公共交通工具的运输效能与服务质量，以满足高峰期及特殊群体的出行需求。同时，加速推进"15分钟社区生活圈"的实体化建设进程，确保居民基础服务设施近距离可达，从而减少对私家车的依赖，并打造安全、便捷、宜人的步行与骑行环境，积极倡导短途绿色出行模式。

二是构建绿色低碳标准法治化体系。在制定与完善绿色低碳标准框架过程中，必须融入法治思维，强化相关标准法治化建设，确保涉及节能建筑、绿色包装、绿色产品等关键领域的标准具备法律强制力，保障绿色低碳标准执行力度与持久性，引导生产和消费行为依法绿色转型。上海实施的《上海市生活垃圾管理条例》是一个成功例证。上海作为全国首个以法治化手段推进生活垃圾分类的城市，通过明确分类标准、责任与处罚机制，极大提升了分类实效，也强化了公众环保法治意识，在全国乃至全球引起广泛关注。

三是创新激励机制与优化补贴政策。完善制定更具针对性的绿色生活激励策略，通过提供节能产品补贴、绿色出行奖励、绿色家电消费抵扣等方式，直接减轻居民采用绿色低碳产品和服务的经济负担。同时，加强绿色积分回馈、绿色账户等机制创新，激励民众参与垃圾分类、节能减排等环保实践活动，形成绿色生活行为正向激励反馈。

四是加强绿色文化普及与教育体系建设。加强跨领域、多渠道的绿色低碳宣传与教育工作，运用社交媒体、学校教育体系、社区互动等多种平台，普及绿色生活理念，提升公众对于绿色消费、低碳出行、反浪费、光盘行动等认知接受度。推广"光盘行动"等节俭理念，培养绿色消费观，全方位引导居民在日常生活中的环保选择，推动形成绿色生活行为习惯。

（二）发挥企业主导作用，建立绿色低碳供需互动新格局

作为市场经济与制造活动的核心主体，企业在加速推进绿色低碳生活模式中承担着至关重要的决策角色，并且强化企业内部管理成为促进这一转型的必要条件。这不仅意味着企业要实现在其生产链的每个环节和整个过程中的绿色转型，还要求其在引导消费者行为向更加绿色的方向发展方面发挥积极作用。深化企业治理框架，具体而言，包含两个相互支撑的维度：

一方面，构建从源头到终端的绿色供应链系统，加快推动企业生产全过程绿色化。一是实施绿色采购战略，侧重于选用那些生命周期长、对自然环境友好的原材料，比如采纳有机农产品、再生资源及循环再利用材料，并与持有良好环保资质的供应商建立起稳固的合作伙伴关系，共同营造一个闭环的绿色供应链环境，确保生产活动的起始点即符合绿色标准。二是推动绿色技术创新，尤其是在低能耗、低碳排放及资源高效利用方面，例如引入清洁能源解决方案、实现零排放生产工艺和循环水利用系统，以此减少能源消耗和废弃物排放，同时提高生产效能，减少资源耗散，推动生产流程向绿色化、高效化转型。三是创新绿色包装设计，推广可降解、可循环材质的使用，限制一次性塑料制品，设计利于回收的包装形式，并倡导简约包装概念，从而减少包装废物。四是优化物流配送，通过数字化与智能化技术的应用，促进物流系统的现代化、智能化与绿色化升级，强调使用电动车、氢能源运输等低碳运输方式，实施整合运输策略，减少无效运输，提升

装载效率，实现减少物流碳排放目标。

另一方面，健全绿色消费激励机制，完善针对消费者的管理策略。党的二十届三中全会指出，健全绿色消费激励机制。一是设计高效绿色消费激励机制，如推出绿色消费折扣、积分回馈计划、绿色消费券和特定会员福利，利用经济刺激手段鼓励绿色消费行为，对持续践行绿色消费的顾客给予额外奖赏，强化绿色消费习惯的稳定性。二是开展全面绿色营销活动，借助线上线下多渠道平台，包括社交媒体、实体体验活动、品牌资料发放，以及与教育机构的合作，普及绿色低碳的生活观念，增强公众对绿色商品环保价值的认识，形成绿色消费共识。采取差异化的营销手段，如通过环保认证和碳足迹标签，讲述商品的环保故事，加深消费者的情感联结，激励绿色消费决策。三是建立绿色消费反馈回路，鼓励用户分享绿色使用心得，参与到产品的持续改进中，形成互动社区，同时收集并分析反馈数据，为产品与服务的持续优化提供依据，提升客户满意度。四是开创绿色服务与解决方案的新领域，如发展共享经济模式下的共享单车、共享办公空间和智能家居技术，以此促进资源的高效利用和节能减排。

（三）引导公众参与，培育绿色低碳生活新风尚

在社会治理与公众参与视角下，构建绿色低碳生活方式不仅要求对"生活"这一概念进行深入而全面的理解，还需要在物质与精神双层面上进行细致划分，具体涉及衣饰消费、饮食习惯、居住环境、出行模式与精神文化五大关键领域，旨在通过日常生活的细微实践，引导居民行为向更加环保、低碳的方向转变，进而促进自然生态与社会环境的和谐共生。经济学中有一个有趣发

现，可以帮助我们思考如何通过改变细小生活习惯而管理环境负外部性或者碳溢出，称之为"无悔政策"（no-regrets policy），即在不受监管的外部性方面，小幅度减少碳足迹对自己的生活影响非常少，但对社会的福利改善幅度非常大①。可以基于此原则经济推动绿色生活转型。

一是实现衣饰消费绿色转型。推广"精简而质优"的新型消费模式，鼓励居民选择耐用、可循环再生或源于自然环保材料（如有机棉、竹纤维）的衣物，通过推动二手交易与租赁服务的普及，延长服装的使用周期，减少资源消耗与废弃物产生。同时，积极实施废旧衣物回收再利用项目，构建闭环纺织品循环体系。

二是倡导饮食习惯绿色化。大力实施"光盘行动"，倡导按需点餐，减少食物浪费。积极优化调整饮食结构，降低对环境影响较大的相关肉类消费，增加蔬菜、豆类等植物性食物消费比例，协同实现居民身体健康与碳减排目标。支持本地农产品消费，缩短食物供应链，减少长途运输碳排放。

三是推动居住环境绿色升级。推广绿色建筑标准与智能家居系统的应用，使用高效的保温隔热材料、安装太阳能热水系统、优化自然光的利用等，鼓励使用高能效家电，如节能冰箱、洗衣机等，实现能源精细化管理。家具选择上，积极选择 FSC 认证环保木材制品，避免含有有害化学物质的装饰材料，构建安全健康的室内居住环境。

四是加快出行模式绿色变革。优化公共交通系统，提升公交

---

① ［美］威廉·诺德豪斯：《绿色经济学》，中信出版社 2022 年版。

车、地铁网络的便捷性与舒适度，推广新能源汽车在公共交通领域的应用，鼓励共享单车、步行等低碳出行方式。优化城市规划，降低职住距离，减少交通出行碳足迹。

五是积极培养生态审美观念。树立人与自然和谐共生价值观，通过举办宣传教育、艺术展览、文化活动等多种渠道，提升公众生态文明意识。推广徒步、观鸟、植物辨识等自然体验活动，以及通过文学、影视作品展现人与自然和谐共生之美，激发自然生态保护内在精神驱动力。举办绿色主题社区活动和工作坊，通过举办环保手工艺品制作、绿色生活研讨会等活动，持续普及生态文明、提升居民生态实践能力，培育绿色低碳生活新风尚。

二　完善上海绿色低碳生活方式全国带动与示范实施路径

上海作为国际大都市，在绿色生活方式培育和推广方面已取得显著成效，为国内外城市绿色转型提供了宝贵经验。为进一步发挥上海龙头带动与示范引领作用，有必要从政策协同、企业合作、社会协同、技术合作、公众宣传以及典型案例示范推广等方面实施策略，探索构建面向全国的绿色低碳生活方式推广路径。

（一）加强制度创新与政策协同

在推动上海绿色生活方式向全国范围的普及与深化进程中，加强政策协同与制度创新是至关重要的第一步。鉴于上海在垃圾分类立法上的先行实践已取得显著成效，为全国树立了典范，当务之急是推动全国性的垃圾分类法规出台，形成统一的法律框架。在此基础上，需填补国家层面绿色生活标准体系空白，以上海为模板，构建全面、可操作性强的绿色生活标准体系和绩效评估机制，确保地方政策与国家战略目标无缝对接，增强落地的精确性和执行力。

同时，应强化上海与其他城市间政策协同，特别是长三角区域的制度创新，利用税收优惠、补贴等激励机制，充分激发全社会的绿色参与热情，营造全社会范围的绿色行动氛围。此外，建立绿色生活标准及绩效考核体系，定期公布城市绿色生活指数，形成城市间的良性竞争，以指数为推手，激励各地争相提升绿色生活方式的普及与实践，促进全民参与，共同迈向绿色生活转型新时期。通过相关政策与制度协同创新，上海经验不仅能够有效推动全国化，更能在各地形成良好的绿色生活模式复制推广与实践，加速我国经济社会发展全面绿色转型进程。

(二) 强化市场机制与龙头企业带动

市场引导与企业合作是推动上海绿色生活模式发展的核心驱动力。企业作为绿色产品和服务的生产者，更是消费者行为转型的引领者，利用市场机制和商业逻辑而非单纯依赖于道德驱动，使得企业推广绿色生活理念变为有利可图的项目，是发挥企业主体作用的长效动力支撑，比如，探索上海市碳补偿机制 (Carbon Compensation Mechanism) 或跨区域碳补偿机制，通过推动居民参与植树、绿色出行等行动积累碳信用，并完善碳交易市场直接参与机制，实现绿色行为货币化，为居民绿色行为赋予经济价值。另外，企业应充分发挥绿色龙头企业的示范作用，通过构建绿色供应链体系，全面推动生产链绿色转型，利用上海龙头企业市场影响力，引导消费者绿色消费转变。在长三角区域一体化背景下，企业通过协同合作以及经验共享，加速绿色低碳生活理念的交流分享，共同推广绿色生活方式，形成协同效应。

（三）促进区域协同与示范引领

立足上海、辐射长三角、面向全国，形成"上海→长三角→（准）一线城市→城市群都市圈"的龙头带动及示范引领空间扩散路径。在推进上海绿色生活方式的全国性推广战略中，空间维度至关重要，绿色低碳生活模式的形成不仅限于单个城市范畴，而是跨越城市集群区域及全国性扩展现象。作为长三角的中枢以及长三角一体化战略的龙头城市，上海市应扮演龙头带动角色，依托长三角一体化机制，强化绿色生活方式转型区域合作，深化周边城市交流，借助城市间资源互配优势，形成可复制区域示范案例，为上海经验的区域扩散提供空间基点。

在全国层面，加快推广绿色生活模式普及面临政策、技术、市场以及社会治理等诸多挑战，需双轨并进推动：一是聚焦于一线城市或准一线城市，此类城市经济成熟、市场机制完备、创新力强、绿色转型压力大、人口素质高、产业结构先进，易于吸纳上海经验并迅速推广，形成头部城市示范效应。二是顺应我国新型城镇化趋势，需以城市群或都市圈为载体，循序渐进推广至中小城市。

（四）实现绿色技术合作与数智化绿色化技术协同

绿色技术创新是推动绿色低碳生活模式转型的关键，体现为绿色生产技术改进、绿色交通技术、绿色建筑技术以及与数智技术深度融合下的绿色消费领域应用等。新一轮科技革命与产业革命方兴未艾下，加强数字化智能化技术应用势在必行，利用大数据、人工智能、云计算、数字孪生、物联网、区块链等现代信息技术手段，提升城市管理与社区治理的智能化水平，加快建设绿色智慧城市，推动绿色生活向智能化转型。在推广绿色生活方式的技术路径选择上，首先要深挖上海绿色低碳生活方式转型支撑的技术清单目录，明晰细分领域优势与短板，通过区域合作推广技术研发与应用经验、弥补技术缺口。

具体实施路径上，对于上海已拥有的优势技术，应着力推动技术转移，实现快速普及，将成熟技术经验与成果推广到更广泛的领域；对于相对劣势或空白领域技术，关键在于构建跨区域技术联合研发与共享平台，提升相关技术协同创新能力，以及加强区域之间产学研一体化合作，打造"产学研金介用"技术创新生态系统，在绿色低碳生活方式方面，实现数智化、绿色化技术协同，为绿色生活推广提供关键技术支持。

（五）倡导社会协同与公众参与

发挥社会组织的作用，组织设计具有示范意义的绿色生活项目，如社区花园建设、共享绿色出行计划等，在上海本地推广的同时，也通过遴选典型项目向全国其他城市输出。加强媒体宣传，搭建多元化教育平台，通过电视、互联网及社交媒体等多渠道，普及绿色生活理念与实践案例。利用社交媒体平台，鼓励上海居民分享自己绿色生活故事，包括如何减少塑料使用、如何进行家庭垃圾分类、节能小技巧等，通过生活实例激发全国公众的共鸣与效仿。推动社会组织与公众和政府、企业、高校、研究机构及民间团体的跨界合作，形成合力，加速绿色生活方式普及。

（六）做好典型案例经验示范推广

典型案例示范推广是绿色生活方式普及的生动、有效途径。

一是加强生活垃圾分类经验示范。推广上海法治化、标准化、智慧化、公众参与和教育普及的垃圾分类模式，制定适应全国的分类标准和管理机制。二是加强绿色交通出行经验示范。推广公共交通优先政策，构建便捷高效的绿色出行网络。加强塑造智能交通体系，优化交通管理。三是加强绿色消费经验示范。推广绿色消费标准与标识与补贴政策体系，引领绿色消费新潮流。推广绿色供应链企业合作，绿色包装与资源循环利用发展模式。四是加强慢行空间与"15分钟社区生活圈"经验示范。将慢行空间理念纳入城市发展规划，明确建设标准与实施步骤，形成职住均衡的城市空间格局，促进低碳出行。利用智能技术提高管理效率，推广上海智慧社区建设经验。五是加强数字碳普惠经验示范。推广上海数字碳账户政策体系与应用经验，倡导建立全国碳积分兑换平台，实现数字碳普惠产品的全国普及。

第五篇

在推进走和平发展道路的现代化中
发挥龙头带动和示范引领作用

习近平总书记指出，"坚持和平发展，在坚定维护世界和平与发展中谋求自身发展，又以自身发展更好维护世界和平与发展，推动构建人类命运共同体，是中国式现代化的突出特征"。《中共中央关于进一步全面深化改革　推进中国式现代化的决定》指出，"中国式现代化是走和平发展道路的现代化"，必须"推动构建人类命运共同体，践行全人类共同价值，落实全球发展倡议、全球安全倡议、全球文明倡议，倡导平等有序的世界多极化、普惠包容的经济全球化"。促进和扩大国际贸易发展是推动构建人类命运共同体，落实全球发展倡议，推动经济全球化的重要内容，是中国通过和平发展道路带动中国发展和世界发展的重要途径。推动上海国际贸易中心提质升级和强化上海国际航运中心枢纽功能，是上海参与推动走和平发展道路的中国式现代化，在中国式现代化中充分发挥龙头带动和示范引领作用的重要内容和体现，也是中国式现代化建设赋予上海的新使命和新任务。为实现这一艰巨而光荣的使命和任务，需要在基本建成上海国际贸易中心和上海国际航运中心的基础上，结合新的国际国内环境变化，充分发挥上海优势和潜能，继续巩固其硬件优势，尽快补齐其软件短板。

第 十 二 章

推动上海国际贸易中心提质升级

2023 年，习近平总书记在上海考察时强调，上海要聚焦建设"五大中心"的重要使命，"在推进中国式现代化中充分发挥龙头带动和示范引领作用"。这对上海国际贸易中心建设提出了新的更高要求。在新阶段，建设上海国际贸易中心的重点任务已经从建成转变成提质升级，这既是推动中国式现代化的需要，也是主动应对和推动国际贸易格局调整，为中国式现代化营造良好外部环境的需要。与我国内地其他国际贸易中心相比，上海已经处于绝对领先地位，而与我国香港以及几个国外先进国际贸易中心相比，上海呈现硬件强而软件弱的特点。要在中国式现代化中充分发挥龙头带动和示范引领作用，在推动上海国际贸易中心提质升级上要部署好三方面工作：一是要继续加强国际贸易中心建设，做好龙头带动和示范引领作用；二是要做好同长三角和长江经济带协同发展，更好发挥带动引领作用；三是要在深化外贸体制改革方面进一步发挥龙头带动和示范引领作用。

第一节　推动上海国际贸易中心提质升级的
科学内涵和重大意义

20 世纪 90 年代，党中央赋予上海建设国际贸易中心的任务。2023 年，习近平总书记提出推动上海国际贸易中心提质升级的新要求。在这三十余年中，建设上海国际贸易中心的内涵发生了变化，并被赋予了新的时代意义。

一　建设上海国际贸易中心的科学内涵

建设上海国际贸易中心具有以下三方面科学内涵，其中前两个方面是 30 年来保持未变的，第三个方面则是新时代和新阶段赋予的新内涵：

一是上海国际贸易中心是国际贸易中心城市。对于国际贸易中心，通常有四个层面的理解：其一，国际组织层面。1964 年关税与贸易总协定（GATT）在日内瓦成立了一个名为"国际贸易中心"（International Trade Centre，ITC）的技术合作机构，旨在帮助发展中国家，特别是这些国家的企业界，充分开发其在贸易与商业经营方面的潜能，最终实现可持续发展目标。其二，国家层面。近现代以来，国家层面的国际贸易中心发生过三次转移，第一次是从荷兰到英国，第二次是从英国到美国，第三次是从美国到中国，而第三次依然在进行中[①]。其三，城市层面。在新航

---

① 李双双、卢锋：《中美经贸摩擦升级的经济政治逻辑与中美经贸关系前景》，《国际贸易》2018 年第 7 期。

路开辟之前，意大利的威尼斯、热那亚等商业城市曾经是国际贸易中心。新航路开辟后尤其是大英帝国崛起后，英国的里斯本、塞维尔、安特卫普、伦敦等城市先后成为国际贸易中心。19 世纪末 20 世纪初，美国崛起，纽约、旧金山等城市成为新的国际贸易中心。20 世纪末 21 世纪初，随着亚洲国家参与全球化，新加坡、东京、香港、上海等城市也相继进入国际贸易中心之列。其四，城市商务中心层面。很多城市中心商务区都有以"国际贸易中心"命名的商业综合体，如北京的中国国际贸易中心（China World Trade Center）、天津国际贸易中心、成都国际贸易中心等。显然，上海国际贸易中心是第三类国际贸易中心，即城市层面的国际贸易中心或者说国际贸易中心城市。

二是上海国际贸易中心是现代化的国际贸易中心，核心特征在于贸易服务。在 20 世纪 90 年代之前，对国际贸易中心的理解侧重在其贸易聚集和枢纽特征。而 20 世纪 90 年代以后，由于贸易主体、贸易内容和贸易方式的变化，对国际贸易中心的理解转向了贸易的服务功能特征，即认为国际贸易中心是以跨国公司和契约企业为主体，以中间产品贸易、转口贸易和离岸服务为重要贸易内容，以现代信息技术为手段，以高度自由化的贸易体制为基础，在世界城市贸易网络体系中起到中枢功能的城市[1]。上海国际贸易中心就是后一种类型，即虽然也具有贸易集聚和枢纽特点，但是以贸易服务为核心特征的贸易中心。

---

[1]　沈玉良等：《上海国际贸易中心建设研究》，上海人民出版社 2009 年版，第 24 页。

三是新阶段建设上海国际贸易中心的重点工作在提质升级，肩负龙头带动和示范引领的使命。1992年，江泽民在党的十四大报告中提出"尽快把上海建设成为国际经济、金融、贸易中心之一，带动长江三角洲和整个长江流域地区经济新飞跃"。1999年，上海市在《上海城市总体规划》中对上海建设国际贸易中心进行了部署，并提出到2020年建成国际贸易中心的目标。2020年，经过国务院发展研究中心评估，上海已经基本建成国际贸易中心。2023年，习近平总书记在上海考察时强调，要深入实施自由贸易试验区提升战略，推动国际贸易中心提质升级，上海要聚焦建设五大中心的重要使命，"在推进中国式现代化中充分发挥龙头带动和示范引领作用"。这对上海国际贸易中心建设提出了新的更高要求。在新阶段，上海国际贸易中心建设的重点任务已经从建成转变成提质升级，即上海要升级成为具有全球重要性和影响力的国际贸易中心，尤其是要对中国式现代化发挥龙头带动和示范引领作用。这其实包含两方面要义：一方面上海国际贸易中心要做到国内最好——在国内，要建设国际贸易中心的城市很多，中国幅员辽阔的现实也决定了不会只有一个国际贸易中心，但是总书记要求上海发挥龙头带动和示范引领作用，说明要求上海要做到最好，成为中心的中心。另一方面，带动和引领意味着上海国际贸易中心要在帮助其他地区发展上发挥更大作用。

二　推动上海国际贸易中心提质升级的重大意义

　　一方面，推动上海国际贸易中心提质升级是推动中国式现代化的需要。党的二十届三中全会发布的《中共中央关于进一步全面深化改革　推进中国式现代化的决定》（以下简称《决定》）提出"推动京津冀、长三角、粤港澳大湾区等地区更好发挥高质量发展动力源作用，优化长江经济带发展、黄河流域生态保护和高质量发展机制"。上海作为长三角的核心城市，自然要在中国式现代化建设中更好发挥动力源作用，而推动国际贸易中心提质升级是上海高质量发展的重要途径之一。此外，允许一部分地区先行先试，摸着石头过河，是我国改革开放的宝贵经验。在推动中国式现代化上，依然要继续依靠这一经验。上海需要通过提质升级国际贸易中心，在构建新发展格局，提升我国国际影响力等方面进行积极探索，做好龙头带动和示范引领作用。

另一方面，推动上海国际贸易中心提质升级也是主动应对和推动国际贸易格局调整，为中国式现代化营造良好外部环境的需要。进入 21 世纪以来，随着中国经济起飞，世界经济重心逐渐东移，亚洲逐渐成为世界经济的重心。而历史上每一次世界经济重心的转移，都会催生和孕育出新的国际贸易中心城市。推动上海国际贸易中心提质升级正好与中国新一轮对外开放和世界经济重心继续东移形成历史性交汇。但是这种东移随着全球化遭遇逆风、中美经贸摩擦长期化而遭遇波折。当前，国际贸易格局呈现碎片化，我国全球制造中心地位遭到挑战，在这一背景下，推动上海国际贸易中心提质升级，加强贸易服务功能，尤其是稳步扩大制度型开放，有利于扩大高水平对外开放，为中国式现代化营造良好外部环境。

第二节　建设上海国际贸易中心的重点政策、实践成效及薄弱环节

一　建设上海国际贸易中心的重点政策

上海在推动国际贸易中心建设上已经走过二十多年，形成了文件先行、法治护航、平台建设作为支撑、进展评估作为保障的从规划到落实保障的政策体系。

一是积极制定并出台国际贸易中心建设规划和法律条例等政策文件。上海市政府已经先后出台包括 2012 年版和 2024 年版两版《上海市推进国际贸易中心建设条例》，以及《上海建设国际贸易中心"十二五"规划》《"十三五"时期上海国际贸易中心建设规划》《"十四五"时期提升上海国际贸易中心能级规划》《上海市数字贸易发展行动方案（2019—2021 年）》等文件，全面部署上海国际贸易中心建设工作，大力推动上海国际贸易中心建设步伐。

二是搭建了众多支撑国际贸易中心建设的开放平台。从 2013 年全国首个自由贸易试验区挂牌，到 2019 年临港新片区设立，再到 2021 年打造社会主义现代化建设引领区，上海国际贸易中心平台建设不断向纵深推进。上海制定了全国首份自贸试验区外商投资准入负面清单，建设了全国第一个也是唯一的特殊综合保税区——洋山特殊综合保税区，并将虹桥国际中央商务区打造成国际贸易中心新平台。上海自 1999 年以来连续举办了二十三届中国国际工业博览会，自 2018 年以来连续举办了六届中国国际进口博

览会。此外，上海出台了全国首部省级会展业地方性法规，还建设了一批国家外贸转型升级基地，并建立了外高桥国家进口贸易促进创新示范区，该示范区有六类商品进口额占全国比重超10%。上海还成功创建了数字服务、文化贸易等领域8个国家级特色服务出口基地①。

三是积极借助第三方力量提供智力支持，对国际贸易中心建设提供意见并对进展进行评估。《上海市推进国际贸易中心建设条例》（修订草案）在制定过程中邀请了学术界和企业界的公众代表对草案进行共同审议。2011年，上海市商务委员会、商务部驻上海特派办、上海市人大财经委、上海市人大法制委、上海市法制办、《解放日报》共同组织来自国外和国内企业界、学术界、法律界、投资贸易促进机构和上海市、区两级政府部门的专业人士约200人参加的座谈会，请专家提供有关中国香港、日本、新加坡、美国纽约等地进行国际贸易中心建设的经验②。上海商务发展研究中心在2019年制定了国际贸易中心城市指标的评价体系，从四个维度对上海市建立国际贸易中心进行了评估。2020年，上海市委委托国务院发展研究中心对上海建设国际贸易中心进展情况进行了评估。

二　建设上海国际贸易中心的实践成效

经过二十多年的建设，上海在2020年基本建成国际贸易中

① 张钰芸：《回顾过去十年，上海国际贸易中心建设取得哪些成就?》，《新民晚报》2022年10月27日第8版。

② 刘明明、夏非：《国际贸易中心建设和立法的世界经验》，《上海人大》2011年第5期。

心，在贸易规模、贸易新模式新业态、贸易环境建设上均取得了全国甚至全球领先的成绩。

一是上海贸易规模持续扩大，且货物贸易规模引领全球。上海口岸货物贸易规模连续十多年居于全球第一，服务贸易规模也多年排在全球第三或者第四的位置。2021—2023 年，上海口岸进出口连续三年超 10 万亿元人民币。在 2023 年上海口岸 10.66 万亿元进出口中，约 40% 来自上海市企业，60% 为国内其他省区市企业的进出口，上海口岸服务和辐射带动全国作用显著。目前，上海口岸占全球贸易的比重已达 3.6% 左右，上海作为"全球最大贸易口岸城市"的地位不断巩固。2023 年，上海浦东国际机场进出境快件达 4.84 亿件，平均每天进出境快件超过 132 万件。上海外高桥港区海通国际汽车码头是我国最大的汽车滚装出口码头，2022 年和 2023 年汽车出口连续两年突破百万辆，2023 年出口达到 102.5 万辆，创历史新高①。

二是贸易新模式新业态快速成长。内贸方面，2023 年上海电子商务交易额达到 3.73 万亿元，同比增长 11.7%。其中，B2B 交易额 2.08 万亿元，增长 4.6%；网络购物交易额 1.65 万亿元，增长 22.2%。② 外贸方面，上海建设国家级跨境电商综合试验区，实现了跨境电商主要监管模式全覆盖。2021 年，上海成功开通中

<hr />

① 吴宇：《上海空港口岸成为跨境电商 推动国货出海重要通道》，《经济参考报》2024 年 1 月 23 日第 A06 版。

② 《2023 年上海市国民经济和社会发展统计公报》，上海市统计局网站，https://tjj.sh.gov.cn/tjxw/20240126/a4344377b13647e9973707fc0e05bf3e.html，2024 年 6 月 22 日。

欧班列"上海号",国际贸易分拨、保税维修、再制造等新型国际贸易都实现了新突破。2023 年,上海空港口岸跨境电商出口申报 4.4 亿票,比上一年增长近 2 倍,创历史新高;出口总值超 850 亿元人民币①。上海空港口岸已成为跨境电商推动国货出海的重要通道。

三是营造了世界先进、国内一流的贸易环境。上海率先在国内启动建设国际贸易"单一窗口",并且经过迭代"单一窗口"建设已进入到 3.0 版,每年支撑全国近 1/3 贸易量和 4000 万标箱集装箱吞吐量的数据处理,成为全球数据处理规模最大的地方"单一窗口"。2018 年亚太示范电子口岸项目成功落地,运营中心设立在上海,落地后成员不断拓展,推动了亚太区域供应链信息透明化、口岸信息平台和"单一窗口"平台区域一体化。上海的贸易便利化水平持续提升,相比 2017 年,上海口岸通关时效已经压缩了一半以上,跨境贸易营商环境指标连续两年位列全国营商环境评价单项指标第一,居全球海运经济体前列。此外,国际展览业协会(UFI)等世界知名会展机构相继落户上海,上海的世界百强商展数量稳居全球城市首位。

三 建设上海国际贸易中心的典型案例

上海在国际贸易中心建设中,大胆先行先试,探索出很多全国首创的典型案例。其中,比较有代表性的有:

---

① 吴宇:《上海口岸进出口连续三年超 10 万亿元》,新华网,http://sh. news. cn/20240216/92653524c30d4dfab60379c98dbbb20d/c. html,2024 年 7 月 16 日。

一是最早推动进口业态发展。上海最早注意到扩大进口的重要性,在2010年开始推动进口业态发展,扩大进口。从2018年开始举办的进博会将扩大进口逐渐推到高潮,成为国家层面大力推动的贸易平衡和发展战略。上海推动扩大进口对周边江浙地区产生较好示范作用,带动其也开始推动扩大进口业态发展。

二是最早推出"单一窗口"。2014年,上海完全对标新加坡的国际贸易"单一窗口"推出了全国第一个"单一窗口",帮助外贸企业能够实现在一个平台上对全部贸易环节的一次性申报和提交,将海关和税务管理、港口当局、商务部和其他参与进出口流程的机构联系起来,极大地降低了企业申报成本和负担。上海的"单一窗口"建设不仅对全国产生示范效应,带动海南、江苏、福建、河南等地纷纷参考上海进行"单一窗口"建设,还作为贸易便利化典型案例写入世界银行《2019年营商环境报告》报告。目前,上海国际贸易"单一窗口"已迭代升级至3.0版本,每年节省贸易成本达20亿元以上,已成为全球数据处理规模最大的"单一窗口"①。

三是推出国内第一份外资准入负面清单。2013年9月,上海自贸试验区挂牌成立,我国第一份外商投资准入负面清单随之发布实施。上海商务局的职能也随之转换,从审批职能转变成服务职能。从这张清单开始,我国外资管理体制从正面清单管理向负面清单管理转变,将实行了三十多年的全链条审批制度改为有限

---

① 孟歆迪:《数据处理规模全球最大——上海国际贸易"单一窗口"升级》,《光明日报》2024年3月18日第10版。

范围内的审批和告知性备案的管理制度，并转为外商投资信息报告制。2016 年，负面清单管理模式从自贸试验区走向全国①。

四　建设上海国际贸易中心的薄弱环节

一是对于上海如何通过国际贸易中心建设带动和引领其他地方发展，尚未有清晰的规划。在二十多年的建设中，上海已经就如何在硬件和地方政策上建设好国际贸易中心取得良好进展，但是上海尚未跳出地方发展视角，掌握应该如何站到全国视角，更好做好全国示范，尤其是如何更好带动其他地区发展。因为思想上依然处于模糊探索状态，行动上也就欠缺相关的安排和规划。

二是上海目前虽然在贸易规模上走在了全国甚至全球前列，但是在对全球贸易规则、贸易中心的软件建设上缺少话语权，因此上海的国际贸易中心依然处于初级阶段，还属于传统的以贸易集聚和枢纽为核心功能的国际贸易中心。考虑到大数据、人工智能等新技术的应用，国外先进国际贸易中心已经处于第五代，而上海目前还处在第三代，和国际先进水平的国际贸易中心尚存两代的差距。

三是上海国际贸易中心尚未较好实现"一带一路"枢纽功能。"一带一路"在互联互通上要做好陆海联运，把陆上的大通道、中欧班列和海上丝路连起来，与几条南北向的经济走廊一起形成习近平总书记在第三届"一带一路"国际合作高峰论坛上提

---

① 王文博、刘畅：《一张"负面清单"见证中国高水平开放》，《经济参考报》2024 年 7 月 2 日。

出的"陆、海、天、网的全球互联互通网络"。但是目前上海与参与共建"一带一路"方面稍显不足，需要加大力度建成习近平总书记提出的"一带一路"桥头堡。

第三节 上海国际贸易中心建设的
国际国内比较与借鉴

一 上海与国内和国际主要贸易中心城市对比

与中国内地其他国家贸易中心相比，上海已经处于绝对领先，而与中国香港以及几个国外先进国际贸易中心相比，上海呈现硬件强而软件弱的特点。

一是上海与国内拟建国际贸易中心城市相比已经取得领先优势。经过二十几年的努力，上海国际贸易中心建设已经取得显著成效，并且相对其他城市无论在硬件和软件上都体现出优势。从硬件看，上海港是我国第一大港口，上海浦东机场是国内货邮吞吐量最大的机场。从软件建设上，上海是世界 500 强企业总部落户最多的城市。国务院累计七批面向全国复制推广的 167 项自贸区改革试点经验中，上海占据半壁江山。作为全国自贸区的领先代表，上海已经建立四大体系：与国际经贸通行规则相衔接的制度体系、与开放型经济体制相适应的风险压力测试体系、与治理能力现代化要求相适应的政府治理体系、与国家战略要求相适应的改革协同体系。在中山大学自贸区综合研究院连续发布多年的《中国自由贸易试验区制度创新指数》排名中，上海浦东和临港两个片区分别位居第二位和第四位。

二是上海国际贸易中心在硬件建设上已经处于领先地位。从口岸集装箱吞吐量、机场货邮吞吐量、货物贸易进出口额这些指标看，上海都处于相对领先地位。截至2023年，上海港口岸集装箱吞吐量已经连续十多年居于全球首位，2023年达到4915.8万标准箱，比全球排名第二的新加坡多了1014.5万标准箱。按照2023年数据，上海浦东机场货邮吞吐量位居全球第四，在东京、伦敦、香港、新加坡、纽约几个主要国际贸易中心中居于第二位，仅次于香港。

三是上海国际贸易中心在软件建设上依然存在短板。虽然上海硬件建设已经处于领先地位，但是软件建设依然相对不足。以OECD贸易便利化指数为例，2022年上海得分为1.606，而东京、伦敦、香港、新加坡、纽约几个城市得分均在1.8以上，上海与其他几个城市相比存在较大差距。另外，因为疫情期间上海针对进口货物较为严格的疫情管控措施，查验范围扩大，要求提高，导致上海在"自动化手续"方面得分有所下降，最终2022年上海的总体排名仅为51位，相较于2019年的44位下降了7位。根据OECD外商直接投资限制指数（其数值越高，外商直接投资便利度越低），2021年上海外商直接投资监管限制得分0.214，比2020年的0.17略有上升，表明外商直接投资便利度略有下降。

二　先进国际贸易中心建设值得借鉴的经验

从国际经验看，要想成为国际贸易中心，需要至少具备区位、产业、基础设施、制度四方面条件。在区位、产业和基础设施上，上海与国际先进的国际贸易中心相比并不弱，甚至更强，主要需要学习的是制度建设。在这方面，伦敦、纽约、新加坡这些城市给上海的经验主要有：

一是发达的金融市场。伦敦拥有严格的金融监管法律制度，具有基本上完全自由的外汇市场，一系列政策法规规范。金融服务局统一行使对银行业、保险业、证券业的监管职能①。纽约则在 1986 年就实现了利率自由化，并形成了以联邦基金利率为基础的市场利率管理制度。香港实行自由汇兑制度，其汇率与美元挂钩，其货币市场是全球最开放的市场之一。

二是现代化的港务局建设。纽约实行跨行政区建立港务局，实施港口管理一体化。港务局拥有很大经营管理自主权和土地使用权。同时，纽约港基本实行自由贸易政策，并且陆续制定一系列有关航运和港口管理的法令。新加坡除了在第二次世界大战中被日本占领的时期，实行的均是完全自由港政策。新加坡独立后，又成功完成了完全自由港向有限自由港的转变，创建了为新加坡本国经济建设服务的新型自由港。

三是完善的商事仲裁制度。伦敦拥有完善的商事仲裁制度，拥有伦敦海事仲裁员协会（LMAA）、皇家御准仲裁员学会（CIA）、伦敦国际仲裁院（LCIA）、国际争议解决中心（IDRC）和快速争议解决中心（CEDR）等著名的仲裁机构和调解组织。伦敦航运业和海商法制度的发展使得伦敦成为国际海上仲裁中心。伦敦还拥有广泛参与商事仲裁的行业协会制度，行业协会在英国商政界乃至世界贸易活动中均有很大影响，是伦敦贸易持续发展

---

① 石琼丹：《国际贸易中心城市的共性特征》，《特区经济》2014 年第 5 期。

的重要条件。

四是注重区域联动发展。东京都市圈涵盖了日本 10% 的人口、20% 的出口和 30% 的进口，这一点和上海周围的长三角地区非常相像。上海可以考虑与长三角地区实现联动发展，化竞争为竞合。背靠长三角的产业集聚发展，"大上海"就能进一步提升国际贸易中心的功能。

第四节　推动上海国际贸易中心提质升级的优势和潜力

站在新的历史起点，习近平总书记之所以提出推动上海国际贸易中心提质升级的新要求，既是新时代新阶段推动中国式现代化的需要，也是基于上海已经具备承担此重任的优势和潜力的考量。

一　上海已具备较强的硬实力

一是上海已经成为中国内陆综合实力最强的城市。根据全球城市评级机构全球化与世界城市研究网络（Globalization and World Cities Study Group and Network，GaWC）发布的《2024 年 GaWC 世界城市排名》（The World According to GaWC 2024），上海和北京、香港、台北一起跻身世界强一线城市，且上海排在香港之后，北京和台北之前。由于这个排名考虑了 13 项涵盖基础设施等硬实力指标和国际影响力等软实力指标，因此是一个城市综合实力的体现。

二是上海具备得天独厚的区位优势。上海为我国南北海岸线的中心点，长江入海口，是"黄金海岸"和"黄金水道"的交汇处，具有得天独厚的地理区位优势。其滨江临海，并位于我国"T"形发展战略即沿海开发与沿江开发的交汇点上，凭借中国第一大江——长江这一黄金水道和南北洋交界之地，具有绝佳的贸易区位。同时，上海大陆海岸线长度虽只居全国第十，但海岸线系数居全国前列。如此便利的地理优势对于交通依赖性很强的货物交易来说，独具优势①。

三是上海具有国际一流的运输能力。国际一流的运输能力是国际贸易中心的前提条件。纽约、伦敦、东京均因港兴市，尽管三大城市的港口功能在今天有所弱化，但依然处于高水平运营状态。航空运输业发达，交通网络密集有序，是人流、物流、信息流高度一体化的超级流量城市的"标配"。在这方面，上海已跃升为全球最大贸易口岸城市，上海港的集装箱吞吐量在2023年达到4915.8万标准箱，连续十多年排名世界第一。上海的航空运输业以及高端航运服务业发展水平稳居世界前列，有力支撑着服务贸易的发展。

四是上海在国际贸易上已经产生集聚和辐射带动效应。2022年，上海的服务进出口总额2454.5亿美元，规模居全国各省市第一，占全国服务进出口总额的29.5%。2023年，上海全年货物进出口总额4.21万亿元，规模居于全国城市首位。据上海海关统

---

① 毕长江、翟慧娟、张婧：《国际经验对上海国际贸易中心建设的启示》，《科技创业家》2011年第9期。

计，2023 年上海口岸进出口货物贸易总额达到 10.66 万亿元，远超上海市货物进出口总额 4.21 万亿元的规模，且相较于 2012 年的 6.68 万亿元增长了 59.6%。2023 年，上海关区货物进出口总额也达到了 7.73 万亿元，比上年增长 0.5%①。

五是上海具备市场规模优势。上海已成为国内最大进口消费品集散地。上海口岸消费品进口总额占全国比重已经达到 40% 以上。上海还是国际品牌进入中国市场的首选地，世界知名高端品牌集聚度超过 90%，国际零售商集聚度位居全球城市第二。上海也是本土品牌的策源地，222 家老字号的 3000 家品牌店遍布上海。同时，上海新模式新业态竞相迸发，2023 年，上海电子商务交易额 3.73 万亿元，是 2012 年的 4 倍之多，其中，网络购物交易额 1.65 万亿元，居全国前列②。

二　上海已具有一定的软实力

一是上海具备政策先行先试优势。全国多个城市都在进行国际贸易中心建设，只有上海在国家层面给予了建设国际贸易中心的任务。上海自贸试验区是中国第一个挂牌成立的自贸区，洋山特殊综合保税区是全国第一个也是目前唯一的特殊综合保税区。国务院先后批复《虹桥国际开放枢纽建设总体方案》《上海东方

---

① 《2023 年上海市国民经济和社会发展统计公报》，上海市统计局网站，https://tjj.sh.gov.cn/tjxw/20240126/a4344377b13647e9973707fc0e05bf3e.html，2024 年 6 月 22 日。

② 《2023 年上海市国民经济和社会发展统计公报》，上海市统计局网站，https://tjj.sh.gov.cn/tjxw/20240126/a4344377b13647e9973707fc0e05bf3e.html，2024 年 6 月 22 日。

枢纽国际商务合作区建设总体方案》，强化了上海链接长三角、全国和世界的战略使命。上海在推动人民币国际化上也走在全国前列。上海的国际石油交易所探索使用人民币结算。上海在着力培育外贸新业态方面，先后落地六类跨境电商进出口业务模式，配套出台"清单核放、汇总申报"等一系列便捷措施，推动上海口岸跨境电商规模化发展。上海还全力支持全国首单国际航行船舶保税 LNG 加注业务、全国首单外轮"沿海捎带"业务在浦东落地，促进飞机融资租赁全国"点到点"异地委托监管全流程走实走通。此外，上海还引导企业用足用好 RCEP 原产地规则，大力为进出口货物办理进口税款减让或出口原产地证书。

二是上海具备国际贸易中心所需的配套服务优势。国际贸易中心的建设离不开航运、金融、科技创新等配套服务，而上海在建设国际贸易中心的同时，也在进行国际航运、国际金融、国际科技创新中心的建设。除了前述上海已经具有国际一流的运输能力，上海也是我国重要的金融中心，是国内两大交易所之一的所在地，资金高度集聚，截至 2022 年年末，在沪银行理财、保险资管、信托、券商私募资管、公募基金及私募基金六大资管类别合计规模超过 35.9 万亿元（未含基金专户和期货资管），占全国六大资管类别资产管理总规模的比例超过 28.4%。金融人才高度集聚，截至 2023 年 10 月底，上海浦东新区金融从业人员超过 35 万人，占浦东总就业人口的比例达 8.9%①。根据 2024 年 3 月英国智

① 孙飞、邵弋：《建设强大的国际金融中心》，《人民日报》2024 年 2 月 26 日第 5 版。

库 Z/Yen 集团与中国（深圳）综合开发研究院联合发布"第 35 期全球金融中心指数报告（GFCI 35）"①，上海排名中国（除港澳台外）第一，全球第六②，虽然全球排名相对 2021 年的全球第三有所下降，却持续占据中国（除港澳台外）第一名的位置。

三是上海具备吸引市场主体优势。现代国际贸易中心凭借其完善、发达的综合功能体系，成为国内外跨国公司和总部经济首选地和孵化器。上海坚持"引进来"和"走出去"并重，双向投资合作实现跨越式发展，已经成为中国（除港澳台外）吸引外资最多的城市。截至 2024 年年中，上海实际使用外资累计超过 3500 亿美元，较 2012 年增加了 2000 多亿美元。在沪外资企业数量超过 7 万家，贡献了约四分之一的 GDP③。截至 2023 年年底，在上海投资的国家和地区达 193 个，上海市累计认定跨国公司地区总部 956 家，外资研发中心 561 家④。全国首家股份制外商投资公司、外商独资船舶代理公司、外资保险控股公司等一批首创项目均纷纷落地上海。上海企业在境外累计设立企业超过 5000 家，海外存量投资超过 1 亿美元的企业达到 110 家。

---

① 该指数从营商环境、人力资本、基础设施、金融业发展水平、声誉等方面对全球主要金融中心进行了评价和排名。

② 刘晨光：《全球金融中心指数最新发布：上海、深圳位列全球第 6 和第 11》，界面新闻，https：//m. jiemian. com/article/10948157. html，2024 年 7 月 21 日。

③ 让宝奎：《上海：累计实际使用外资超 3500 亿美元 7 万多家外资企业蓬勃发展》，中国新闻网，https：//www. chinanews. com. cn/shipin/cns - d/2024/03 - 28/news 986014. shtml，2024 年 6 月 28 日。

④ 《2023 年上海市国民经济和社会发展统计公报》，上海市统计局网站，https：//tjj. sh. gov. cn/tjxw/20240126/a4344377b13647e9973707fc0e05bf3e. html，2024 年 6 月 22 日。

三 上海已拥有多个大宗商品交易平台

拥有全球性大宗商品交易中心，是一个城市作为国际贸易中心地位的体现，如纽约是石油、有色金属、黄金、天然橡胶、棉花等商品国际交易中心，伦敦是石油、有色金属、金融、黄金、谷物等商品国际交易中心，东京和新加坡是国际石油交易中心，香港是国际黄金交易中心。上海拥有商品期货交易所（SHFE）、黄金交易所、钻石交易所等国内唯一或为数不多的要素市场交易平台，并在上海自贸试验区设立了 8 个国际大宗商品交易市场，其中铜的"上海价格"、螺纹钢价格指数已成为国际市场重要风向标。此外，上海钻石交易所是世界第五大钻石交易中心，宝玉石交易中心也已经提升为国家级平台。

第五节 推动上海国际贸易中心 提质升级的对策建议

在推动上海国际贸易中心提质升级过程中，要关注的重点在于如何在中国式现代化中发挥好龙头示范和带动引领作用。开放是中国式现代化的鲜明标识[1]。推动上海国际贸易中心提质升级，扩大对外开放，自然是中国式现代化建设的重要内容，并成为推

---

[1] 《中共中央关于进一步全面深化改革　推进中国式现代化的决定》，新华网，http://www.news.cn/politics/20240721/cec09ea2bde840dfb99331c48ab5523a/c.html，2024 年 7 月 22 日。

动中国式现代化的重要引领之一。而对于如何在中国式现代化中更好发挥龙头带动和示范引领作用，主要需要从以下三个方面去理解和部署：首先，上海自己发展好了，自然就起到了龙头带动和示范引领作用。《决定》指出，要"巩固东部沿海地区开放先导地位"，"打造形态多样的开放高地"，要继续巩固好上海开放先导地位，做好开放高地。其次，在上海国际贸易中心提质升级过程中也会产生辐射效应。上海港60%的货物来自上海之外的地区就是最好的证明。最后，上海国际贸易中心建设与长三角一体化一并推进，发挥辐射带动长江经济带乃至辐射全国经济发展的作用。具体而言，在上海国际贸易中心提质升级过程中，可以采取如下对策。

一 继续加强国际贸易中心建设，更好发挥上海龙头带动和示范引领作用

一是继续加强硬件建设。虽然上海口岸在贸易规模上已经居于世界首位，但是要继续推动网络化、数字化、智能化、无人化建设，争取在新的科技革命和产业变革推动的国际贸易中心提质升级中不能在硬件建设上落后，尤其是上海口岸作为贸易规模最大的国际口岸，更应该提前布局智能化、无人化建设，以进一步提高服务效率。

二是重点是要补软件的短板。在上海国际贸易中心软件建设上，尤其是规则话语权上存在较为明显的短板。由于国际贸易规则谈判对象是国家，因此国际贸易规则话语权的争取光靠上海不行，需要由国家出面去争取。在这方面，可以提前研究出需要上海争取的相关领域话语权，并尽可能获得国家层面支持。

三是上海国际贸易中心要在"一带一路"互联互通中真正成为枢纽。贸易中心和航运中心是密切相连的，贸易中心的建设要依托航运中心的建设。航运的源头是贸易，更根本的是贸易服务。由于海运成本低于陆运，上海一直只是重视海运，忽视了陆运，导致和"一带一路"，尤其是"一带"存在一定程度脱节的问题。上海需要转变思路，加快和"一带一路"融合，尽快成为"一带一路"桥头堡。

二　加强与长三角和长江经济带的协同发展，更好发挥上海带动引领作用

一是加强同长三角区域联动，更好发挥辐射带动作用。在长三角一体化过程中，需要上海跳出就地方看地方的思维，首先要带动和影响长三角发展，进而带动长江经济带发展，把长三角一体化和长江经济带建设搞好后，整体作为一个龙头，再带动全国发展。

二是上海对其他地区的带动引领也需要被带动地区主动联动。在中国式现代化中发挥龙头带动和示范引领作用既是上海的任务，也是全国的任务，不能只靠上海的力量。上海要发挥示范带头作用，从另外一个角度，也需要被带动的地区配合才行，即在上海发挥带动引领作用上存在一种辩证关系，并非上海的单方面责任，也是被带动地区的责任。

三 深化外贸体制改革，进一步发挥上海龙头带动和示范引领作用

作为我国对外开放较早的大城市，我国第一家自贸区所在城市，上海一直是我国探索对外开放体制机制改革的急先锋，在外贸体制机制改革方面发挥了良好的龙头带动和示范引领作用。在中国式现代化中充分发挥龙头带动和示范引领作用，是中央赋予上海的新的时代任务，为落实好这一任务，需要上海进一步做好如下工作：

一是注重建设系统化、协同性的国际贸易中心提质升级体系。强化贸易政策和财税、金融、产业政策协同，提升"五大中心"建设协同，提前谋划贸易数字化、绿色化、智能化协同，加快内外贸一体化改革。

二是稳步扩大制度型开放。在扩大市场准入、边境后管理上继续在上海自贸区进行先行先试，为全国做好示范。

三是建设国际大宗商品交易中心，提升国际交易价格话语权。建设全球集散分拨中心，支持各类主体有序布局海外流通设施，建设大宗商品资源配置枢纽。

四是注重贸易安全。健全贸易风险防控机制，完善外贸企业汇率风险规避机制，建设贸易救济调查政府辅助支持机制。

第 十 三 章

强化上海国际航运中心枢纽功能

党的二十大确立了团结带领全国各族人民全面建成社会主义现代化强国、实现第二个百年奋斗目标，以中国式现代化全面推进中华民族伟大复兴的中心任务，阐述了中国式现代化的中国特色、本质要求、重大原则等，对推进中国式现代化作出了战略部署。2024 年 7 月 15 日至 18 日召开的党的二十届三中全会在其基础上，公布的《中共中央关于进一步全面深化改革　推进中国式现代化的决定》则科学谋划了围绕中国式现代化进一步全面深化改革的总体部署，是推进中国式现代化新征程上又一部重要纲领性文件。2024 年 7 月 29 日，十二届上海市委五次全会审议并通过《中共上海市委关于贯彻落实党的二十届三中全会精神，进一步全面深化改革、在推进中国式现代化中充分发挥龙头带动和示范引领作用的决定》，提出"继续当好全国改革开放排头兵、创新发展先行者，努力在推进中国式现代化中充分发挥龙头带动和示范引领作用"，并特别指出要进一步强化上海国际航运中心枢纽功能的重要任务。

第一节　强化上海国际航运中心枢纽功能的重要意义与科学内涵

上海建设国际航运中心的历史由来已久，自20世纪90年代党中央、国务院正式作出建设上海国际航运中心的决定以来，上海历经多轮建设，至2020年年底，基本建成国际航运中心，并初步具备了全球航运资源配置的能力。继往开来，在新的时代背景下，进一步强化上海国际航运中心枢纽功能，有着如下重要意义。

一是站在上海自身的发展角度来看，新的时代背景下，加快建设"五个中心"是党中央赋予上海的重要使命，而进一步强化上海国际航运中心枢纽功能正是其中的重要组成部分。航运业是综合交通运输体系的重要组成部分，加快建设国际航运中心是上海加快建成社会主义现代化国际大都市的重要任务，也是展示上海作为改革开放排头兵、创新发展先行者的重要示范领域。通过进一步强化上海国际航运中心枢纽功能可以充分发挥上海的区位优势和首创性政策优势，充分挖掘上海作为中国改革开放的前沿阵地和深度链接全球的国际大都市的潜力，从而以上海国际航运中心功能升级为突破口，在新的时代背景下进一步增强上海发展动力和城市竞争力。

二是站在服务全国经济发展的角度而言，党的十四大就强调，要以上海浦东开发开放为龙头，进一步开放长江沿岸城市，尽快把上海建成国际经济、金融、贸易中心之一，带动长江三角洲和整个长江流域地区经济的新飞跃。进入新时代以来，习近平总书记在浦东开发开放 30 周年庆祝大会上的重要讲话尤其指出，要把上海浦东发展"放在中华民族伟大复兴战略全局、世界百年未有之大变局这两个大局中加以谋划，放在构建以国内大循环为主体、国内国际双循环相互促进的新发展格局中予以考量和谋划"。正是在这一要求下，上海在中国式现代化中充分发挥龙头带动作用的科学内涵就在于，通过强化上海国际航运中心枢纽功能，深入挖掘上海在长三角一体化以及联通国际国内两个市场循环中的经济地理优势，以点及面，以上海的高质量发展推动长三角一体化乃至长江经济带的协同发展，从而以经济高质量发展助力中国式现代化进程。此外，随中国开放进程迈入新的阶段，"稳步扩大制度型开放"已经成为中国进一步推进高水平对外开放的重要方向，这也对上海在强化国际航运中心枢纽功能实践过程中充分发挥示范引领作用提出了新的要求，即通过全面激活自贸区和综合保税区的政策"实验田"优势，积极探索在海事仲裁、航运金融等高端航运服务业的试点经验，在推进"制度型开放"方面充分展现上海的示范引领作用。

在全面推进中国式现代化的目标引领下，强化上海国际航运中心的枢纽功能重点在于：一方面要注重提升上海国际航运中心自身能级，推动上海国际航运中心建设由注重速度规模向注重质量效益转变，由重点吸引要素集聚向同步注重互动交流转变，由传统服务驱动向改革创新驱动转变，由相对独立向系统融合发展转变，致力补齐上海国际航运中心在高端航运服务中的短板。另一方面要增强在全球航运体系中的引领带动作用，进一步融入全球供应链与航运治理体系，贯通国际国内两个循环间的"淤泥""堵点"，完善长三角一体化的"硬联通"和"软联通"布局，增强上海国际航运中心航运资源的全球配置能力。通过上海国际航运中心枢纽功能的提质升级，最终助力上海实现加快建成具有世界影响力的社会主义现代化国际大都市，实现在推进中国式现代化中充分发挥龙头带动和示范引领作用的重要目标。

第二节 上海建设国际航运中心的经验总结

一 上海建设国际航运中心的历史进程与实践成效

回顾上海国际航运中心建设的历史进程，经历了从战略确立、航运硬件体系初步建成再到着力推动"软""硬"结合效能升级的三个重要阶段。

（一）第一阶段：建设上海国际航运中心的战略确立

确定在上海建立国际航运中心，是党中央、国务院在经济全球化背景下，统筹推进我国对外开放进程、推动我国尽快融入全球经济体系、打造自身禀赋优势的重要战略，这主要基于两方面的重要考量。

一是经济全球化背景下，中国需要拥有自身的区域性交通枢纽中心。20世纪80年代以来，随着新自由主义的兴起，开放与合作重回世界经济的发展主流，跨国公司开始在全球范围内配置资源，以贸易自由化打造成本和收益最优的全球生产体系。而伴随国际贸易的兴起，以船舶大型化、经营联盟化、运输干线网络化为主要特点的国际集装箱运输方式乘势而起，推动全球范围内国际枢纽港的竞争越发激烈。在这一历史大势之下，随着中国改革开放的日渐深入，从"广度开放"逐步向"深度开放"迈进①，推动中国经济发展突飞猛进，中国问鼎东北亚地区经济中心的潜力也日益凸显，韩国、日本以及中国台湾地区开始瞄准争夺东北亚地区区域性国际集装箱枢纽港的地位。20世纪90年代开始，韩国提出了把釜山建成"21世纪环太平洋中心港"规划目标，中国台湾地区则提出了把高雄建成"亚太营运中心"的发展规划，日本也提出了把神户建成"亚洲母港"的战略目标②。因此，为了掌握在国际贸易竞争中的主动权，进一步发挥中国在参与国际贸易竞争中的禀赋优势，在国内建立国际航运中心的任务刻不容缓。

二是从上海本身的区位优势和功能定位来看，上海拥有建立国际航运中心的独特优势。首先，上海拥有"襟海带江"的地理条件和沟通国内国外的独特优势，是长江入海的咽喉，拥有巨大的经济辐射腹地支撑，在全国横向对比来看，城市和港口的国际影响力突出，在建立国际航运中心方面有天然优势。其次，从上海自身的功能定位来看，在1992年邓小平南方谈话之后，党的十四大明确提出上海"一个龙头，三个中心"的发展定位，然而随着国民经济的快速发展和对外开放的扩大，上海港口运能不足，航道水深不够等问题日益突出，严重制约着上海航运的进一步发

---

① 余淼杰：《改革开放四十年中国对外贸易奇迹：成就与路径》，《国际贸易》2018年第12期。

② 杨建勇、张励：《向海而兴：上海国际航运中心建设亲历者说》，上海人民出版社2020年版。

展，同时也制约了上海"三个中心"功能的实现。因此，为了充分培育发扬上海服务全国、面向世界的城市功能，20世纪90年代，党中央、国务院作出重大决策，将建设以上海为中心、以苏浙为两翼的上海国际航运中心确立为国家战略[①]。至此，上海正式确立建设国际航运中心的重大战略。

（二）第二阶段：以载重量为核心的国际化航运体系初步建设

在确立以上海为核心加快建设国际航运中心的重大战略之后，当务之急即为建设上海国际航运中心形成系列硬件支撑，破解上海港原本的运能瓶颈，这一阶段上海市委、市政府通过多方实地调研和务虚讨论，初步形成了跳出黄浦江的"三步走"设想，并推动实施了两大工程建设。

一是推动实施长江口深水航道治理工程。长久以来，长江口由于受到巨大的潮量、径流量和流域来沙量的影响，河口河槽演变复杂，长江口航道水深仅为7.5米，成为通航的瓶颈，大型船舶只能乘潮进出，严重制约了上海、长江三角洲及长江流域经济的发展。经过多年的论证，长江口深水航道治理工程在1997年获得国家批准。1998年1月，长江口深水航道治理（一期）工程开工建设。工程按照"一次规划，分期建设，分期见效"的思路分三期实施，至2010年3月全面完成，前后历时12年，使长江口达到12.5米的通航水深，可满足第三、第四代集装箱全天候通航和第五代集装箱及10万吨级散货船乘潮进港的要求。

---

① 《迈向21世纪的上海——上海经济社会发展战略（1995—2010年）》，《毛泽东邓小平理论研究》1995年第6期。

二是推动洋山深水港区建设工程。长江口深水航道治理工程对于上海建设张华浜、外高桥等港口建设至关重要,基本解决了长江流域航船的载重问题,但难以支撑上海建设国际航运中心的要求。原因在于,随着集装箱船的大型化发展趋势,装载 6600 标准箱以上的第六代集装箱船要求进港航道和靠泊码头必须有 15 米以上水深,而上海的竞争对手均有着优越的水深条件,如釜山港泊位深度在 17 米左右,因此上海亟须建立自己的深水港体系。历经多次调查研究,上海市委、市政府最终选定在位于崎岖列岛、具有 15 米水深条件的大小洋山建港。2000 年 11 月,中共中央总书记、国家主席江泽民对建设上海国际航运中心洋山深水港区作出重要批示。2002 年 3 月,国务院第 56 次总理办公会议审议通过洋山深水港区一期工程可行性研究报告和开工报告。洋山港北港区一期工程于 2002 年 6 月开工,2005 年 12 月竣工,总投资 143 亿元,共建设 5 个 10 万吨级深水泊位,前沿水深 15.5 米,码头岸线长 1600 米,可停靠第五、六代集装箱船。二期工程于 2005 年 6 月开工,2006 年 12 月竣工,总投资 57 亿元。共建设 4 个 10 万吨级泊位,前沿水深 15.5 米。至 2008 年 12 月洋山港区三期(二阶段)工程建成完工,标志着洋山深水港北港区主体工程全面建成,形成集装箱专用泊位 16 个,岸线全长 5.6 千米,年吞吐能力为 930 万标准箱[①]。洋山深水港区的建设,从根本上解决了上海 15 米以上水深的航道和泊位的瓶颈制约问

---

① 张健、王岩:《洋山深水港四期自动化码头装备系统创新》,《港口装卸》2019 年第 5 期。

题，为上海在全球市场上竞争国际航运中心地位，抢占航运制高点发挥了重要作用。

（三）第三阶段："软""硬"结合推动上海国际航运中心基本建成

随着上海国际航运中心硬件建设的逐步完善，2009 年，《国务院关于推进上海加快发展现代服务业和先进制造业建设国际金融中心和国际航运的意见》又对上海国际航运中心建设的"软环境"提出明确要求：到 2020 年，上海将基本建成航运资源高度集聚、航运服务功能健全、航运市场环境优良、现代物流服务高效，具有全球航运资源配置能力的国际航运中心。其中又尤其指出要打造规模化、集约化、快捷高效、结构优化的现代化港口集疏运体系，以及形成服务优质、功能完备的现代航运服务体系，增强上海国际航运资源整合能力，提高综合竞争力和服务能力。至此，上海国际航运中心建设进入"软""硬"并重的发展新阶段。

一是优化现代航运集疏运体系。这一阶段上海航运集疏运体系的基本框架已经基本形成，具体包括整合长三角港口资源，形成分工合作、优势互补、竞争有序的港口格局。通过推动内河高等级航道建设，加快构建连接苏浙、对接海港的内河航道网络，促进与内河航运的联动发展，充分利用长江黄金水道，强化对长江经济带腹地的辐射带动作用。加快推动洋山深水港区的江海直达，大力发展水水中转集疏运方式，增强多种运输方式的融合深度，进一步增强了上海国际航运中心的枢纽功能和服务效能。

二是建立完善现代航运服务体系。首先，上海充分发挥靠近国际主航线的区位优势，以及在经济基础、人才资源、商务环境等方面的综合优势，致力于初步健全航运全产业链服务体系，大力发展船舶交易、船舶管理、航运经纪、航运咨询、船舶技术等各类航运服务机构，拓展航运服务产业链，延伸发展现代物流等关联产业，不断完善航运服务功能。其次，上海大力优化航运营商环境，注重提升政府服务效率。2012年起，上海市口岸办联合上海口岸海关、检验检疫、海事和边检全面推行无纸化作业和通关一体化改革，降低综合通关成本，提高通关效率。同时，实施启运港退税政策，鼓励中国外贸集装箱在上海国际航运中心转运，通过提供国际中转集拼服务，降低国际海运综合物流成本。最后，构建服务全球的航运服务功能。2014年6月，由新华社国家金融信息中心指数研究院联合波罗的海交易所编制的"新华·波罗的海国际航运中心发展指数"在上海首次发布。上海航运交易所形成的上海航运指数体系，已覆盖集装箱、干散货、邮轮、船员、船舶买卖、"一带一路"贸易等多个领域，门类的齐全度全球第一，在国际航运市场上发挥着"晴雨表"和"风向标"的作用。

（四）上海市基本建成国际航运中心的实践成效

综合来看，截至2020年，上海已基本建成国际航运中心。通过积极优化现代航运集疏运体系、聚焦发展现代航运服务体系，完善航运服务功能，上海在推动建设国际航运中心方面已取得多方面的辉煌成效。

从国际航运中心的综合地位来看，截至2020年，上海已进入全球航运中心城市综合实力第三名，在全球范围内已逐渐形成由新加坡、伦敦、上海三大航运中心领衔，亚太区域航运中心持续崛起，欧洲、北美重点航运中心趋于稳定的发展格局。从国际物流枢纽地位来看，上海港口集装箱吞吐量由1995年首次进入世界前20位，到2010年首次成为世界第一，2020年，上海港集装箱吞吐量突破4350万TEU（标准箱）大关，已经连续十一年全球第一。浦东机场航空货邮吞吐量连续十三年位居全球第三，上海已经成为中国大陆乃至世界海空枢纽地位双双名列前茅的国际枢纽型城市。从航运要素集聚方面来看，上海已发展形成七大航运服务集聚区，北外滩、陆家嘴—洋泾地区以航运总部经济为特色，集聚各类航运市场主体。洋山—临港、外高桥地区以港口物流和保税物流为重点，成为现代航运物流示范区。吴淞口地区初步形成邮轮产业链，建设国内首个国际邮轮产业园。同时，上海依托七大航运服务集聚区吸引了世界主要航运公司、船舶管理公司、邮轮公司、船级社、行业协会、国际组织等集聚上海。从高端航运服务业发展方面来看，航运金融、海事仲裁、航运信息、航运咨询、文化会展等逐步形成规模。截至2020年，上海共有包括11家航运保险营运中心在内的57家财产保险公司和3家再保险公司，船货险保费收入的市场份额仅次于伦敦和新加坡位列第三（超过了香港）。上海航运交易所在全球首创的集装箱运价指数已成为世界航运市场的三大指数之一，具有重要的国际影响力。

二　上海建设国际航运中心的重要经验总结

"历史是最好的教科书，也是最好的清醒剂"，总结上海建设国际航运中心的波澜历程，其中蕴含着深刻的城市发展经验。在全面推进中国式现代化的重要阶段，细致梳理上述经验不仅有助于上海在推动自身城市发展转型时走得更稳更实，同时也可为其他城市提供经验借鉴，这也是上海在推进中国式现代化中充分发挥龙头带动和示范引领作用的重要体现。

（一）将上海自身发展融入国家重大战略布局之中

将上海自身发展融入国家重大战略布局之中是上海建设国际航运中心的重要经验总结。上海确立建设国家航运中心之初的根本目的就是推动我国的对外开放，通过以建设上海为牵引，带动长江三角洲乃至整个长江流域经济发展，形成我国参与国际经济竞争的王牌。《国务院关于上海市城市总体规划方案 1986 的批复》中指出："上海是我国最重要的工业基地之一，也是我国最大的港口和重要的经济、科技、贸易、金融、信息、文化中心，应当更好地为全国的现代化建设服务。"1992 年党的十四大对上海发展提出了"一个龙头、三个中心"的战略定位，确立了上海在我国改革开放和经济建设中的地位和作用，以及上海的发展战略目标。到 1996 年 1 月，国务院作出建设上海国际航运中心的决定，进一步深刻表明加快建设上海国际航运中心与推动上海乃至全国对外开放进程的内在关联，将上海的城市功能定位与更好地发挥服务长三角、服务长江流域、服务全国作用紧密结合起来。

进入新征程，全面推进中国式现代化对上海国际航运中心建设提出了新的要求。2018 年 11 月，习近平总书记在视频连线洋山港四期自动化码头，听取码头建设和运营情况介绍时指出，经济强国必定是海洋强国、航运强国。他希望上海把洋山港建设好、管理好、发展好，加强软环境建设，不断提高港口运营管理能力、综合服务能力，在我国全面扩大开放、共建"一带一路"中发挥更大作用。上海市委、市政府也多次表明，上海国际航运中心的建设必须充分体现"一带一路"建设以及"长江经济带""交通强国""海洋强国"战略布局要求，必须将国家发展任务与新时代下强化上海国际航运中心枢纽功能的任务紧密相连。

总的来看，以国家重大战略为牵引，推动地方高质量发展，正是上海建设国际航运中心的重要经验。通过将国家顶层设计与基层实践创新有机结合，充分发挥中央和地方两方面积极力量，形成以国家战略意图、战略规划、战略政策为支撑，赋能地方城市发展，最终形成城市高质量发展的新优势。

（二）统筹城市功能发展的系统思维

统筹城市功能发展的系统思维也是上海建设国际航运中心的重要经验。上海的城市功能定位经历了从"三个中心"到"五个中心"的历史演变。在建设上海国际航运中心之初，党的十四大对于上海的功能定位为"一个龙头，三个中心"，即要"以上海浦东开发开放为龙头，进一步开放长江沿岸城市，尽快把上海建成国际经济、金融、贸易中心之一，带动长江三角洲和整个长江流域地区经济的新飞跃"，尚未提出建设上海国际航运中心的目标。但我国对外开放进程的加深，航运发展的重要性越发凸显，上海市委、市政府组织专家力量对这个问题进行了战略性的思考，指出上海要培育的服务全国、面向世界的城市功能里，应该而且必须包括航运中心的内容，并首次提出把上海建设成国际航空航运中心。从发展规律来看，航运是服务业，直接为国际贸易服务，也为全球经济发展服务。与此同时，航运又是资本密集型产业，需要金融支持发展，国际贸易的做大做强同样需要金融的支撑，如果上海不能成为国际航运中心，国际经济、贸易和金融中心的作用就难以充分发挥出来。在此基础上，经过细致的调研和方案论证，上海分步实施建设国际航运中心的设想，得到党中央国务院的认可和大力支持。并在2001年5月，国务院正式批复同意上海要建设成为社会主义现代化国际大都市和国际经济、金融、贸易和航运中心之一，率先基本实现现代化的总体目标。至此，上海"一个龙头、三个中心"的战略目标发展成为"一个龙头、四个中心"。

进入新时代，2014年5月，习近平总书记在上海考察时指出"努力在推进科技创新、实施创新驱动发展战略方面走在全国前头、走到世界前列，加快向具有全球影响力的科技创新中心进军"，将上海的城市功能定位从"四个中心"发展为"五个中心"，其中科创中心建设是"五个中心"建设的重中之重。在全面推进中国式现代化的征程上，上海建设国际科创中心的重要性在于科技创新中心的建设对其他四个中心具有引领作用，能够通过研发新技术、新模式，科技创新中心能够催生新的产业和经济增长点，为国际经济中心、金融中心、贸易中心和航运中心提供技术和创新支持，推动整个城市经济体系的升级和转型。特别是对于上海强化国际航运中心枢纽功能而言，要进一步实现全球领先的国际航运中心地位，需要加大在数字化、智能化、绿色化转型等新赛道的发展力度，而这都需要上海科技创新力量的支撑。未来，只有统筹发展上海"五个中心"的城市功能，推动"五个中心"功能和定位相互交融、有机统一，才能持续提升上海城市能级和核心竞争力，也才能更好地实现上海强化国际航运中心枢纽功能的目标。

（三）区域协调发展的典型范例

区域协调发展是推进中国式现代化的重要手段，习近平总书记在《推进长三角一体化发展座谈会》尤其强调："深入推进长三角一体化发展，进一步提升创新能力、产业竞争力、发展能级，率先形成更高层次改革开放新格局，对于我国构建新发展格局、推动高质量发展，以中国式现代化全面推进强国建设、民族复兴伟业，意义重大。"而上海在建设国际航运中心的过程中深刻体现了区域协调对于推动区域一体化和区域经济的重要性，树立了区域协调发展的典范。

一是在港口建设方面，以洋山港的选址过程来看，大小洋山是属于浙江省舟山群岛崎岖列岛的两个小岛，该处平均水深保持在 15 米左右，海域条件极佳，且均处于未开发状态。在获得浙江省大力支持的前提下，2001 年国务院批准由沪浙合作在小洋山岛南侧建设洋山深水港。为了理顺洋山深水港的管理体制，双方协调洋山港的运营权归上海管理，而管辖权则仍然属于浙江，这一合作有力促进了上海国际航运中心的建设进程，为上海、浙江和长三角地区经济发展作出了重要贡献。同时，随着洋山港区的发展，2019 年 2 月，上海与浙江再度开启新一轮的区域协作征程，上海港与宁波舟山港两个位居世界十大港口的"巨港"达成了一项新的合作，即签署小洋山港区综合开发合作协议。在这次新一轮的区域协作中，浙沪两地不仅开创了跨行政区域合作的新模式，此番成果还将为长三角地区打造世界最大组合港做好准备，是地方省市打破区域分割、扎实推进长三角一体化方面的最新成果，本次协作也必将为其他省市的协调发展提供引领和示范作用。

二是上海国际航运中心的建立过程中，内河高等级航道网络建设同样也是区域协调发展的重要亮点。为充分发挥长江黄金水道的运输潜能、支撑长三角区域一体化发展，交通运输部于2011—2018年实施了长江南京以下12.5米深水航道工程①。随着长江12.5米深水航道向上游延伸，特别是长江南京以下12.5米深水航道全线贯通，意味着江苏沿江港口全部由"江港"变成了"海港"，国际远洋运输自长江口向内陆延伸400多千米。以上海为首的长江下游地区对中上游地区的辐射带动作用显著增强，长三角经济一体化程度也随之迈上新的台阶。

（四）自主创新的重要平台

2023年4月，习近平总书记在广东考察时指出，"实现高水平科技自立自强，是中国式现代化建设的关键"。上海在推动建设国际航运中心的过程中，通过以高标准的方向引领、扎根现实问题攻坚克难以及以重大项目赋能本土企业成长等途径取得了一系列高水平的具有独立自主知识产权并领先全球的创新成果。以重大工程建设为基础，推动产业核心领域自主创新突破也是上海建设国际航运中心中的重要经验总结。具体体现在以下三方面。

① 韩玉芳、窦希萍:《长江口综合治理历程及思考》,《海洋工程》2020年第4期。

一是高标准的方向引领。以洋山深水港的建设为例，洋山深水港四期是上海建成的全球最大全自动化国际集装箱码头。但洋山港四期最初的定位仅作为一、二、三期干线码头配套的支线船舶泊位，并非目标建设全自动化集装箱码头。但在具体的建设过程中，考虑到全球码头技术的发展趋势以及上海港的未来规划实际，最终还是决定将洋山四期建设为全球领先的自动化的码头，从而实现了洋山四期国际领先的自动化水平。

二是扎根现实问题攻坚克难。以长江口深水航道治理工程为例，最初的治理方案打算借助国际力量，但众多国际专家认为治理任务过于复杂，难以实现。因此，长江口治理方案最终依靠中国人自己研究制定。其中关键性的技术包括检测技术、回淤预测模型以及整治建筑物结构设计，均为我国具有自主知识产权的重大创新。这一工程的实现直接带动国内水运全行业的技术进步，也为我国后期大型水工工程做好了技术储备。

三是重大项目赋能本土企业成长。洋山四期的一大难点为自动导引车系统，中标的上海企业振华重工当时也并无成熟的研制经验。但经过研究团队夜以继日地调试磨合，细致拆分解构几千项测试任务，并在测试过程中反复调试修订，最终做出来了系统稳定、可靠的成熟产品①。在这一过程中，上海振华重工不仅相关技术实现突破，同时产品也在国际国内市场上得到认可，逐步成长为全球港机龙头企业。

---

① 张健、王岩：《洋山深水港四期自动化码头装备系统创新》，《港口装卸》2019年第5期。

第三节　强化上海国际航运中心枢纽功能的优势与不足

一　强化上海国际航运中心枢纽功能的优势

在新的时代背景下，要进一步强化上海国际航运中心枢纽功能，从国际国内横向对比来看，上海具有下述三个方面的重要优势。

一是全球资源配置能力凸显。随着我国经济的快速发展和本土企业的发展，上海国际航运中心的全球资源市场配置能力也在不断增强，在全国具有领先地位。从集装箱吞吐量看，上海港已成为全球集装箱第一大港，吞吐量连续 14 年居世界第 1 位，2023年上海港完成集装箱吞吐量突破 4900 万标准箱，比居世界第 2 位的新加坡港多 1000 万标准箱左右。从集疏运水平来看，上海港集装箱航线遍布全球 200 多个国家和地区的 700 多个港口，每周班轮进出超过 320 个班次。截至 2023 年，上海充分发挥海空双枢纽的叠加优势，通过水水中转"联动接卸"、新能源车"一箱制"海铁联动等模式，上海港水水中转比例持续提高至 58%，海铁联运累计完成 71.86 万标箱，同比增长 24.75%。从船队综合运力看，总部位于上海的中国远洋海运集团有限公司，船队综合运力 1.16 亿载重吨，排名世界第一。其中，油、气船队运力、干散货船队运力以及杂货特种船队运力均居世界第一。此外，上海已经集聚一批龙头企业和功能性机构，全球最大的造船企业中船集团、全球最大的港口机械重型装备制造商振华重工，航空领军企业中国东航、中国商飞，总部均位于上海。全球十大班轮公司、国际船级社协会12个成员中的10个、全球十大船舶管理机构中的6家皆在沪设立分支机构。从权威海事组织看，上海具有全球权威的海事组织数量不断增多，国际话语权不断增强。

二是国际航运服务能力突出。一方面，从国际航运服务来看，上海自2019年以来一直保持在全球第三位，仅次于伦敦和新加坡，也是国内港口唯一进入全球前十的港口，在国际国内都处于明显的领先优势。从上海航运所建立到如今，上海已经基本形成了门类齐全的现代航运服务业。中国已成为海运保险领域的领导者，据国际海上保险联盟（IUMI）2022年的报告显示，中国目前在货运市场的份额为14%，是最大的独立海上保险服务供应方，日本以8.4%的市场份额位居第二。从航运市场交易看，目前上海已具备全国航运市场交易配置地位，成为全国集装箱班轮运价备案中心、中国船舶交易信息中心等，同时上海航交所的集装箱运价指数成为全球集装箱运输市场的风向标。2023年8月18日，集运指数（欧线）期货在上海期货交易所全资子公司上海国际能源交易中心上市交易，成为国内期货市场上市的首个国际化航运指数期货产品，填补了我国航运衍生品市场的空白。另一方面，上海航运金融也具备全国优势地位，船舶融资、航运保险等业务步入全球前列，船舶融资规模居全球第四位，超过伦敦、鹿特丹等国际航运中心。上海保险交易所2023年成立了上海再保险交易中心，是对标国际最高标准的兼具数字化和现代化水平的再保险市场。从海事仲裁看，上海海事仲裁案件数量全国占比达90%，已成为国内领先的海事仲裁地之一。

三是国际航运创新能力重点引领。近年来，数智化、绿色转型已经成为国际航运中心未来重要的发展趋势，上海国际航运中心的绿色智慧发展水平总体处于国内领先位置。在数智服务方面，近年国际集装箱运输服务平台（集运 MaaS）1.0 版、"上海航空物流公共信息平台——空运通"上线运行，洋山港四期自动化码头是全球单体规模最大、具有自主知识产权的自动化集装箱码头。在绿色方面，全球首条跨太平洋绿色航运走廊——《上海港—洛杉矶港绿色航运走廊实施计划纲要》已在"2023 北外滩国际航运论坛"上正式发布。2023 年 3 月，上港集团与马士基签署了有关甲醇船用燃料项目合作的谅解备忘录，马士基表示在绿色甲醇集装箱船于 2024 年交付之后，双方将携手探索绿色甲醇燃料船对船供应业务。此外，上海港 LNG "船到船"加注作业实现常态化，2023 年加注保税 LNG26 万立方米，已成为全球第二大 LNG 加注港。

总体来看，上海在建设国际航运中心方面已经处于领先地位。展望未来，上海有望通过强化国际航运中心枢纽功能进一步推动上海国际航运中心提质升级，从而在推进中国式现代化的新征程中充分实现上海的带动引领作用，为长三角区域协调发展乃至全国层面的经济发展提供不竭动能。

二　强化上海国际航运中心枢纽功能的不足之处

当前，上海国际航运中心建设任务的目标已基本完成，未来进一步实现强化上海国际航运中心枢纽功能的目标，需要针对以下瓶颈因素持续发力。一是稳步解决上海枢纽港资源瓶颈，提升国际资源配置能力。目前上海港结构性矛盾仍需解决，高等级内河航道、公路集疏运网络部分区段衔接不畅，集装箱干、支泊位配比失衡影响水中转业务发展，码头岸线产能利用率偏高，铁海联运占比较低，国际航线通达性有待进一步加强，国际资源配置能力仍需进一步提升。二是继续加强高端航运服务能力建设，优化体制机制约束。目前上海在外汇监管、融资成本、税收制度、法律体系、人才机构引进政策等依然存在体制机制约束，需要依靠进一步全面深化改革进行突破。上海国际航运中心的高端要素配置能力仍然不强，航运服务产品国际化程度与创新能力不足等也制约着航运中心进一步发展。三是持续探索完善区域间协作的体制机制。上海地处长三角扼要，也是联通国内国际市场的重要枢纽，在全面推进中国式现代化的目标指引下，上海需要将自身发展与服务国家"一带一路"倡议、长江经济带建设紧密融合，这都需要上海与周边省市的通力协作。因此，需要进一步探索长三角地区港航一体化建设，推动上海与周边省市从要素合作走向制度构建，通过资本合作推动区域合作模式创新。

第四节 强化上海国际航运中心枢纽功能的政策建议

展望未来，通过强化上海国际航运中心枢纽功能，充分发挥上海在推进中国式现代化中的龙头带动和示范引领作用，需要从以下四个方面着手。

一　增强上海国际航运中心效能

强化上海国际航运中心枢纽功能，核心在于推动上海国际航运中心的效能升级，只有持续提升上海国际航运中心的国际竞争力，才能最终在全球竞争中实现由并跑到领跑，在"硬件"和"软件"两方面永立全球竞争的不败之地，进而实现在全面推进中国式现代化中充分发挥上海的龙头带动作用。

一是持续优化集疏运体系。推动多式联运发展，加快规划建设面向长三角、服务全国的异地货站，持续完善卡车航班转运体系。进一步提升水水中转的货运比重，加强内河航道网络与海港主要港区衔接，积极发展小内河的集疏运通道，提高内河水运经济性、时效性、安全性。积极拓展海铁联运市场，建立和完善内陆地区对接上海港的海铁联运通道，增强海铁联运占比。推动空铁联运业务发展，探索空海联运新模式。推动优化现有基础设施布局更新，改善外高桥地区疏港条件。二是持续提升航运网络全球通达性。在已有基础上，进一步增加欧美、亚洲地区航运路线，积极拓展面向"一带一路"国家和地区的航运通道，稳步推进"中欧班列"建设，支持国内外货运航空公司打造全货机航线，强化与国际货运枢纽的连接，增强航运物流连通性和辐射服务能力。三是提升国际航运中心安全韧性水平。完善安全管理体系，提升航空货物运输安全水平。加强航空货运整合能力，打造自主可控、安全可靠的航空物流产业链和供应链。健全海外供应链应急保障机制，强化海外供应链安全保障能力。加快培育全球布局、提供跨境一体化服务的本土供应链龙头企业，鼓励港航企业与货主企业、贸易企业战略合作。推动长三角航运、金融、保险、法律等企业和机构协同出海，提供更高水平更安全的跨境服务。

二 推动高端航运服务补强升级

高端服务业仍是当前上海强化国际航运中心枢纽功能的短板，需要进一步创新制度设计，推动高端航运服务业的补强升级，充分发挥上海在推进中国式现代化中的示范引领作用。

一是要增强政策创新力度。充分释放上海自贸试验区新片区和特殊综合保税区制度创新的"试验田"优势，争取国家层面加大制度供给力度，支持上海打造具有全球影响力的高端航运服务中心。在航运税收优惠政策、航运金融扶持政策、航运人才支持政策等方面先行试点，不断缩小与新加坡、香港两市在政策优惠方面的差距。制定推动涉外商事、海事领域临时仲裁机制落地规则和配套服务规则，积极探索海事仲裁模式和多元化航运纠纷解决机制创新。二是要完善高端航运服务业布局。加强保险基础设施建设，推进上海国际再保险交易中心发展，增强航运保险及再保险业务的国际影响力。促进航空快递物流业发展，打造集约高效的国际航空快件处理中心。鼓励产业链企业协同合作，推动现代贸易、现代物流、智慧仓储、冷链加工及金融服务等功能叠加，促进空港物流多元化发展。鼓励发展航空融资租赁业务，支持发展航空金融服务业，探索推进航材、航油等航空贸易。建设智能完备的水上安全保障体系，统筹优化上海港水上交通安全监管和应急救助系统设施装备布局，形成水上安全与公共卫生事件应急处置标准体系。三是持续深化国际交流合作。进一步提供有国际吸引力和竞争力的营商环境，为相关国际组织或机构落户上海创造条件，以"北外滩国际航运论坛"、亚太国际低碳海事技术会议与展览会等全球大会为平台，积极吸引国内外高能级航运服务主体和人才集聚，持续提升航运服务业务规模和水平，谋划与其他国家共同推动新型国际航运组织或机构建设。

三 深化长三角一体化合作空间

深化长三角区域一体化合作水平，是上海充分发挥国际航运中心龙头带动作用的重要方式，也是强化上海国际航运中心枢纽功能的应有之义。

一是推动上海与全国层面交通基础设施布局协同。在加快小洋山北侧岸线开发、完善内河集疏运网络的同时，结合新一轮全国沿海港口布局规划和全国内河航道规划，协同推进港口航道建设整合长三角、长江沿线集疏运资源，实现上海港与水路、铁路、公路的高效衔接。二是以市场化为主体，完善长三角区域合作体制机制。要坚持市场主体为核心，推动以资本、技术等多种合作方式为纽带，创新长三角一体化的合作新模式。深入推进长三角港航、海事、口岸管理等方面的一体化程度。打破区域行政分割和市场壁垒，逐步形成以上海为中心、江浙为两翼、安徽等长江流域为腹地，与国内其他港口合理分工、紧密协作的国际航运枢纽港格局。三是加快构建长三角世界级港口群一体化治理体系。深化口岸合作，提升通关一体化水平，构建统一的长三角港航标准体系，面向全国范围和长三角，提升治理能力和服务能级，与长三角地区共建辐射全球的航运枢纽。

四　加快推进数智化、绿色化转型

科技创新是推动实现强化上海国际航运中心枢纽功能的核心支撑，随着未来国际航运中心向智能化、数字化、绿色化方面转型，上海需要在上述领域提前布局，发挥上海在国际航运中心建设中的示范引领作用，进而全面建成全球卓越的智慧绿色引领的国际航运中心。

一是提升上海国际航运中心数智化水平。强化全球数字化供应链建设，聚焦航运贸易等重点领域深化区块链技术应用，完善航空货运信息综合服务公共平台，推进货运信息集成，提升货运管理智能化水平。进一步推广自动化码头技术应用，积极参与国际自主航行船舶港口研究，深化集装箱江海联运公共信息平台建设，建设长江口航道数字管理平台。推动航运与金融、贸易等领域数据融通。二是要打造上海国际航运中心绿色智慧航运生态。推动航空货运绿色低碳发展，加强绿色航运系统化布局，建立绿色低碳供应链体系和监管体系，加快发展高端绿色航运服务和绿色船舶制造。在绿色基础设施建设方面，聚焦提高岸电设施覆盖率和使用率，推广船舶新能源、新技术应用，支持开展船舶清洁动力集成、船舶大气污染物排放治理及智能监测核心技术研发，更好发挥上海国际航运中心在航运技术创新中的示范引领作用。

参考文献

习近平：《高举中国特色社会主义伟大旗帜　为全面建设社会主义现代化国家而团结奋斗——在中国共产党第二十次全国代表大会上的报告》，人民出版社 2022 年版。

习近平：《新发展阶段贯彻新发展理念必然要求构建新发展格局》，《求是》2022 年第 17 期。

习近平：《在纪念全民族抗战爆发七十七周年仪式上的讲话》，《人民日报》2014 年 7 月 8 日第 2 版。

毕长江、翟慧娟、张婧：《国际经验对上海国际贸易中心建设的启示》，《科技创业家》2011 年第 9 期。

蔡昉：《三个分配领域的改革红利》，《劳动经济研究》2023 年第 5 期。

常健：《构建人类命运共同体与全球治理新格局》，《人民论坛·学术前沿》2017 年第 12 期。

陈光庭：《试论城市现代化与国际化建设的同步性》，《城市问题》1995 年第 2 期。

陈华晋：《上海市低碳发展实践区建设情况分析及建议》，《上海节能》2015 年第 1 期。

陈洁：《西方城市更新中的文化策略——以伦敦和悉尼为例》，《国际城市规划》2020 年第 5 期。

陈凯、高歌：《绿色生活方式内涵及其促进机制研究》，《中国特色社会主义研究》2019 年第 6 期。

陈玲、孙君、孔文豪等：《国际科技创新中心发展模式的聚类分析与比较》，《科学学研究》2024 年第 7 期。

陈强、敦帅、李佳弥等：《上海国际科技创新中心新一轮发展战略研究》，《科学发展》2023 年第 4 期。

陈星星：《全球成熟碳排放权交易市场运行机制的经验启示》，《江汉学术》2022 年第 6 期。

程静：《国际金融中心理论：基于案例的研究》，《经济问题探索》2016 年第 11 期。

丁乙乙：《上海聚焦"五个中心"建设服务中国式现代化发展》，《上海信息化》2024 年第 1 期。

董保民、赵红军：《中国式现代化的历史脉络与实现路径——一个文献综述》，《社会科学战线》2023 年第 12 期。

董慧、王晓珍：《超大城市治理现代化：经验、理念与治理体系建构》，《学习与实践》2022 年第 5 期。

敦志刚：《中国香港和新加坡国际金融中心比较研究及对海南自贸港的借鉴》，《海南金融》2023 年第 12 期。

《2023 年上海科技进步报告》，上海市科学技术委员会，2023 年。

《2023 年上海市国民经济和社会发展统计公报》，上海市统计局网站，https：//tjj. sh. gov. cn/tjxw/20240126/a4344377b13647e997

3707fc0e05bf3e. html，2024 年 6 月 22 日。

方世南：《践行人与自然和谐共生平衡的绿色生活方式》，《毛泽东邓小平理论研究》2020 年第 1 期。

冯志勇：《扎实推进重点工作取得新进展　谋划构建农业农村工作新局面》，《上海农村经济》2023 年第 12 期。

国家发展改革委国土开发与地区经济研究所课题组：《上海在推进长三角一体化过程中发挥中心城市作用研究》，《科学发展》2018 年第 12 期。

韩保江、李志斌：《中国式现代化：特征、挑战与路径》，《管理世界》2022 年第 11 期。

韩庆祥：《中国式现代化开创人类文明新形态》，浙江人民出版社2024 年版。

韩玉芳、窦希萍：《长江口综合治理历程及思考》，《海洋工程》2020 年第 4 期。

何传启：《什么是现代化》，《中外科技信息》2001 年第 1 期。

何淑英：《上海市第二批低碳发展实践区创建情况分析与建议》，《上海节能》2017 年第 10 期。

何雄浪：《空间经济学及其新发展：新经济地理学》，《西南民族大学学报》（人文社会科学版）2021 年第 1 期。

洪银兴：《论中国式现代化的经济学维度》，《管理世界》2022 年第 4 期。

华民、张晖明、俞忠英等：《上海争当国际经济中心的优劣势剖析及对策研究》，《特区经济》1993 年第 10 期。

黄昌勇、邹明、夏洁秋等：《发展杨浦文化大格局助推上海文化大都市建设》,《科学发展》2011 年第 4 期。

黄承梁:《中国式现代化与建设人与自然和谐共生现代化的历史
必然》,《中国人口·资源与环境》2023 年第 4 期。

黄茂兴:《"双碳"战略下中国区域发展》,《经济研究参考》2023
年第 3 期。

蒋俊杰:《整体智治:我国超大城市治理的目标选择和体系构
建》,《理论与改革》2022 年第 3 期。

解保军:《人与自然和谐共生的现代化——对西方现代化模式的
反拨与超越》,《马克思主义与现实》2019 年第 2 期。

金镝:《论江泽民全面建设小康社会战略思想》,硕士学位论文,
西南师范大学,2004 年。

蒯大申:《论国际大都市形成的文化条件》,《社会科学》2004 年
第 7 期。

李春玲:《我国超大城市率先壮大中等收入群体、促进共同富裕
研究》,《中央社会主义学院学报》2023 年第 6 期。

李村璞、柏琳:《国际金融中心发展演进相关文献研究及启示》,
《知识经济》2018 年第 16 期。

李具恒:《广义梯度理论:区域经济协调发展的新视角》,《社会
科学研究》2004 年第 6 期。

李琪、汪仲启:《在推进中国式现代化中开创人民城市建设新局
面》,《人民日报》2023 年 12 月 8 日第 9 版。

李瑞林、骆华松:《区域经济一体化:内涵、效应与实现途径》,
《经济问题探索》2007 年第 1 期。

李珊珊、钟晓华:《新都市制造业驱动下的城市更新实践——以

纽约滨水工业地区为例》,《国际城市规划》2023 年第 6 期。

李双双、卢锋:《中美经贸摩擦升级的经济政治逻辑与中美经贸
　　关系前景》,《国际贸易》2018 年第 7 期。

李涛:《积极稳妥推进碳达峰碳中和》,《红旗文稿》2023 年第
　　6 期。

李显波:《从阿姆斯特丹、伦敦和纽约金融业发展看顶级国际金
　　融中心建设一般规律》,《科学发展》2021 年第 11 期。

李雪松:《上海:强化创新"第一动力"功能　打造新质生产力
　　发展高地》,《解放日报》2024 年 5 月 14 日第 10 版。

李友梅:《城市更新与新公共性:从"美丽空间"步入"美好生
　　活"》, https://www.cssn.cn/glx/glx_gggl/202405/t20240530_
　　5755679.shtml。

林红:《依附论的理论解构及其历史命运》,《贵州社会科学》
　　2011 年第 9 期。

林少雄:《上海国际文化大都市的内涵建设》,《上海大学学报》
　　(社会科学版) 2008 年第 3 期。

刘晨光:《全球金融中心指数最新发布:上海、深圳位列全球第 6
　　和第 11》,《界面新闻》, https://m.jiemian.com/article/1094
　　8157.html, 2024 年 7 月 21 日。

刘冬梅:《科技现代化支撑和引领中国式现代化》,《红旗文稿》
　　2023 年第 21 期。

刘恩东、陈子豪:《中国式现代化与走和平发展道路的内在逻
　　辑》,《理论与改革》2023 年第 5 期。

刘华军、吴倩敏:《新时代十年中国绿色发展之路》,《中国人

口·资源与环境》2024年第3期。

刘佳佳：《我国动力电池回收利用的重要意义、政策进展及发展建议》，《中国经贸导刊》2024年第4期。

刘交交、吴娜妹：《新加坡国际金融中心高质量发展的现状及经验借鉴》，《商业经济》2024年第7期。

刘雷、万劲波：《科技现代化支撑引领中国式现代化：过去、现在与未来》，《财经智库》2023年第3期。

刘理晖、顾天安、孙轩等：《论超大城市治理体系与治理能力现代化建设》，《科学发展》2021年第7期。

刘明明、夏非：《国际贸易中心建设和立法的世界经验》，《上海人大》2011年第5期。

刘怡、沈郊、郑艳儒：《上海国际文化大都市治理优势与制约因素》，《上海交通大学学报》（哲学社会科学版）2020年第1期。

刘英：《理解科技在现代化进程中的作用》，《中国图书评论》2021年第2期。

马燕坤：《城市群功能空间分工形成的演化模型与实证分析》，《经济管理》2016年第12期。

孟歆迪：《数据处理规模全球最大——上海国际贸易"单一窗口"升级》，《光明日报》2024年3月18日第10版。

《迈向21世纪的上海——上海经济社会发展战略（1995—2010年）》，《毛泽东邓小平理论研究》1995年第6期。

潘家华：《生态文明建设的理论构建与实践探索》，中国社会科学出版社2019年版。

澎湃研究所：《垃圾分类的全球经验与上海实践》，同济大学出版
　社 2020 年版。

秦宣：《邓小平理论与中国现代化》，《求索》2002 年第 2 期。

让宝奎：《上海：累计实际使用外资超 3500 亿美元 7 万多家外资
　企业蓬勃发展》，《中国新闻网》，https：//www. chinanews.
　com. cn/shipin/cns-d/2024/03-28/news986014. shtml，2024 年 6
　月 28 日。

饶旭鹏、周娟：《现代化理论的回顾及对中国的启示》，《中国石
　油大学学报》（社会科学版）2016 年第 4 期。

任兵、陈志霞、张晏维等：《首都超大城市治理现代化：基本逻
　辑、理念与路径构想》，《城市问题》2021 年第 12 期。

任平：《最公平的公共产品　最普惠的民生福祉——新时代生态
　文明建设观察》，《人民日报》2024 年 7 月 16 日。

沙健孙：《毛泽东与"四个现代化"目标和"两步走"战略的确
　定》，《思想理论教育导刊》2007 年第 12 期。

上海社会科学院经济研究所课题组：《创新驱动发展与上海"四
　个中心"建设关系研究》，《上海经济研究》2014 年第 10 期。

上海市农业农村委课题组：《关于上海率先基本实现农业现代化
　研究》，《上海农村经济》2023 年第 11 期。

上海市人民代表大会：《上海市生活垃圾管理条例》，上海市人民
　政府，2019 年 1 月 31 日。

上海市政府：《上海深入开展污染防治攻坚战　去年生态环保各
　项任务全面完成　加速推进公共领域用车全面电动化》，2024
　年 3 月 27 日。

上海研究院：《迈向 2035：现代化的中国与上海发展》，中国社会科学出版社 2022 年版。

尚永珍、陈耀：《城市群内功能分工有助于经济增长吗？——基于十大城市群面板数据的经验研究》，《经济经纬》2020 年第 1 期。

申玉铭、李哲：《世界金融中心的分布与形成机理》，《地理教学》2020 年第 18 期。

沈玉良等：《上海国际贸易中心建设研究》，上海人民出版社 2009 年版。

盛馥来、诸大建：《绿色经济：联合国视野中的理论、方法与案例》，中国财政经济出版社 2015 年版。

石琼丹：《国际贸易中心城市的共性特征》，《特区经济》2014 年第 5 期。

史巍：《中国式现代化物质文明与精神文明相协调的思想逻辑及时代要求》，《社会科学家》2023 年第 1 期。

宋建军：《发挥上海龙头带动作用　合力打造长三角一体化新格局》，《中国经贸导刊》2019 年第 4 期。

孙宝席：《新中国成立以来党中央关于上海发展战略的演变历程及主要特点》，《上海党史与党建》2021 年第 4 期。

孙斌栋：《上海城市国际竞争力的历史变迁与提升策略》，《上海经济研究》2006 年第 10 期。

孙博文：《加快发展方式绿色转型：内在逻辑、任务要求与政策取向》，《改革》2023 年第 10 期。

孙飞、邵弋：《建设强大的国际金融中心》，《人民日报》2024 年

2月26日第5版。

孙金龙、黄润秋:《培育发展绿色生产力　全面推进美丽中国建设》,《求是》2024年第12期。

汪占熬、王谦:《"双循环"新格局下长三角一体化的功能定位、演进逻辑与实现路径》,《经济研究参考》2021年第8期。

王丹丹:《"城市管理应该像绣花一样精细"》,《学习时报》2023年5月24日第5版。

王冬冬、甘露顺:《上海推进国际文化大都市建设的全球经验借鉴及对策建议》,《科学发展》2022年第1期。

王建芳、苏利阳、谭显春等:《主要经济体碳中和战略取向、政策举措及启示》,《中国科学院院刊》2022年第4期。

王立刚、张希、李瑞:《我国大气污染治理考核制度有效性及治理效率研究》,《系统工程理论与实践》2023年第8期。

王文博、刘畅:《一张"负面清单"见证中国高水平开放》,《经济参考报》(网络版), http://www.jjckb.cn/2024-07/02/c_1310780176.htm, 2024年7月2日。

王晓梅、邵甫青、许峰:《上海市农村集体经济发展趋势分析》,《上海农村经济》2024年第4期。

温文熹:《国际传播视域下的依附理论研究综述》,《声屏世界》2021年第20期。

文军、贺修铭:《面向全球化时代的国际都市化进程》,《城市问题》1997年第4期。

吴宇:《上海空港口岸成为跨境电商　推动国货出海重要通道》,《经济参考报》2024年1月23日第A06版。

吴宇：《上海口岸进出口连续三年超 10 万亿元》，新华网，http：//sh. news. cn/20240216/92653524c30d4dfab60379c98dbbb20d/c. html，2024 年 7 月 16 日。

肖林：《上海迈向全球城市的战略路径》，《全球化》2013 年第 2 期。

谢湘雅、张翀：《"双碳"战略下上海市规划管控策略探索——基于国际经验的分析研究》，《上海城市规划》2023 年第 3 期。

徐剑：《国际文化大都市指标设计及评价》，《上海交通大学学报》（哲学社会科学版）2019 年第 2 期。

徐巨洲：《对我国发展国际性城市的思考》，《城市规划》1993 年第 3 期。

许振江：《上海改革开放研究的研究》，博士学位论文，华东师范大学，2019 年。

杨建勇、张励：《向海而兴：上海国际航运中心建设亲历者说》，上海人民出版社 2020 年版。

杨凯、王要武、薛维锐：《区域梯度发展模式下我国工业生态效率区域差异与对策》，《系统工程理论与实践》2013 年第 12 期。

姚士谋：《国际性城市的现代化内涵及其功能》，《城市发展研究》1995 年第 6 期。

姚烨琳、张海东：《多维二元结构下特大城市共同富裕的挑战与应对》，《探索与争鸣》2023 年第 5 期。

殷林森、吴大器：《上海"四个中心"发展的逻辑脉络及发展趋势分析》，《上海金融学院学报》2014 年第 5 期。

尹世久、尹宗硕：《公共卫生服务能否促进农民工社会融

合？——来自中国流动人口调查数据的证据》，《人口与发展》
2024 年第 1 期。

余淼杰：《改革开放四十年中国对外贸易奇迹：成就与路径》，
《国际贸易》2018 年第 12 期。

俞涵冰：《基于 SWOT 分析的上海国际金融中心建设研究》，《现
代商业》2022 年第 16 期。

袁志刚：《上海国际金融中心新一轮发展战略再定位》，《科学发
展》2022 年第 11 期。

曾莹、王雪萌、唐昊等：《碳达峰碳中和战略科学内涵、实现路
径及挑战》，《现代化工》2022 年第 10 期。

张健、王岩：《洋山深水港四期自动化码头装备系统创新》，《港
口装卸》2019 年第 5 期。

张梦楠、曹楠楠、朱雪莲：《典型国家"双碳"目标实现路径解
析及中国借鉴》，《河北地质大学学报》2024 年第 1 期。

张三元：《绿色生活方式的构建与人的全面发展》，《中国特色社
会主义研究》2017 年第 5 期。

张文忠：《中国不同层级科技创新中心的布局与政策建议》，《中
国科学院院刊》2022 年第 12 期。

张莹、黄颖利：《碳中和实践的国际经验与中国路径》，《西南金
融》2022 年第 9 期。

张友国：《积极稳妥推进碳达峰碳中和》，《中国产经》2024 年第
4 期。

张钰芸：《回顾过去十年，上海国际贸易中心建设取得哪些成
就？》，《新民晚报》2022 年 10 月 27 日第 8 版。

张占斌：《中国式现代化的共同富裕：内涵、理论与路径》，《当代世界与社会主义》2021 年第 6 期。

郑崇选：《国际文化大都市的多元内涵》，上海人民出版社 2019 年版。

郑军、刘婷：《主要发达国家碳达峰碳中和的实践经验及对中国的启示》，《中国环境管理》2023 年第 4 期。

郑时龄：《国际文化大都市的城市空间》，《杭州》（周刊）2016 年第 11 期。

郑新业、张莉：《社会救助支付水平的决定因素：来自中国的证据》，《管理世界》2009 年第 2 期。

中共天津市委党校课题组徐中、王健等：《以"全周期管理"理念引领超大城市社会治理现代化》，《求知》2020 年第 5 期。

《中共中央关于进一步全面深化改革、推进中国式现代化的决定》，2024 年 7 月 18 日，https：//www. gov. cn/yaowen/liebiao/202407/content_6963409. htm。

《中共中央关于进一步全面深化改革　推进中国式现代化的决定》，新华网，http：//www. news. cn/politics/20240721/cec09ea2bde840dfb99331c48ab5523a/c. html，2024 年 7 月 22 日。

《中共中央　国务院关于全面推进美丽中国建设的意见》（2023 年 12 月 27 日），2024 年 1 月 11 日发布，http：//epaper. cenews. com. cn/html/2024-01/12/content_93202. htm。

中国环境网：《新污染物问题再次入选 2024 年十大前沿科学问题》，2024 年 7 月 2 日，http：//epaper. cenews. com. cn/html/2024-07/11/content_98316. htm。

中国式现代化研究课题组高培勇、黄群慧：《中国式现代化的理论认识、经济前景与战略任务》，《经济研究》2022 年第 8 期。

中金公司研究部、中金研究院：《碳中和经济学》，中信出版社2021 年版。

周文、李吉良：《新型举国体制与中国式现代化》，《经济问题探索》2023 年第 6 期。

祝仲坤：《公共卫生服务如何影响农民工留城意愿——基于中国流动人口动态监测调查的分析》，《中国农村经济》2021 年第 10 期。

庄芹芹、程远：《推进高水平国际科技创新中心建设研究——以上海市为例》，《发展研究》2023 年第 10 期。

邹一南：《农民工落户悖论与市民化政策转型》，《中国农村经济》2021 年第 6 期。

［美］威廉·诺德豪斯：《绿色经济学》，中信出版社 2022 年版。

Bird, Robert, New Advances in Recycling of Lithium-ion Batteries, 2023 年 2 月 17 日发表于，https：//www. cas. org/resources/cas-insights/new-advances-recycling-lithium-ion-batteries.

Fujita, M. , Krugman, P. Venables, A. J. , The Spatial Economy：Cities, Regions and International Trade, *Massachusetts Instituters of Technology*, 1999.

Fujita, M. , Krugman, P. , The New Economic Geography：Past, Present and the Future, *Papers in Regional Science*, 2004（83）.

Kaufman, George G. , "Emerging Economies and International Financial Centers," *Review of Pacific Basin Financial Markets and Poli-*

cies, vol. 4, No. 2, 2001.

Kindleberge, *The Formation of Financial Centers: A Study in Comparative Economic*, Princeton: The Princeton University Press, 1974.

Krugman, P., Increasing Returns and Economic Geography, *Journal of Political Economy*, 1991 (99).

Lindert, K., Skoufias, E., & Shapiro, J., Redistributing Income to the Poor and the Rich: Public Transfers in Latin America and the Caribbean, *Social Safety Nets Primer Series*, 2006.

UNEP:《与自然和平相处（Making Peace with Nature）》, 2021 年 2 月 23 日, https://wedocs. unep. org/xmlui/bitstream/handle/20. 500. 11822/35114/MPNKM_CH. pdf.